債券運用と投資戦略

【第5版】

野村フィデューシャリー・リサーチ＆
コンサルティング株式会社

［編著］

Comprehensive Guide to Bond Markets
and Investment Strategies

一般社団法人 金融財政事情研究会

はじめに

本書の前身である『債券運用と投資戦略』の初版本が発行されたのは1981年7月のことであった。

その後私を含めたメンバーがその執筆を引き継ぎ『新債券運用と投資戦略』として初版を発行したのは、91年10月であった。さらにその後、組織変更などがあった都合で本書を引き継ぐのが私一人となってしまい『新・債券運用と投資戦略〔改訂版〕』として発行したのは2003年10月であった。

私一人で本書を執筆し始めてからすでに20年が経過した。その私も現役を引退することになった。

私としては、これをもって本書の歴史を終わらせるつもりであったが、出版元の一般社団法人金融財政事情研究会から「本書はプロの債券投資家を目指す読者から長く支持を得ている良書であるから是非引き継いでくれる方を紹介してほしい」という大変ありがたいご依頼を受けた。

熟慮の末、現時点で私が最も信頼する諸氏、具体的には野村フィデューシャリー・リサーチ&コンサルティング株式会社（NFRC）の深澤弘恵氏をはじめとする若者たちに後を託すことにした。

このような勝手なお願いをこころよく引き受けてくれたNFRCの社長、荻島誠治氏には心から感謝している。

またNFRCは、私が以前担当していたNOMURA-BPI（ボンド・パフォーマンス・インデックス）も引き継いでくれたようで、大変恐縮している。

私が野村総合研究所に入社したのは1984年。それ以来40年近くの間、債券畑一筋でサラリーマン人生を歩むことになってしまった。この間多くの方々から多大なるご支援をいただいたおかげで、私ごときが債券の専門家として多くの方に支持していただけるようになり、本書もロング・セラーとなったことは身に余る光栄であった。しかし定年退職し、債券市場や債券の投資家から遠く離れてしまったいまとなっては、以前のように本書の担当を続けることは困難である。そのため悩んだ末、前述のようにNOMURA-BPIを担当

し、債券投資家とも接点の多いNFRCの若きメンバーに後を継いでもらうことにしたのである。

　本書の読者諸氏においては、いまだ若いこの新しい担当者諸氏に対しても、以前の私に対するのと同様、本書の内容についてご叱正を賜れば幸いである。

　なお偶然ではあるが、2024年3月の日銀の金融政策決定会合では、マイナス金利政策やYCC（イールド・カーブ・コントロール）の終了が公表された。また総裁の会見でいわゆる量的緩和を終了し、今後は短期金利を日銀の主たる政策手段とすることが表明された。

　これがわが国の債券市場に劇的な変化をもたらす契機となるのか否かは、現時点では判断しかねるものがあるが、いずれにしても今後の日銀の金融調整の動向には注目する必要はあろう。

　しかし今後の日銀の金融政策変更は、わが国の経済物価見通し等の推移次第という面が大きく、現時点で完全かつ正確に予測することは困難である。また本書において、その政策の今後の変更等を逐一フォローしていくのは不可能であろうと考えている。

　今後も経済環境の変化等によって、債券投資の環境も変化していくことになろう。本書の内容は、執筆時点で利用可能な情報に基づいて書かれているが、今後の経済環境の変化等によって、その内容が陳腐化することは、残念ながらやむをえない。

　また前述のとおり、本書は、これから債券運用のプロを目指そうとする方を読者として想定している。仮にもプロを目指す者であるなら、本書を一読された後は本書のみに頼るのではなく、その時々の経済情勢等の情報（一次情報）を自力で収集・分析検討して自らの投資行動を決定していただくことをお願いしたい。

　さて、読者諸氏におかれてはいよいよ「債券運用のプロ」を目指した長い航海の始まる時が来た。「ボンボヤージュ（よい旅でありますように）」。

一方、私個人についていえば、長い航海がようやく終わりに近づきひとまず終着となる。これまで長い間ご支援をいただき、ありがとうございました。

今後の皆様のよりいっそうのご活躍を期待しております。さようならお元気で。

2024年吉日

　　元野村證券　グローバル・リサーチ本部　リサーチ・プロダクト部

　　　　　　　　　　　　　　　　　　太 田　智 之

〈執筆担当者一覧〉

[第1章]
西村　　恵　野村フィデューシャリー・リサーチ＆コンサルティング株式会社
　　　　　　インデックス事業部

[第2章]
植田　一政　野村フィデューシャリー・リサーチ＆コンサルティング株式会社
　　　　　　インデックス事業部
工藤由芽子　野村フィデューシャリー・リサーチ＆コンサルティング株式会社
　　　　　　インデックス事業部
宮野　俊英　野村フィデューシャリー・リサーチ＆コンサルティング株式会社
　　　　　　インデックス事業部

[第3章]
服部　　海　野村證券株式会社　ポートフォリオ・コンサルティング部
前川　悠仁　野村證券株式会社　ポートフォリオ・コンサルティング部
木須　貴司　野村フィデューシャリー・リサーチ＆コンサルティング株式会社
　　　　　　フィデューシャリー・マネジメント部
権代　紘志　野村フィデューシャリー・リサーチ＆コンサルティング株式会社
　　　　　　フィデューシャリー・マネジメント部
金親　伸明　野村フィデューシャリー・リサーチ＆コンサルティング株式会社
　　　　　　フィデューシャリー・マネジメント部
高田　晴夏　野村フィデューシャリー・リサーチ＆コンサルティング株式会社
　　　　　　フィデューシャリー・マネジメント部
尾谷　拓海　野村フィデューシャリー・リサーチ＆コンサルティング株式会社
　　　　　　フィデューシャリー・マネジメント部
峯　　祥一　野村フィデューシャリー・リサーチ＆コンサルティング株式会社
　　　　　　ファンド分析部
越澤　　一　野村フィデューシャリー・リサーチ＆コンサルティング株式会社
　　　　　　ファンド分析部
佐藤　　豪　野村フィデューシャリー・リサーチ＆コンサルティング株式会社
　　　　　　ファンド分析部
黒田　信行　野村フィデューシャリー・リサーチ＆コンサルティング株式会社
　　　　　　ファンド分析部

杉山　美雪	野村フィデューシャリー・リサーチ＆コンサルティング株式会社
	ファンド分析部
植田　一政	野村フィデューシャリー・リサーチ＆コンサルティング株式会社
	インデックス事業部
松田　政杜	野村フィデューシャリー・リサーチ＆コンサルティング株式会社
	インデックス事業部

［第4章］
西村　　恵　野村フィデューシャリー・リサーチ＆コンサルティング株式会社
　　　　　　インデックス事業部
工藤由芽子　野村フィデューシャリー・リサーチ＆コンサルティング株式会社
　　　　　　インデックス事業部
松田　政杜　野村フィデューシャリー・リサーチ＆コンサルティング株式会社
　　　　　　インデックス事業部

［編集主査］
深澤　弘恵　野村フィデューシャリー・リサーチ＆コンサルティング株式会社
　　　　　　インデックス事業部

（所属は2024年12月1日現在）

目　次

第1章　わが国の債券市場

第1節　債券とその市場 2
1　債券とは 2
2　債券の種類 3
3　債券の市場 5

第2節　わが国の債券市場の歴史 7
1　戦後から第1次石油危機まで（1945〜74年）......7
2　国債の大量発行と国債市場自由化（1975〜90年）......8
3　バブル崩壊と金融自由化、質的・量的金融緩和
（1991年〜）......15

第3節　国際債券投資 21
1　内外資本取引の自由化 21
2　外債投資の動向 22

第4節　債券の利回り変動 26
1　需要と供給 26
2　裁定と期待 26

第5節　日本銀行による金融政策 31
1　オペレーション 31
2　量的金融緩和政策 35

第2章　債券投資分析の基礎

第1節　債券の利回りと価格の関係 40
Ⅰ　債券利回りの基礎 40
1　利付債と割引債 40

		2	債券の収益要素 ………………………………………	*42*
		3	利回り（単利）の求め方 ………………………………	*43*
		4	複利最終利回り ………………………………………	*46*
	Ⅱ	債券の価格変動特性 ……………………………………		*48*
		1	オーバー・パー、アンダー・パー ……………………	*48*
		2	利回り変化幅と価格変化率の関係 ……………………	*51*
		3	残存期間と価格変動性の関係 …………………………	*53*
第2節	利回り変動の実際 ………………………………………			*64*
	Ⅰ	銘柄間の利回り格差 ……………………………………		*64*
		1	利回り格差 ……………………………………………	*64*
		2	利回り格差とTスプレッド ……………………………	*66*
	Ⅱ	残存期間による利回り格差 ……………………………		*67*
		1	残存期間別利回りとその変動性 ………………………	*67*
		2	利回り曲線（イールド・カーブ） ……………………	*71*
	Ⅲ	銘柄種別による利回り格差 ……………………………		*82*
		1	信用リスクと利回り格差 ………………………………	*82*
		2	銘柄種別格差 …………………………………………	*84*
	Ⅳ	金利予想に基づく運用 …………………………………		*89*
	Ⅴ	利回り格差に基づく運用 ………………………………		*91*
		1	市場不均衡による格差 …………………………………	*91*
		2	信用格差・流動性格差 …………………………………	*92*
第3節	債券投資の収益とリスク ………………………………			*95*
	Ⅰ	債券の収益評価尺度 ……………………………………		*95*
		1	直接利回り（直利） ……………………………………	*97*
		2	最終利回り ……………………………………………	*98*
		3	途中償還がある場合の利回り …………………………	*104*
		4	任意所有期間での利回り ………………………………	*106*
		5	キャッシュ・フロー利回りとIRR ……………………	*108*
		6	Tスプレッド …………………………………………	*110*

Ⅱ　債券投資のリスク ……………………………………………… *118*

　　1　債務不履行リスク ……………………………………… *118*

　　2　途中償還リスク ………………………………………… *119*

　　3　金利変動リスク ………………………………………… *120*

Ⅲ　投資目的と銘柄選択 …………………………………………… *126*

第4節　デリバティブ取引 ……………………………………………… *129*

Ⅰ　債券先物 ………………………………………………………… *129*

　　1　債券先物取引とは ……………………………………… *130*

　　2　債券先物の理論価格 …………………………………… *134*

　　3　債券先物取引の活用 …………………………………… *138*

Ⅱ　債券オプション ………………………………………………… *141*

　　1　債券オプション取引とは ……………………………… *141*

　　2　債券オプションの理論価格 …………………………… *147*

　　3　債券オプションの活用 ………………………………… *155*

Ⅲ　スワップ取引 …………………………………………………… *163*

　　1　金利スワップ取引 ……………………………………… *164*

　　2　通貨スワップ取引 ……………………………………… *174*

第5節　MBS ……………………………………………………………… *183*

Ⅰ　期限前償還 ……………………………………………………… *184*

　　1　プリペイメントの概要 ………………………………… *185*

　　2　期限前償還モデル ……………………………………… *187*

Ⅱ　OAS ……………………………………………………………… *188*

第6節　債券とサステナブル投資・ESG投資 ……………………… *195*

Ⅰ　ESG債とSDGs債 ……………………………………………… *195*

Ⅱ　ESG統合 ………………………………………………………… *197*

第7節　物価連動国債と変動利付債 ………………………………… *199*

Ⅰ　物価連動国債 …………………………………………………… *199*

Ⅱ　変動利付債 ……………………………………………………… *202*

第3章　債券のポートフォリオ運用

第1節　債券ポートフォリオ ……………………………………*206*

Ⅰ　ポートフォリオのリターンとその変動性 ………………*206*

   1　各種資産のリターンとその変動性 …………………*206*

   2　資産分散のリターンの変動性低減効果 ……………*211*

   3　各資産の相関係数 ……………………………………*215*

   4　ポートフォリオ選択 …………………………………*217*

Ⅱ　債券ポートフォリオと金利変動リスク …………………*221*

   1　金利変動と債券ポートフォリオ ……………………*221*

   2　債券ポートフォリオと負債 …………………………*223*

   3　債券ポートフォリオの金利感応度 …………………*225*

Ⅲ　債券運用の基本体系 ………………………………………*227*

   1　計画フェーズ …………………………………………*228*

   2　運用フェーズ …………………………………………*229*

   3　評価フェーズ …………………………………………*232*

第2節　債券ポートフォリオの運用方法 ………………*234*

Ⅰ　債券の積極的運用 …………………………………………*236*

   1　金利予想に基づく運用 ………………………………*236*

   2　利回り格差に基づく運用 ……………………………*240*

Ⅱ　債券の保守的運用 …………………………………………*241*

   1　ラダー・バーベル・ブレット型運用 ………………*241*

   2　キャッシュ・フロー・マッチングとイミュニゼー

     ション …………………………………………………*243*

   3　債券のインデックス運用 ……………………………*251*

   4　利回りアップのための入替え ………………………*263*

Ⅲ　ポートフォリオのデュレーションと金額デュレーション ……*264*

Ⅳ　キーレート・デュレーションとバリュー・アット・リスク …*266*

第3節　外国債券投資 …………………………………………*272*

	1	外国債券へ投資する意義	272
	2	外国債券のリスク、リターンの要因分解	274
	3	為替の期待リターンの考え方	276
	4	為替ヘッジ付外国債券のリターン・リスク	278

第4節　資産・負債総合管理と債券ポートフォリオ ……281

I　金利変動と金融機関の資産・負債 ……281

II　銀行の資産・負債総合管理 ……284

	1	バーゼル規制とバーゼルⅢ最終化	285
	2	ALM委員会とリスクアペタイト・フレームワーク	288
	3	バリュー・アット・リスクによるリスク量の定量化	289
	4	ストレス・テストとリバース・ストレス・テスト	290
	5	銀行の有価証券運用	291

III　生命保険会社の資産・負債総合管理 ……293

	1	生命保険契約	294
	2	生命保険会社の負債	296
	3	生命保険会社の債券運用	298
	4	保険ALMと経済価値ベースのソルベンシー規制	300

IV　年金資金の資産・負債総合管理 ……302

第5節　債券運用の評価 ……308

I　債券ポートフォリオの構築 ……308

	1	運用目標	308
	2	運用に対する考え方	310
	3	収益源泉	311
	4	運用プロセス	315
	5	運用・調査体制	316
	6	投資対象	317

II　債券ポートフォリオの管理指標 ……318

	1	流動性指標	318
	2	収益性指標	320

3　リスク指標 ………………………………………………… *322*

　Ⅲ　債券運用のパフォーマンス評価 …………………………… *327*

　　　1　パフォーマンスの計測 ………………………………… *328*

　　　2　パフォーマンス評価期間 ……………………………… *333*

　　　3　パフォーマンス評価基準 ……………………………… *334*

　　　4　パフォーマンス要因分析 ……………………………… *339*

　　　5　パフォーマンス特性分析 ……………………………… *342*

　　　6　NOMURA-BPI ………………………………………… *347*

第4章　債券の実務知識

第1節　債券の種類 …………………………………………………… *354*

　Ⅰ　国　　債 …………………………………………………………… *356*

　　　1　長期国債 ……………………………………………………… *357*

　　　2　中期国債 ……………………………………………………… *358*

　　　3　超長期国債 …………………………………………………… *359*

　　　4　国庫短期証券（T-Bill） …………………………………… *360*

　　　5　物価連動国債 ………………………………………………… *360*

　　　6　個人向け国債 ………………………………………………… *360*

　　　7　脱炭素成長型経済構造移行債（GX移行債） ………… *360*

　Ⅱ　地　方　債 ………………………………………………………… *361*

　Ⅲ　特　殊　債 ………………………………………………………… *362*

　　　1　政府保証債（政保債） ……………………………………… *362*

　　　2　私募特別債 …………………………………………………… *362*

　　　3　財投機関債 …………………………………………………… *362*

　Ⅳ　金　融　債 ………………………………………………………… *363*

　Ⅴ　普　通　社　債 …………………………………………………… *363*

　Ⅵ　新株予約権付社債 ………………………………………………… *363*

　　　1　転換社債型新株予約権付社債 ……………………………… *364*

目　　次　　*11*

	2	新株予約権付社債 ……………………………………	*365*
Ⅶ		資産担保型社債 …………………………………………	*366*
Ⅷ		非居住者債 ………………………………………………	*367*
Ⅸ		ユーロ円債 ………………………………………………	*367*

第2節　債券の償還と利息 …………………………………… *368*
　Ⅰ　償還方法 ………………………………………………… *368*
　　　1　公募債の償還方法 ………………………………… *368*
　　　2　銀行等引受債の償還方法 ………………………… *370*
　　　3　普通国債の償還方法 ……………………………… *370*
　Ⅱ　債券の利息と経過利子 ………………………………… *371*
　　　1　債券の利息 ………………………………………… *371*
　　　2　経過利子・未収利息 ……………………………… *373*

第3節　債券の取引形態 ……………………………………… *374*
　Ⅰ　一般取引 ………………………………………………… *375*
　　　1　既発債売買の特徴 ………………………………… *375*
　　　2　店頭取引 …………………………………………… *377*
　　　3　取引所取引 ………………………………………… *378*
　Ⅱ　現先取引 ………………………………………………… *378*
　Ⅲ　レポ市場と債券の空売り ……………………………… *380*
　　　1　債券の空売り ……………………………………… *380*
　　　2　レポ市場 …………………………………………… *380*
　Ⅳ　債券の登録・振替 ……………………………………… *381*
　　　1　登録制度 …………………………………………… *381*
　　　2　社債等振替法 ……………………………………… *381*
　　　3　ストリップス債 …………………………………… *383*
　　　4　デジタル債 ………………………………………… *384*

第4節　債券の実務計算 ……………………………………… *385*
　Ⅰ　日数計算 ………………………………………………… *385*
　　　1　片端入れと両端入れ ……………………………… *385*

12　　　　　　　　　　　　目　次

	2	残存期間 ………………………………………	*385*
	3	経過日数 ………………………………………	*386*
	4	平均残存期間 …………………………………	*386*

Ⅱ 利息計算 …………………………………………… *387*

	1	端数利息 ………………………………………	*387*
	2	経過利子 ………………………………………	*390*

Ⅲ 既発債の価格と最終利回り ……………………… *392*

	1	割引債券 ………………………………………	*392*
	2	利付債券 ………………………………………	*394*

Ⅳ 現先取引計算 ……………………………………… *396*

	1	利含み現先取引 ………………………………	*397*
	2	利含みでない現先取引 ………………………	*399*

Ⅴ レポ（現金担保付貸借取引）の計算 ………… *403*

	1	取引レート ……………………………………	*403*
	2	担保金の値洗いと付利利息・貸借料の計算 ………	*403*

Ⅵ 外国債券の実務計算 ……………………………… *408*

	1	日数・経過利子の計算 ………………………	*408*
	2	価格と最終利回りの計算 ……………………	*411*

■参考文献 …………………………………………………… *418*

■事項索引 …………………………………………………… *420*

第 1 章

わが国の債券市場

第1節

債券とその市場

❶ 債券とは

　債券とは、発行者が資金を調達するために発行する有価証券であり、一定の期間あらかじめ定められた方法で利息（利子）を支払い、一定期間後にあらかじめ定められた方法で元本を支払うことを約束している債務証書である。

　利息はクーポン（coupon）とも呼ばれ、債券の額面に対する年率％で表示するのが一般的である。わが国では、半年ごとに年率のちょうど半分のクーポンが支払われる形の債券がほとんどである。クーポンの支払日を利払日という。また、元本が最終的に返済される予定日を、満期日もしくは最終償還日と呼び、支払われる元本を償還金という。なお、わが国では債券の価格は額面100円当りの価格（単価）で表示される。

　債券は英語ではボンド（bond）もしくはフィックスト・インカム・セキュリティー（fixed income securities）と呼ばれる。

　企業などが債券を発行した場合、債券は借入れなどと同様、その企業の負債（debt）に分類される。負債は一般に、あらかじめ定められた利息支払、元本返済のスケジュールを約束して資金調達が行われ、この支払が滞った場合、資金調達者のデフォルト（債務不履行）となる。

　この点、株式などの出資の場合、あらかじめ支払を約束しているわけではなく、配当の支払を行わないこと（無配）を決定してもデフォルトには当たらないという違いがある。

　なお、わが国最大の債券発行者は国である。日本証券業協会「公社債発行額・償還額等」によると、2023年度末における国債の発行残高は約1,147兆円であり、公社債全体の発行残高約1,374兆円の8割超を占める。

2　　　　　　第1章　わが国の債券市場

❷ 債券の種類

　国内で発行される債券は発行者別に、公共債、民間債、非居住者債に分類される。

　公共債には、国が発行する「国債」、地方自治体が発行する「地方債」、特殊法人が発行する「特殊債」がある。国債は多様化が進んでおり、償還期間によって20年、30年、40年の超長期国債、10年の長期国債、2年から5年の中期国債、1年以下の国庫短期証券がある。また、クーポンのない割引国債とクーポンのある利付国債という区分もある。利付国債には固定利付債と、変動利付債がある。なお現在、新規発行が行われているのは、40年利付、30年利付、20年利付、10年物価連動、10年利付、5年利付、2年利付の各国債と、1年、6カ月、3カ月、2カ月程度の国庫短期証券、個人向け国債などである。国債の中心は期間10年の固定利付長期国債である。

　特殊債には、「政府保証債」、政府保証のつかない「財投機関債」、および私募債（後述）の「私募特別債」などがある。

　一方、民間債には、電力会社や一般企業が発行する「事業債」、特別の法律で起債が認められている金融機関が発行する「金融債」、あらかじめ定められた価格で債券を株式に転換できる「転換社債（転換社債型新株予約権付社債）」、あらかじめ定められた価格で新株を購入できる権利を付した「新株引受権付社債」、債券の発行者とは異なる企業の株式に転換できる「他社株転換債（交換社債）」などがある。転換社債はCB（Convertible Bond）、新株引受権付社債はワラント債とも呼ばれる。また、事業債は、普通社債と、資産担保型社債に分類されることもある。近年では銀行が債券を発行することもできるが、これは従来の金融債とは区別され、通常、事業債に分類される。

　非居住者債は外国債とも呼ばれ、外国の政府や機関、企業が日本国内で発行する債券である。円建ての場合「円建外債」、外貨建ての場合は「外貨建外債」と呼ばれる。円建外債はサムライ債、外貨建外債はショーグン債と呼ばれることもある。非居住者債として資産担保型社債が発行されることもある。

これらの債券には発行形態によって、不特定多数の投資家を対象に発行される公募債と、特定少数を対象に発行される私募債という区分の仕方もある。また、2008年の金融商品取引法改正で導入された「プロ向け市場制度」に基づき、TOKYO PRO-BOND Marketというプロ投資家向けの新しい債券市場が11年5月に開設されている。

　海外で発行される債券はまとめて「外債」と呼ばれる。代表的なものは各国の国債とユーロ市場（ヨーロッパにおける円建資産取引市場のように、通貨の本国でない市場）で発行される「ユーロ債」であろう。

　米国国債は、トレジャリー、もしくは財務省証券と呼ばれ、4、13、26、52週満期の割引債であるトレジャリー・ビル（TB）、2、3、5、7、10年満期のトレジャリー・ノート（T-note）、30年満期のトレジャリー・ボンド（T-bond）などが存在する。特にT-bond30年債の利回りは、米国の長期金利の指標となっている（01年10月に発行が停止されたが、06年2月に発行を再開している）。

　英国国債の代表は、利付債であるギルト債（Gilt-edged bond）である。ドイツ国債には2年物のシャッツ（Schatze）、5年物のボブル（Bobl）、10年物のブンズ（Bund）などがある。また、フランス国債には中期国債（BTNS）や長期国債（FRTR）などがある。

　ユーロ市場は債券発行に関する規制が少なく、発行体と投資家のニーズに合わせて種々の変形債券が発行されている。たとえば、クーポンと償還金が異なった通貨で支払われるデュアル・カレンシー債、為替の変動によってクーポンが変動するパワー・リバース・デュアル債、株価指数などに連動して償還金が増減するインデックス・リンク債などである。

　このような変形債券はユーロ市場のMTN（ミディアム・ターム・ノート）プログラム（あらかじめ総発行額だけを決め、実際の債券発行はその枠内で順次行う仕組み）を利用して、個々の投資家のニーズに合わせた債券を発行するターゲット・イシューという形でも盛んに行われている。

　証券化（セキュリタイゼーション）による債券発行もある。たとえば米国では住宅ローンを担保とするモーゲージ担保証券（MBS：Mortgage　Backed

Securities）が、トレジャリーや社債に匹敵するほどの発行残高となっていた。しかし米国リーマンショック以降、MBSの発行額が低迷する一方、トレジャリーの大量発行によりトレジャリーの発行残高が再びMBS発行残高を上回っている。

また、債券価格に連動して価格が変動する「債券先物」、「債券オプション」、「スワップ取引」などの派生証券（デリバティブ）も、債券運用に重要なものとなってきている。日本銀行「デリバティブ取引に関する定例市場報告」によれば、わが国の主要デリバティブディーラーによる2023年12月末のデリバティブ取引残高について想定元本ベースでみると、デリバティブ店頭取引が74.1兆米ドル、取引所取引が4.0兆米ドルであったが、このうち金利関連取引（金利先物、金利オプション）の取引残高が占める割合はそれぞれ87％、92％であった。

❸ 債券の市場

債券は発行者によって発行され、証券会社などを通じて投資家に販売される。どのような条件なら発行者と投資家のニーズが合うかという意味で、発行市場と呼ばれる市場が存在する。

投資家はいったん購入した債券を証券会社などを通じて売却することがある。そこで投資家間の売買市場として債券の流通市場が成立する。流通市場では種々の債券の価格が刻々と変化している。発行市場において発行者と投資家との間で取引された債券が新発債と呼ばれる一方で、流通市場で取引される債券は既発債と呼ばれる。

発行市場をプライマリー・マーケット、流通市場をセカンダリー・マーケットと呼ぶことがある。流通市場での価格形成は発行市場での条件設定にも反映され、重要な役割を果たしている。このため、発行市場と流通市場は車の両輪にたとえられることもある。

債券取引は売買するもの同士の相対（あいたい）取引が主で、これを店頭取引もしくはOTC（Over-The-Counter）取引という。株式と違って同一発行

第1節　債券とその市場　　5

体であっても発行のタイミングによって発行条件が異なっていて取引所での売買成立がむずかしいこと、市場参加者の中心が機関投資家、証券会社、金融機関であり、その取引単位も大きく、取引条件が多様であることが主な理由である。取引を円滑に行うため、証券業者は、取引されるであろう債券をあらかじめ手当てし、在庫として用意するか、反対売買のニーズをもつ投資家を探す、もしくは債券貸借取引に応じて債券を貸し出してくれる投資家を探す必要がある。これを「玉（ぎょく）を調達する」ということがある。業者間取引を通じて玉を調達することもある。

業者間の取引を円滑にするために、業者が共同で設立した日本相互証券（BB：ブローカーズ・ブローカー）を通じた債券取引が行われている。また、PTS（私設取引所：Proprietary Trading System）の制度が導入され、2002年4月より日本国債の電子取引サービスを開始しているところもある。

債券取引の中心は店頭取引であるが、国債や新株予約権付社債、交換社債などは証券取引所に上場され取引されている。しかし、1998年の市場集中義務（上場債券は一定の条件の場合、取引所で取引することが義務づけられていた）の撤廃などもあり、取引所での取引は限られたものとなっている。

債券先物や債券先物オプションは取引所で取引され、活発に取引が行われている。

第2節

わが国の債券市場の歴史

わが国の戦後の債券市場の歴史を振り返ってみることにする。

❶ 戦後から第1次石油危機まで（1945〜74年）

　第2次世界大戦中に日銀の国債引受により国債大量発行を行ったことが、戦後のインフレーションをもたらした一因となったという経験から、わが国では戦後、建設国債の原則（公共事業のための国債（建設国債）のみ発行できる）と、国債の市中消化の原則（日銀による国債引受による発行の原則禁止）が定められた。その後、高度成長による自然増収のため、1964年度まで新規の国債発行は行われなかった。

　この時期の債券市場の中心は、53年から発行が開始された加入者引受利付電電債（10年債）であった。当時、電話に加入する際には、電電公社の設備投資に協力するため、10万円の債券購入が義務づけられていた。しかし、加入者の多くはこれを多少の損失覚悟で、直ちに売却していたため、電電債の流通市場が誕生したのである。加入者引受利付電電債の流通利回りは77年ごろまで長期金利の指標となっていた。

　64年の東京オリンピック後の景気後退は、65年に深刻化した。景気回復のため財政支出促進策がとられ、税収の伸悩みもあって国庫の資金繰りが逼迫した。そこで65年度の補正予算により、戦後初めて特例国債（赤字国債）が66年1月に発行された。年度内に額面合計2,000億円（うち市中消化1,100億円）が発行された。

　その後、66年度からは、当初予算から建設国債を原則毎月発行することとし、景気回復と社会資本の充実を目指すことになった。

　国債の満期は71年12月発行までは7年であったが、それ以降は10年債が発

行された。国債の消化のため、証券会社と銀行などからなる国債引受シ団が形成され、資金運用部とともに新発債を引き受けた。証券会社は、市中公募額の約10%を引き受け、主に個人投資家に販売していた。一方、銀行などは自己で保有することになったが、国債の売却は禁止されていた。

しかし、銀行保有の国債の多くは、発行後1年以上経過すると日銀の買いオペレーションの対象となり、売却損のあまり出ない価格で市中から吸い上げられた。このように70年代前半まで国債の流通市場は、きわめて限定的なものであった。

② 国債の大量発行と国債市場自由化（1975〜90年）

(1) 国債の大量発行

国債市場の転機となったのは、1973年の第1次石油危機であった。わが国はインフレと不況を同時に経験することになった。その後景気が停滞し、税収の大幅な減少が見込まれたため、75年度補正予算に特例国債（赤字国債）発行が盛り込まれ、国債や地方債の大量発行時代が始まった（図1−1）。国債の発行額（新規財源債）は75年度に5.2兆円と前年度の2倍以上になった。

翌76年度は、総合経済対策が打ち出され、さらに大量の国債発行をもとに公共事業が積極的に行われた。

第1次石油危機以降、わが国経済は高度成長から安定成長へ変貌し、社会資本、公共サービスの拡充で歳出が増加する一方、税収は伸び悩み、この差を埋めるため国債の大量発行が定着した。

(2) 国債市場自由化の第一歩

国債大量発行は金融機関に大きな影響を与えた。発行額は日銀の買いオペレーションで吸収する限界を超え、金融機関は低利で引き受けた国債をそのまま保有しなければならなかった。しかし、貸出ニーズに対応するためには

図1−1 国債発行額、残高の推移（1990年度まで）

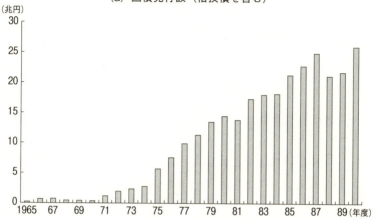

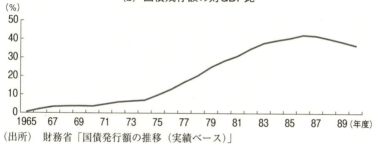

（出所） 財務省「国債発行額の推移（実績ベース）」

保有債券を資金化しなければならず、引受国債の売却制限の緩和と発行条件の実勢化が求められた。

　1977年4月に1年を経過した引受国債の市中転売が認められ、国債の本格的な流通市場が生まれた。公社債売買高に占める国債売買高は、それまで数％にすぎなかったが、77年度以降急増し、79年度には50％に達し、国債が公社債売買市場の主役に躍り出た。

　発行市場の自由化も77年から順次開始された。第一に国債の種類の多様化が行われた。77年に5年満期の割引国債、78年から80年にかけて、2〜4年の中期利付国債が公募入札によって発行されるようになった。81年には6年

図1-2　国債の発行利回り

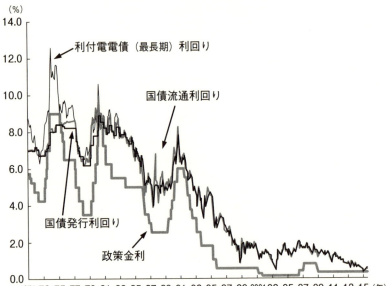

(注) 政策金利、利付電電債利回り、国債流通利回りは月末値。
(出所) 日本銀行、東証、日本証券業協会、野村證券

債の発行が始まった。これらは、個人投資家向けを想定した国債であった。また、機関投資家向けに、15年の変動利付国債、20年の利付国債などの超長期国債も発行されるようになった（当初、一部は私募債）。

第二に発行条件が実勢に近づけられ、79年から長期国債の発行条件が政策金利（当時は公定歩合）と切り離され、流通実勢レートを尊重して決定されるようになった（図1-2）。

なお、長期国債も88年4月から一部入札が導入され、入札結果をもとに発行条件が決められるようになった。89年10月からは6割、2002年5月からは75％が入札発行となっている。20年の超長期国債は1986年から公募されるようになり、87年には入札発行へと自由化された。

このように発行市場の実勢化と流通市場の整備によって、金融機関にとっての債券は「保有するもの」から「運用するもの」へと変化した。

一方、国債は運用資産として魅力を増し、80年にできた中期国債を主な運

10　　　　　　　　第1章　わが国の債券市場

用対象とした「中期国債ファンド」など、国債で運用される投信も増加した。

債券の条件付売買（現先取引）は60年代から自然発生的に存在していた。これは債券の保有者が一定期間後に買い戻すことを条件に余資運用者に売却して資金調達する方法である。預金金利が規制金利であった当時、市場金利である現先は72年の金融緩和期以降急成長し、76年には短期金融市場として認知されるに至った。

預金が規制金利であった当時、自由金利である国債や現先が、投信などにも利用され、金融機関の商品開発競争を刺激した。

このように国債の大量発行は、わが国金融市場の自由化を促す大きなきっかけになったのである。

なお、現先取引には2001年4月から取引相手の信用リスク等に配慮した契約書に基づく新現先取引が導入されている。

(3) 金融機関の国債市場への参加

1983年4月、銀行による長期国債の窓販（引き受けた債券の投資家への販売）が、84年6月には銀行による債券ディーリング（既発債の売買業務）が認められ、国債市場の拡大が図られた。債券ディーリングについては条件を満たした銀行から順次、残存2年未満の債券について認められ、その後85年6月からすべての公共債について許可されることとなった。金融機関による公共債ディーリングは、その後、順次認可機関が拡大し、98年以降は認可制から登録制に移行している。

これを機に、銀行による債券ディーリングが盛んになった。この時期、債券のディーリングは長期国債、とりわけ発行間もない流動性の高い銘柄に集中するようになった。この銘柄は指標銘柄と呼ばれ、高い流動性のため他の銘柄に比べ割高で取引されるようになった（99年3月24日に指標銘柄は廃止されている）。

⑷ **国庫短期証券**

1975年度以降に大量発行された国債が償還を迎え、86年度からは借換債の発行が新規財源債の発行を上回るようになった。

このなかで、借換えを円滑に進めるため、国債の多様化がさらに図られた。86年2月から期間6カ月の割引短期国債（短期国債：TBと呼ばれる）の発行が始まった。

TBは、長期国債等に有価証券取引税が課せられていたこの時期にも、有価証券取引税が課せられていなかったため、現先取引の対象として広く利用されていた。なお、TB3カ月物は89年9月、TB1年物は99年4月から発行が始まっている。

短期国債に対し、政府短期証券（FBと呼ばれる）は、為替の介入資金や米の買付けなど国庫の一時的資金繰りを補う目的で56年から発行されている。しかし、大半は日銀によって引き受けられていた。81年からは日銀が市中にFBを売却し始めたが、市場規模は小さかった。

その後、99年4月からFBは公募入札発行され、期間13週のFBがほぼ毎週、発行されていた。このため、FBの取引は99年から急拡大し、TBに匹敵する市場に成長した。

2009年2月からは、割引短期国債と政府短期証券が統合され、国庫短期証券（T-Bill）という名称となっている。国庫短期証券は期間2カ月程度、3カ月、6カ月、1年のものが発行されている。

⑸ **国債先物取引**

国債の流通市場拡大につれ、長期金利は日々めまぐるしく変化するようになった。投資家の債券ポートフォリオやディーラーのポジション在庫がこのような金利変動にさらされ、このリスクを回避するニーズが高まった。

このようななか、1985年10月、東京証券取引所に国債先物市場が開設された。直接参加者には、取引所の「正会員」に加えて、「特別参加者」として

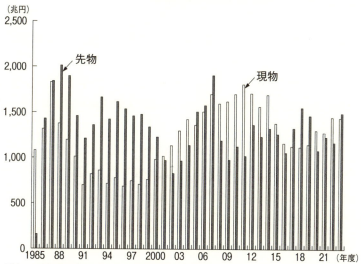

図1-3 現物債券、先物の取引金額

(注) 現物は店頭から現先を除いたもの。現物、先物いずれも片道の値。先物の1985年度のデータは1985年10月10日以降のもの。
(出所) 日本証券業協会「公社債店頭売買高」、日本取引所グループ「取引総括表」

銀行等の債券ディーラーも含まれるようになった。一般の投資家はこれらの参加者に委託する形で取引に参加する。なお、銀行による先物取引の取次業務は、89年6月から可能になっている。

先物取引は85年の取引開始後まもなく、日銀の短期金利高め誘導による債券市場の暴落のため、3日連続ストップ安という真価を問われる局面を経た。その後は、90年代までは現物債券の取引金額を上回っていた。2000年に入ると、毎年100兆円を超えて発行される国債の現存額が大きくなるとともに、現物の売買高取引金額が恒常的に先物取引の売買高を上回る状態となって増加した。世界的な金融危機を受け、08年度の先物の取引金額は大きく減少した。一方で現物債券の取引金額は金融危機前と同水準で推移したが、13年に大規模な金融緩和政策がとられると大きく減少した。足元では現物、先物ともに取引金額が上昇傾向にある（図1-3）。なお国債先物取引は14年3月に大阪取引所へ移管されている。

第2節 わが国の債券市場の歴史

⑹ 債券オプション、金利先物取引

1989年4月、選択権付債券売買という形で債券店頭オプション取引が許可された。また、89年6月には東京金融先物取引所が開設され、ユーロ円先物が上場された。さらに90年5月には、東京証券取引所に国債先物オプションが上場された。国債先物オプションも2014年3月に大阪取引所に移管されている。

従来、債券の店頭オプションは選択権付債券売買に限られていたが、1998年12月には有価証券オプション取引が全面解禁され、対象となる資産や証券には制限がなくなっている。ただ、選択権付債券売買は、その形のまま残されており、金融商品取引法上の有価証券オプション取引には該当しない。

⑺ 債券貸借取引

1989年に債券の貸借取引が開始された。96年4月には担保付債券貸借取引が始まっている。担保付貸借取引には現金担保取引と代用有価証券担保取引がある。現金担保取引はレポ取引とも呼ばれ、債券の貸出（借入れ）に対し担保として現金を受け入れる（差し入れる）取引である。これにより、債券の貸手は、貸借取引の相手の信用リスクを回避することが可能であり、また日銀が資金調達手段として利用を開始したこともあり、レポ取引は急拡大している。なおレポ取引の名は、米国の買戻し（repurchase）条件付取引に由来している。

債券貸借取引によりディーラーは債券を空売りしても、受け渡す債券を手当てできるようになり、債券の流動性が非常に高まった。現物間の裁定取引が活発に行われ、債券の価格形成が大きく効率化しているのが現状である。

❸ バブル崩壊と金融自由化、質的・量的金融緩和 (1991年〜)

(1) 財　　政

　バブル期の税収増加を背景として、国債の発行額が1988年度に初めて前年度を下回ることとなった (図1−4)。また、90年度に臨時特別公債を発行したのを最後に、93年度までは特例国債 (赤字国債) の発行がなくなり、15年続いた特例国債依存からの脱却が実現した。

　しかし、91年からの景気後退、バブル崩壊、円高等により日本経済は深刻な局面を迎えた。これを受け政府は、第一次総合経済対策 (92年8月)、第二次総合経済対策 (93年4月)、緊急経済対策 (93年9月)、新総合経済対策 (94年2月)、緊急円高経済対策 (95年4月)、経済対策 (95年9月) と、相次いで経済対策を打ち出した。

　92年度からは税収も落ち込み、これを補うため、94年の減税特例公債、震災特例公債の発行の後、95年度からは通常の特例国債 (赤字国債) 発行が再開された。借換債を含む国債発行額はこの後、ほぼ一貫して増加することになった。

　このような度重なる景気対策により、わが国の財政は一挙に悪化した。

　このため政府は、97年度予算において97年度を「財政構造改革元年」と位置づけ、徹底した歳出の見直しに取り組んだ。さらに97年6月「財政構造改革会議の推進について」が閣議決定され、11月には「財政構造改革の推進に関する特別措置法」が制定された。ここでは2003年までに財政赤字の対GDP比を3％以下にし、赤字国債の発行をゼロにすることを目標にかかげていた。

　しかし、97年後半から、金融機関の相次ぐ破綻のための金融システム不安などを背景に、景気は急速に悪化した。このため政府は財政構造改革の方針を変更し、98年5月「財政構造改革の推進に関する特別措置法」が改正され特例国債発行枠の弾力化が図られた。さらに同年12月には「財政構造改革の

第2節　わが国の債券市場の歴史　　*15*

図1-4　国債発行額の推移

(a)　国債発行額（借換債を含む）

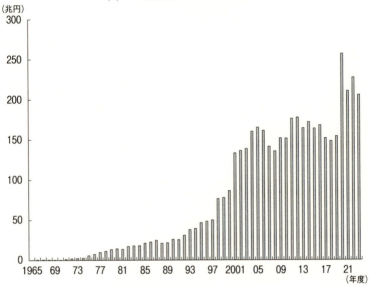

(b)　国債残存額の対GDP比

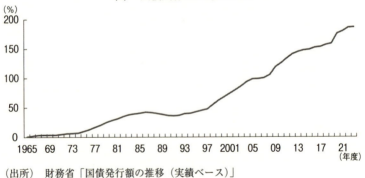

（出所）　財務省「国債発行額の推移（実績ベース）」

推進に関する特別措置法」が凍結されることになった。

　この間、98年4月に総合経済対策、11月に緊急経済対策、99年6月には緊急雇用対策および産業競争力強化対策、11月には経済新生対策、さらに2000年10月には日本再生のための新発展政策がそれぞれ策定され、景気回復への

取組みが行われている。

　景気悪化で凍結されていた財政構造改革は、01年に再び動き始めた。「今後の経済財政運営及び経済社会の構造改革に関する基本方針」（骨太の方針）において、01年度において新規国債発行を30兆円以下に抑制し、基礎的財政収支（プライマリーバランス）を黒字にすることを目標としてかかげた。02年度には国債発行30兆円を達成し、02年には「経済財政運営と構造改革に関する基本方針2002」において、10年代初頭に国と地方を合わせたプライマリーバランスを黒字化させることを目指すとした。その後06年の「経済財政運営と構造改革に関する基本方針2006」では、11年度にはプライマリーバランスを確実に黒字化することが明記された。

　こうした取組みにより、04年度をピークに08年度まで国債発行額は減少することとなった。

　しかし、08年9月の世界的な金融経済危機の発生により、世界的な景気後退となり、大規模な景気刺激策が打ち出され国債発行額は増加を余儀なくされ、再度、財政健全化の目標は見送られることとなった。その後、国債発行額は再び増加し続けることとなった。

　13年の「経済財政運営と改革の基本方針」では、プライマリーバランスを15年度までに10年度に比べ対GDP比の赤字半減、20年度までに黒字化とする財政健全化目標がかかげられている。

　一方、財投改革法案（「資金運用部資金法等の一部を改正する法律案」）が、2000年5月に成立し、01年4月から財投改革が実施に移された。財投（財政投融資）は、郵貯や厚生年金、国民年金などの資金を資金運用部に預託し、そこから特殊法人等（財投機関）に融資する制度であったが、これにより①郵貯・年金の資金運用部への預託義務を廃止し自主運用とする、②財投機関は原則として財投機関債による資金調達を行う、こととなった。

　財投機関の資金調達法としては、財投機関債、政府保証債、財投債の3種類が用意された。このうち財投債（財政融資特会債）は国債であり、国が一括して資金を調達し、財投機関に融資することになる。実際には、これらの資金調達法のうち大部分は財投債によることになったこともあり、その後も

第2節　わが国の債券市場の歴史　　　17

国債の大量発行が続いている。

(2) 債券市場の改革

　1990年代後半、国債の大量発行を円滑に行うため、国債の多様化、流通市場整備などを目指した施策が行われた。

　国債の多様化については、94年2月の6年債の公募入札による発行開始、96年4月の20年債の四半期ごと入札の導入、98年4月の中期国債の非競争入札開始、99年4月のTB1年物の公募入札開始、9月の30年債公募入札開始、2000年2月の5年利付債の導入、同年6月の15年変動利付債の公募入札開始、11月の3年割引債の公募入札開始、03年1月における分離適格振替国債（STRIPS：Separate Trading of Registered Interest and Principal of Securities）の導入、04年3月の10年物価連動国債の公募入札開始、07年11月の40年債公募入札開始などがあげられる。

　一方、流通市場整備の一環としては、1996年4月のレポ取引の導入、98年12月の取引所集中義務の撤廃、99年1月の国債の繰上償還条項の撤廃、3月の国債の入札日程および発行額の事前公表開始、4月のTB、FBの償還差益の源泉徴収免除、9月の非居住者の利子課税免除、2000年4月の入札結果発表時間の繰上げ、9月の国債市場懇談会の開催開始、01年1月の国債のRTGS（即時グロス決済）の導入、3月のリオープン（即時銘柄統合）の導入、4月の一括登録国債利子の非居住者課税制度の充実、02年5月の10年国債入札発行分を75％へ引上げ、03年1月の買入消却の入札開始、06年4月の流動性供給入札の開始などが実施されている。特に国債の決済期間に関しては、当初は二十日、月末の決済のみであったが、1986年7月に十日、二十日、月末の月3回決済となり、87年8月には五日から二十五日までの五日ごとの日と月末とを決済日とする月6回決済となった。その後96年9月に約定日から7営業日後（T＋7）を受渡日とするローリング決済が導入された。ローリング決済の期間は97年4月にT＋3と短縮され、2012年4月にはT＋2に、さらに18年5月にはT＋1へと短縮された。また一般債についても同様に決済の

ローリング化、決済期間の短縮が図られ、直近の変更では20年7月にT＋2となった。

流通市場整備策のなかでも1999年4月の有価証券取引税の撤廃は、レポ取引の導入と相まって、わが国債券市場の効率化に大きく寄与していると考えられる。これらにより取引コストが低減したことと証券会社による玉の調達が容易になったことで、市場の不均衡による銘柄間の利回り格差が、容易に解消されるようになったことが特筆される。

一方、事業債等の他の債券市場の自由化も進んだ。93年6月の「商法等の一部を改正する法律」により社債受託制度が抜本的に見直された。「社債募集の受託会社」は、「社債管理会社」と名を変え、社債発行会社の経営破綻時に社債の買取りを行うという機能は、予定されなくなった。実際その後、事実上戦後初の債券のデフォルト（債務不履行）が発生するなど、市場の変化がみられる。95年には、国内企業で初めて社債管理会社を設置しない債券が発行されて、社債管理会社不設置債（FA債と呼ばれる）の発行が増加している。96年には起債時の格付や財務面の基準が撤廃され、債券の発行は原則自由となった。

(3) 今後の債券市場

財政健全化に向けた取組みが行われているが、今後も当面は国債の大量発行が続くものと予想されている。一方で、2013年4月からの日本銀行による量的・質的金融緩和に伴う大量の国債買入れ継続によって、日本銀行による国債保有比率は大きく増加している。国債市場の歴史に類をみない状況であり、国債市場の取引額の低下により流動性の低下も懸念されている。

こうしたなか、流動性を維持する施策として、流動性供給入札の増額が行われ、国債の償還年限の多様化、海外、個人投資家への保有による投資家の多様化を促進し、現物市場だけでなく先物・レポ市場の利便性を高めるためのインフラ整備が行われようとしている。

また、11年以降社債の残高が減少しているなか、社債市場の活性化に向け

た取組みもされている。日本証券業協会から発表される売買参考統計値制度が見直され、社債価格の信頼性向上に向けた施策や社債の取引情報の発表が15年11月から開始されている。今後、社債市場の活性化が期待されるところである。

このような債券の発行・流通を円滑にするための施策は、今後とも続けられなければならない。これによって、大量に発行される債券を、投資家に効率的に提供する市場を育てていくことが重要であると考えられる。

一方、債券の投資家からみると、効率化した市場での運用は以前にも増して専門性を要求されるものとなってきている。空前の低金利や14年ごろからの債券市場のマイナス金利時代の到来は、機関投資家の運用難の時代も意味するものであった。16年2月の日本銀行によるマイナス金利導入により、その後24年3月までの大規模金融緩和政策下において、債券のマイナス利回りは恒常化の様相を呈していた。債券の市場や制度が大きく変貌したいま、今後の債券運用について再考するよい機会であるとも考えられる。

第3節

国際債券投資

❶ 内外資本取引の自由化

さて国内債券市場から離れ、目を国外に転じてみよう。国内投資家による外債購入は、1970年に許可されており、円建外債の第1号が同年に発行されている。その後わが国の国際収支が黒字化した77年ごろから外債投資が活発になっている。

80年4月の外国為替管理法改正により、内外証券投資は原則自由となった。また、98年4月の外為法改正により、資本取引に関する規制がいっそう緩和されている。

国際収支統計では、経常収支に資本移転等収支と誤差脱漏を加えたものから金融収支を差し引いたものがゼロとなる。経常収支は貿易・サービス収支、第一次所得収支、第二次所得収支の和であるが、わが国では60年代後半から2000年代まで貿易収支の黒字を維持してきた。11年に赤字となって以降、年によって黒字、赤字がまちまちである。ただその一方で、対外純資産の増加を反映して、第一次所得収支（直接投資や証券投資などによる配当金や利子等の受取・支払）の黒字額が拡大しており、経常収支は黒字を継続している。

金融収支もまた黒字を継続している。なかでも大きな割合を占める直接投資と証券投資の和は、おおむね黒字であった。ここで、国際収支統計上、金融収支およびその内訳が黒字であることは、流出超、すなわちネットで買越し（金融資産の増加がプラス）であることを意味する。

言い換えればわが国は全体として、貿易や第一次所得収支により獲得した外貨を、直接投資や証券投資などの形で海外に投資することによって、世界に資金を還流させてきたのである。

第3節　国際債券投資　　21

このようなことから、わが国でも経常収支の黒字化とともに、外債投資が活発になり、それにつれて、外為法改正をはじめとする、内外資本取引の自由化が進んだのである。

❷ 外債投資の動向

図1-5は、わが国からのネットの対外証券投資額の推移をみたものである。図1-6では特に中長期債について主だった投資家別にネットの投資額を示した。1980年代後半は生保を中心に日本の投資家が外債投資を活発化した時期である。

この時期わが国投資家の外債投資は米国国債中心であり、米国国債を大量に落札するわが国投資家は、世界中から注目されるようになった。わが国の大手証券会社が米国のプライマリー・ディーラー・シップを獲得したのもこの時期である。

しかし、その後のバブル崩壊や円高による外債投資の損失などにより、わ

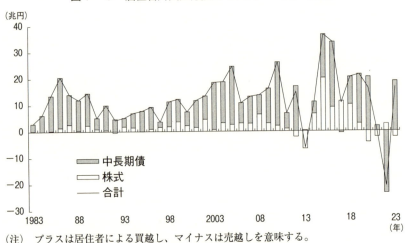

図1-5　居住者外国証券投資（ネットベース）の推移

(注)　プラスは居住者による買越し、マイナスは売越しを意味する。
(出所)　2004年以前は財務省（大蔵省）「対内及び対外証券投資の状況（決済ベース）」、05年以後は財務省「国際収支状況」

図1-6 投資家別対外投資（中長期債、ネットベース）の推移

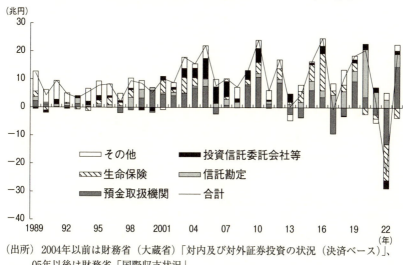

（出所）2004年以前は財務省（大蔵省）「対内及び対外証券投資の状況（決済ベース）」、05年以後は財務省「国際収支状況」

が国金融機関のリスク許容度が低下した面もあり、外債投資はやや鈍化した。

　特に97年には金融危機のなか、銀行が対外資産の圧縮に動いたことから、ネットの外債投資額は大きく落ち込んでいる。一方、2001年には生保が為替ヘッジ付きの外債投資を増加させたことなどから、外債投資が拡大している。さらに、03年から05年にかけて、生保だけでなく銀行の外債投資が活発化し、1980年代後半のネット投資額を超えている。2004年、05年には、銀行部門による比較的利回りの高いエージェンシー債や資産担保証券に対する投資が行われ、外債ファンドへの個人資金の流入を受けて、投信が活発な外債投資を行ったことも、投資額が膨らんだ要因となっている。06年から07年にかけても、個人投資家の外債への投資意欲を背景に、投信による外債投資が進んだが、欧米金利の上昇に伴い銀行による欧米国債の保有額の圧縮などにより、外債投資はやや縮小した。

　13年には、米国量的緩和政策の縮小（テーパリング）懸念やそれに伴う金利上昇への警戒感から銀行勢は外債投資の残高圧縮を進めてきたことから、

図1-7 地域別対外投資（中長期債、ネットベース）の推移

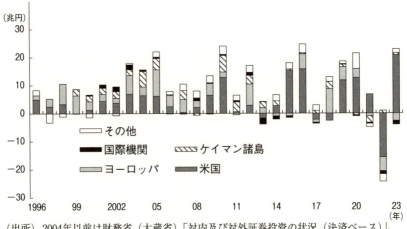

（出所）2004年以前は財務省（大蔵省）「対内及び対外証券投資の状況（決済ベース）」、
05年以後は財務省「国際収支状況」

　外国証券投資における公社債等は、取得と処分とがほぼ釣り合うまでになった。14年、銀行勢は引き続き売り越したが、この頃から国内の金利低下を受けて外債投資が活発化し始め、16年には生保が中心となり大幅な買越しとなった。16年11月の米大統領選後に米国金利が上昇した結果、17年には銀行は大幅に売り越し、生保は買越し幅を縮小した。

　20年には信託勘定での外債投資が急増した。21年はインフレへの警戒感から外債積増しのペースが鈍化し、21年終盤からの各国の利上げを受けて22年は大幅な売越しとなった。一転して23年は高まった金利を獲得するため、主に銀行が買越しとなった。

　一方、投資対象国としては、依然、米国中心であるがヨーロッパ、国際機関、ケイマン諸島なども存在感がある（図1-7）。

　04年以降、ケイマン諸島で発行された資産担保証券や投信受益証券に対する投資が活発化するとともに、生保、投資信託、銀行による欧州国債への投資が増加している。また、投資信託における外債ファンドへの個人資金の流入を受けて、高金利通貨などに対しての投資も増加している。

　国内の低金利が継続するなか、国債中心の運用では収益をあげるのに非常

に厳しい状況であり、相対的に利回りの高い外国債券への投資が増加し、より多様化が進むものと考えられる。

第4節

債券の利回り変動

　債券流通市場における利回り変動に影響を与えると考えられる代表的な要因をあげ、それらの関連を考えよう。実際の利回り変化は多くの要因が複雑に絡んでいる場合も多いが、ここでは主要な要因を単純化して考えることにする。

❶　需要と供給

　債券も多くの他の商品と同様、需要と供給で価格付けされる。

　債券の価格の基本は、将来支払われるクーポンと満期時の元本償還金のキャッシュ・フローの確実さの程度や付随する各種条件のオプションの現在価値の総和である。これをもとに、実際の債券の価格形成には、状況に応じた需要と供給が影響する。すなわち、売り手と買い手がそれぞれに判断した債券の現在価値と売買数量がマッチする場合に、売買が成立する。買いの数が売りの数を上回るときは新たな売りものが出たり、買いの数が減少したりするまで債券価格は上昇する。債券流通市場では、需給の状況によって債券価格が変動することになる。

　需給の観測指標としては、国債発行量や金融機関などの資金事情、個別銘柄レベルでは信用度、格付、流動性の高さなどがあげられる。

❷　裁定と期待

　債券売買の動機としては「裁定」と「期待」があると考えられる。

　裁定と期待を厳密に区別することは困難であるが、これらに影響する要因としては、金融政策、短期金利、外国為替、海外金利、一般的な景気、物価

などがあげられる。

(1) 金融政策

　金融政策は、物価の安定、信用秩序の維持を目指して行われる。中央銀行である日本銀行が、資金の供給量と金利をコントロールする。2024年5月現在、無担保コールO／N（オーバーナイト）物金利がわが国の政策金利として金融政策における中心的役割を果たしている。ただしわが国の金融政策の変遷を振り返ると、その主たる操作目標は必ずしも短期金利に限ったものではない。01年3月から06年3月における「量的緩和政策」では日銀当座預金残高に対する操作目標が定められていた。13年4月からの「量的・質的金融緩和政策」ではマネタリーベース（日本銀行が供給する通貨：日本銀行券発行高＋貨幣（いわゆる硬貨）流通高＋日銀当座預金）に対する操作目標に加えて長期国債やETFなどを対象とした資産買入れの方針が定められた。さらに16年1月にはこの方針を維持したうえで日銀当座預金のうち政策金利残高−0.1%のマイナス金利を適用する「マイナス金利付き量的・質的金融緩和政策」がとられ、同年9月には長期金利についても操作目標を定めた「長短金利操作付き量的・質的金融緩和政策」がとられた。24年3月、10年以上に及んだ一連の量的・質的金融緩和政策は見直され、政策金利を無担保コールO／N物金利とした金融政策がとられることとなった。なお、金融政策全般ついては第5節参照のこと。

　通常、日銀は、物価上昇を鈍化させるため金利を引き上げ、物価が安定しているときには金利を引き下げる。このために日銀はオペレーションによる短期金融市場の資金量の調整を行う。

　短期金利は季節要因によっても変動するが、政策意思として金利が上昇しているとすれば、このような金利上昇が将来的に維持されるという予想のため、長期金利も上昇する可能性がある。

　観測指標としては、マネー・ストック、貨幣流通速度（＝名目国民総需要／（M₂（旧マネー・サプライ統計ではM₂＋CD）の平残））（図1−8）やマーシ

図1−8 貨幣流通速度と長期金利

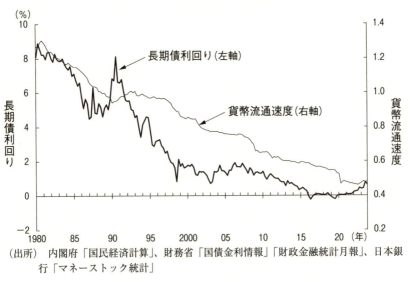

(出所) 内閣府「国民経済計算」、財務省「国債金利情報」「財政金融統計月報」、日本銀行「マネーストック統計」

ャルのk（紙幣流通速度の逆数）のトレンドからの乖離、コール・レート、オペレーションの額とレート、日銀当座預金残高などがある。

(2) **為替と海外金利**

　主要国間で短期資金が自由に移動している。内外金利差が大きいときは低金利国から高金利国に資金が移動し、両国の為替水準を変動させることもある。実際には、金利と為替の関係は時期によっては因果関係が逆転する場合もあり、注意が必要である。

(3) **景　　気**

　景気が変動することによって、資金需要が変化し、金利が変動する。企業の投資、個人の消費、海外景気動向などから、景気が上昇している場合には、資金需要が旺盛になると考えられる。また、原材料や賃金の上昇による

インフレ懸念から、金利が上昇することもある。各種景気指標を表す経済統計の発表やそれに対する予想が、現実の景気変動に先行して長期金利に影響することが多い。

　景気の観測指標としては、企業短期経済観測調査（短観）、主要国景気動向、GDP統計、鉱工業生産指数、個人消費、雇用統計などがあげられる。

(4) 物　　価

　景気が過熱し原材料や賃金コストが上昇しそうな場合は、物価上昇の懸念が発生する。特に、1998年4月施行の新日本銀行法のもとでは、日銀の金融調整は物価の安定を理念とすることが明記されている。このため、物価上昇懸念は金融政策変更の予想を呼び、実際の短期金利上昇に先行して長期金利（債券利回り）が上昇することも多い。為替が円安になった場合にも、原油などの輸入物価の上昇が連想され、同様の結果をもたらす。このため、為替変動の予想をもたらす国際収支や政治・国際的出来事なども間接的に債券利回り変動に影響する。なお、物価上昇は将来の債券の実質価値を減らすので、長期金利は上昇するという解釈も成り立つ。

　観測指標としては、物価指数、商品指数、原材料価格などがあげられる。

(5) 他資産の動向

　アセット・アロケーション（資産配分）の変更に伴い、債券と他の資産との入替えが発生し、債券価格に影響する場合もある。たとえば、投資家がリスク回避的であるとき（いわゆる、リスク・オフのとき）、株式などの高リスク資産を売却し、債券などの比較的リスクの低い資産を購入することがある。その他には、大手投資家の動向にも留意する必要がある。

　観測指標としては、投資家のリスク回避傾向を参照するものとして、株価指数のボラティリティ・インデックス、株式市場の動向（債券利回りと株式の益利回りの比較などにより資金がどちらに流れるかを予測する）などが、投資

家動向を表すものとして、投資家別売買統計、大手年金基金の資金配分予定などがあげられる。

これらの(1)から(5)のバランスについては、次のようにまとめられよう。

① (3)景気と(4)物価が基本方向を示している。

② しかし、景気が減退したとき、必ずしも金利低下とは限らない。(2)の為替相場・内外金利差があるためである。

③ したがってまず、景気の方向を予想し、為替レートについて一定の見通しをもつことが金利予想の出発点になる。これらをもとに(1)の中央銀行の政策をどう読むか、ということになる。

④ 加えて、(5)の投資家の動向にも留意する必要がある。

なお、実際の市場ではその時々によって注目するテーマ、指標が異なることにも注意が必要である。

第5節

日本銀行による金融政策

❶ オペレーション

　日銀の主たる資金調整手段は、現状ではオペレーションになっている。このオペレーションの舞台となるのが、日銀当座預金である。日銀当座預金とは、金融機関等が金融機関同士や、日銀、国との間の資金決済のために、日銀に保有している預金である。この個々の金融機関の日銀当座預金の残高を総合計した、日銀当座預金の総量の調整のためオペレーションは行われる。

　日銀当座預金の総量は日々変動している。日銀当座預金の増減は、「日銀当座預金増減要因と金融調節」として日銀から公表されている。表1―1は2016年5月9日分の「日銀当座預金増減要因と金融調節」の抜粋である。

　日銀当座預金の総量の増減要因は、銀行券要因と財政等要因に分けられる。銀行券要因は、金融機関等が日銀当座預金を引き出し、現金（日本銀行券）にかえる場合に（日銀当座預金残高が減少するので）マイナス（資金不足）としてあらわれる。一方、財政等要因は、国庫金の動きによるものである。

　たとえば、年末やゴールデン・ウィークの前などは金融機関等から現金を引き出そうとする顧客が増加する。これに対応するため金融機関等は、日銀当座預金を現金（日本銀行券）にかえるため、資金不足（日銀当座預金減少）となる傾向がある。

　一方、財政等要因の例をあげれば、国税の揚げ日には民間企業等の銀行口座から国庫に、税の納付が行われるが、日銀当座預金では、これが銀行の口座から国の口座への支払としてあらわれ、資金不足要因（日銀当座預金の減少要因）となる。逆に国民年金の支給は、国の口座から金融機関等の口座への払いであるから、資金余剰要因となる。また国債の発行は金融機関から払込みが行われることから資金不足要因であり、国債の利払いや償還は資金余

第5節　日本銀行による金融政策　　*31*

表1−1　日銀当座預金増減要因と金融調整 (2016年5月9日 (月))

(単位：億円)

予想 (即日オペ実施前)	速報	確報
銀行券要因 　(発行超＝マイナス)	3,500	3,700	3,700
財政等要因 　(受超＝マイナス)	− 23,500	− 23,500	− 23,500
資金過不足 　(不足＝マイナス)	− 20,000	− 19,800	− 19,800
金融調節			
国債買入	5,700	5,700	5,700
国庫短期証券買入	20,000	20,000	20,000
国庫短期証券売却			
国債買現先			
国債売現先			
共通担保資金供給 (本店)			
共通担保資金供給 (全店)	2,900	2,900	2,900
	− 3,200	− 3,200	− 3,200
CP買現先			
手形売出			
CP等買入	− 300	− 300	− 300
社債等買入			
ETF買入	200	200	200
J−REIT買入			
被災地金融機関支援資金供給			
貸出			
国債補完供給	500	500	500
		− 200	− 200
小計 (除く貸出支援基金)	25,800	25,600	25,600
成長基盤強化支援資金供給			
貸出増加支援資金供給			
小計 (貸出支援基金)	0	0	0
合計	25,800	25,600	25,600
当座預金増	5,800	5,800	5,800

(出所)　日本銀行

剰要因となる。

さてこの日（5月9日）はこれらの要因によって、日銀が何もしなければ2兆円の資金不足（日銀当座預金の減少）となる予定である（表1－1「予想」の欄参照）。この日々発生する資金過不足に対して、日銀は主にオペレーション（オペ）によって資金供給・吸収を行うのである。

たとえば、国債の買入れオペでは、金融機関等の保有する国債を入札によって日銀が買い入れ、代金を支払っている（金融機関等の日銀当座預金の残高が増加する）のである（図1－9）。

国債買入れオペに応じた金融機関としては、資産として保有していた国債が、日銀当座預金に振り替わっているというだけのことである。一方、これによって、日銀当座預金残高の総量が増加することになる。日銀は資金不足の場合には金融機関等の保有する手形や国債などを買い取り、資金余剰の場合には逆に金融機関等に手形や国債などを売却することによって資金供給・吸収を行い、日銀当座預金残高の総量を調整するのである（なお、単純な売切り買切りではなく、一定期間後の反対売買付きの売買（現先）という形をとる場合もある）。

先ほどの図1－9の例では、前日までに行われていた国債、国庫短期証券の買入れオペがこの日スタートし、それぞれ5,700億円、2兆円の支払が日銀によって行われることになっている。また、共通担保資金供給（日銀によ

図1－9　日銀のオペレーション

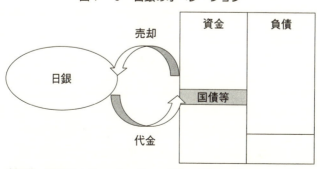

（出所）　野村フィデューシャリー・リサーチ＆コンサルティング

る共通担保資金供給は資金余剰要因であるが、この例では以前に日銀が貸し付けた資金供給で返済期日となったものがあるため、その返済が発生しマイナス要因としてあらわれている）では、ネットで－300億円（＝2,900億円－3,200億円）の資金不足となる。

　他の要因と合計すれば、差し引き5,800億円、前日に比べて日銀当座預金残高が増加する予想である。実際の資金過不足がこの予想から乖離した場合などには、日銀は追加で当日受渡しのオペレーション（これを即日オペと呼ぶ）を行い、当日の日銀当座預金残高を調整することになる。実際にはこの日は予想より200億円資金余剰が多くなったのであるが、同額の国債補完供給（日銀が保有する国債を市場参加者に対して一時的かつ補完的に供給することを目的として行う国債の買戻条件付売却）が当日受渡ベースで発生したため、結果として前日予想どおり（5,800億円）の資金余剰となり、それ以上の追加的な即日オペは実施されなかった。

　このようにして日銀は、日々の資金過不足をオペによって調整しているのであるが、その目標は短期金利の誘導にある。オペの目標が短期金利の誘導にあるというのは、いわゆる量的緩和政策がとられていた期間外の話であり、この期間内においては当てはまらない点もある。しかし、量的緩和政策については、後ほどふれることにして、ここでは量的緩和政策期間外の状況を説明することにする。

　日銀のオペによって日銀当座預金の総量が調整される。しかしそれは総量の話であって、個々の金融機関等ではそれぞれ日銀当座預金残高の過不足が生じている。金融機関間でこの過不足のやりとりを行うのが、主にコール市場であり、なかでも無担保コールＯ／Ｎ物金利が利用されることが多い。

　日銀は無担保コールＯ／Ｎ物金利の誘導目標を設定し、それを目指してオペを行っている。日銀が日銀当座預金の総量を調整することは、個々の金融機関が自らの日銀当座預金の調整のために参加しているコール市場における、資金過不足状況を全体として調整していることに他ならない。このため日銀はオペによって、無担保コールＯ／Ｎ物金利をほぼ正確に誘導することができる。

日銀はコール・レートを上昇させようとすれば資金供給を少なめに、逆に低下させようとすれば資金供給を多めに行うことになる。

前述のように金融調整の理念は、物価安定にある。このため物価が大きく上昇している場合には、資金供給を少なめにすることによって、短期金利の上昇を促し、逆に物価が安定しているときは資金供給を多めに行い、短期金利の低下を促すことになる。日銀はこのようにして、無担保コールO／N物金利という短期レートを誘導することになる。この日銀の金融調整をみて、債券市場では将来の短期金利の推移を予想し、長期金利の形成が行われる。日銀の将来の金融政策に対する、市場の「期待と予測」によって長期金利が形成されるのである。

日銀はオペによって長期国債を買い入れることもある。量的緩和政策以前は資金供給を目的として行われるものであったが、量的緩和政策以後は金融政策目的で行われる場合もある。

❷ 量的金融緩和政策

日銀は2001年3月、金融調整の主たる目標をそれまでの「金利（無担保コールO／N物金利）」から、「資金量（日銀当座預金残高）」に変更した。デフレ（物価下落）状況のなか、それまでの低金利のもとさらなる金融緩和を行うと、無担保コールO／N物金利がほぼゼロになって変動しなくなってしまい、誘導目標としての意義が薄れてしまうことが背景にあった。そのため金融の量的な指標に目標値を定め、それを増額することによって金融調整を行う量的金融緩和政策に移行することになった。

この量的金融緩和政策のもとでは、そのままでは量的な指標（日銀当座預金残高）と長期金利を結びつけるメカニズムがよくわからなくなってしまう、という問題がある。そこで日銀は量的金融緩和政策導入にあたって、量的金融緩和政策を「消費者物価指数（除く生鮮食料品）の前年比上昇率が安定的にゼロ％以上になるまで継続する」ことを宣言した。このことによって債券市場では、以下のような金利形成が行われ、日銀は長期金利の低下を促

第5節　日本銀行による金融政策

すことができると期待された。

① 現在および将来の金融政策から、デフレの状況が今後どの程度継続するかを予想する。

② その間、金利（無担保コールO／N物金利）はほぼゼロ％で推移するものと予想する。

③ したがってその期間に対応する中長期の金利は、短期金利での運用に比して債券投資を行った場合にリスクがあることを考慮して形成される。すなわち中長期の金利は、「ゼロ％＋リスク・プレミアム等」程度となる（リスク・プレミアム等については第2章第2節Ⅱ **2**）。

④ それ以降の期間については、短期金利の上昇を予想して長期金利の形成を行う。

　これを金融緩和の時間軸効果、もしくは金融緩和についての日銀の「約束（コミットメント）」による効果という意味でコミットメント効果と呼んでいた。現在ではこのような方策を中央銀行による将来に関する指針という意味で、一般にフォワード・ガイダンスと呼ぶことが多くなっている。

　なお、01年3月に開始された日銀の量的金融緩和政策は06年3月に解除されている。しかしその後13年4月には再び量的緩和を推進するため、金融市場調節の操作目標が短期金利からマネタリーベース（日本銀行券発行高＋貨幣（いわゆる硬貨）の流通高＋日銀当座預金）に変更された。

　この際、日銀の購入する資産の種類も拡大されたことから、この緩和策を量的・質的金融緩和と呼んでいる。このとき、日銀当座預金に利息が付されていなければ、無担保コールO／N物金利は再びゼロ％に低下することになる。しかし量的・質的金融緩和政策導入以前（リーマンショックの後）から日銀の資金供給を円滑にする目的のため、日銀当座預金のうち法定準備預金額を超える金額（超過準備残高）には利息を付すこと（付利：導入当初は利率0.1％）が実施されていた（08年10月決定）。また量的・質的金融緩和政策導入以前の無担保コールO／N物金利誘導目標は0〜0.1％であったことから、引き続きこの程度の水準で取引されることになった。

　なお、この量的・質的金融緩和政策では「消費者物価の前年比上昇率2％

の物価安定の目標を実現する」ことが目標とされ、これが事実上のフォワード・ガイダンスとなった。

　さて16年1月にはさらに日銀当座預金残高について従来、超過準備残高に0.1％の付利が設定されていた点を変更し、日銀当座預金残高を基準高、マクロ加算残高、政策金利残高の3段階に分割してそれぞれに0.1％、0％、－0.1％の付利を設定することとした。このとき、超過準備残高が大きいためにマイナス金利－0.1％に直面する金融機関には、この余剰の日銀当座預金残高を－0.1％以上の金利で他の金融機関に資金提供するインセンティブが生じることになる。このため、無担保コールO／N物金利がマイナス金利で取引されることになった。日銀によるこの金融政策を、「マイナス金利付き量的・質的金融緩和政策」と呼ぶ。この場合にも、債券市場ではフォワード・ガイダンスに基づいて今後の短期金利（無担保コールO／N物金利）の推移を予想し、その上に必要なリスク・プレミアム等を加えることによって、長期金利の妥当な水準が判断されていた。このため日本国債は期間10年等のかなり長期の債券に至るまで、マイナスの利回りで取引されることになったのである。

　さらに16年9月には、「長短金利操作付き量的・質的金融緩和」が導入されていた。これは、短期金利については政策金利残高に－0.1％のマイナス金利を適用する一方で、長期金利については10年物国際金地がおおむね0％程度で推移するよう長期国債の買入れを行うものである。この長短金利操作（イールドカーブ・コントロール）を円滑に行うため、指値オペや資金供給オペレーションの対象年限の延長といった新型のオペレーションが導入された。

　24年1月、日銀は「展望レポート」において消費者物価の基調的な上昇率が25年度の終盤にかけて「物価安定の目標」である2％に向けて徐々に高まっていくと分析した。同年3月、これを受けて日銀はマイナス金利政策やイールドカーブ・コントロールなどの大規模な金融緩和がその役割を果たしたと判断し、金融政策の枠組みの見直しを発表した。新たな枠組みでは金融市場調節の目標を無担保コールO／N物金利としてこれが0～0.1％程度で推

第5節　日本銀行による金融政策

移するよう促す一方で、長期国債の買入れを同水準で維持し、長期金利急騰の際には機動的に各種オペ等を実施することとされた。

第 **2** 章

債券投資分析の基礎

第1節

債券の利回りと価格の関係

　初めて債券投資に携わる人にとって、債券の利回りと価格の関係はのみ込みにくい点の一つであろう。結論的にいえば、次の二つが債券価格の特性を知るうえで、最も基礎的かつ重要な点である。

① 利回りが上がれば債券価格は下がり、利回りが下がれば債券価格は上がる。

② 長短利回りの変化幅が同じなら、長期債ほど債券価格の変化率が大きい。

　このような債券価格の特性は、

$$債券価格 = \frac{償還価格（100円）＋クーポン（\%）×残存期間（年）}{1 + \dfrac{最終利回り（\%）×残存期間（年）}{100}}$$

で示される債券価格と利回りとの関係式から導き出される。債券価格と利回りは、コインの裏表の関係にある。つまり、債券価格は将来受け取るクーポン収入や償還金のキャッシュ・フローの現時点での価値であり、利回りはその収益度合いを表す尺度である。

　以下、本節では数理上導き出される、この利回りと価格の関係について考察する。

Ⅰ　債券利回りの基礎

① 利付債と割引債

　債券は利息支払方法の違いによって、利付債と割引債とに大別できる。

　図2−1に示すように、利付債は発行から償還までの一定期間ごとに利息

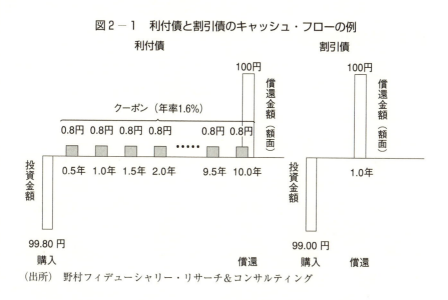

図2−1 利付債と割引債のキャッシュ・フローの例

(出所) 野村フィデューシャリー・リサーチ&コンサルティング

が支払われる（わが国では通常、半年に1回、年2回払い）。利息はクーポンとも呼ばれる。また、償還価格に対して毎年支払われるクーポンの割合はクーポンレート（表面利率、利率）と呼ばれる。クーポンおよびクーポンレートは発行時に決定され、固定利付債においては償還まで固定される。例では、償還価格（額面）100円当り半年ごとに0.8円、年当り1.6円のクーポン収入を得ることになる。額面100円当り年1.6円、つまり1.6％のクーポン収入を得るので、これを「1.6％クーポン債」と呼ぶことがある。なお、わが国では通常、1回のクーポンは日割計算ではなく、1年のクーポンのちょうど半分が半年ごとに支払われる。また、銘柄は種別と回号で区別され、たとえば「10年国債、第342回債」等と呼ばれる。

一方、割引債は途中で受け取る利息がない。そこで「ゼロ・クーポン債」と呼ばれることもある。図2−1の例は、額面100円に対して99円で購入し、1年後に償還価格100円を受け取る場合で、償還金額と購入価格の差1円（100円−99円）が利息に相当することになる。

わが国の債券市場においては、利付債が発行・流通量ともに多いことから、以下では利付債の説明を中心に述べていくことにする。

第1節 債券の利回りと価格の関係　　41

❷ 債券の収益要素

　債券の償還時点（あるいは途中売却時点）までの元利合計金額と購入時点の投資金額の差額が、債券投資によって最終的に得られた収益である。この債券投資収益は、次の三つの要素からなる。

①　インカム・ゲイン（クーポン収入）……利息収入

②　キャピタル・ゲイン（償還差損益、売却損益、または評価損益）……償還価格（売却価格）と購入価格との差

③　クーポンの再投資収入……受取クーポンの再投資から得られる運用益

　図2－1の利付債の例では、クーポン1.6％、償還まで10年の債券を額面100円当り99.80円で購入し、償還まで保有する場合である。この債券の投資収益の3要素は、次のようになる。

①　クーポン収入……1年当り額面100円につき1.6円（半年ごとに0.8円）のクーポンを得るから、10年間では合計

　　　1.6円×10年＝16円

のクーポン収入となる。このクーポンを②に示すキャピタル・ゲインと対比して、インカム・ゲイン（income gain）と呼ぶ。

②　償還差損益（償還時のキャピタル・ゲイン）……額面100円当りの購入金額を購入単価もしくは購入価格という。額面100円は、償還時の価格、すなわち償還価格である。図2－1の例では、購入価格99.80円に対して償還価格100円を得ることになる。この差0.20円（100円－99.80円）が、価格上昇による収益、すなわちキャピタル・ゲイン（capital gain）である。この償還時までに得るキャピタル・ゲイン（ロスの場合も含む）を償還差損益という。図2－1の例のように、益が発生する場合は償還差益、損が発生する場合は償還差損と呼ぶ。償還まで保有せずに途中で売却した場合、売却価格と購入価格の差によるキャピタル・ゲインを売却損益という。

③　クーポンの再投資収入……割引債のように、実質的には償還時に利息が一括して支払われると考えられる債券と、償還以前に利息が支払われる利付債とでは、利息の総額が同じであっても、償還時点までの収益に差が出

42　　　　　　第2章　債券投資分析の基礎

る。償還前に受け取った利息は、償還までの間、再投資を行うことによって、追加的な運用益を得ることができるからである。これをクーポンの再投資収入と呼ぶ。

③ 利回り（単利）の求め方

以上のように、債券の投資収益は、①クーポン収入、②償還差損益もしくは売却損益、③クーポンの再投資収入、の三つの要素からなる。これらの収益要素をもとに、債券の収益性を測る尺度として、各種の利回りがある。個々の利回りの考え方については後述することとし、ここでは、わが国の商習慣上、債券取引に用いられている単利利回りの考え方について述べることにする。

⑴ 単利利回りの考え方

単利利回りは、次の一般式で表される。

$$\underset{(\text{単利・年率})}{\text{利回り}} = \frac{(1\text{年当りクーポン収入}) + (1\text{年当りキャピタル・ゲイン})}{\text{購入価格}} \times 100 \ (\%)$$

$$\cdots\cdots (2-1)$$

これは、この式により、購入価格に対して、1年当りでどれだけのクーポン収入とキャピタル・ゲインが得られるかをとらえたものである。なお、❹で後述する複利最終利回りでは、❷で述べた債券の収益の3要素のうち、クーポンの再投資収入も考慮しているのに対し、単利利回りでは、クーポンの再投資は考慮せず、クーポン収入とキャピタル・ゲインにのみ注目している点には、注意を要する。

第1節 債券の利回りと価格の関係 43

(2) 単利最終利回りと価格

　最終利回り（yield to maturity）は、債券の購入時点から償還時点（満期）までの期間（これを残存期間と呼ぶ）の収益性をみる尺度である。単に「利回り」といえば、通常、わが国では最終利回りを指すことが多い。

　利付債について、単利利回りの一般式（2-1）に対応して考えると、

　　　1年当りクーポン収入＝クーポン

　　　1年当りキャピタル・ゲイン

$$= \frac{償還差損益}{残存期間（年）} = \frac{（償還価格（100円）－債券価格）}{残存期間（年）}$$

である。したがって、単利最終利回りは次式で表される。

$$単利最終利回り = \frac{クーポン + \dfrac{（償還価格（100円）－債券価格）}{残存期間（年）}}{債券価格} \times 100 \ （\%）$$

$$\cdots\cdots（2-2）$$

　また、最終利回りを求める（2-2）式を変形して、最終利回りから価格を求める式が導かれる。

$$債券価格 = \frac{償還価格（100円）+ クーポン（\%）\times 残存期間（年）}{1 + \dfrac{単利最終利回り（\%）\times 残存期間（年）}{100}} \ （円）$$

$$\cdots\cdots（2-3）$$

【例】　償還まで残存期間10年、クーポン1.6%の債券を価格99.80円（額面100円当り）で購入した。いくらの最終利回りで購入したことになるかを求める。（2-2）式に当てはめれば、

$$単利最終利回り = \frac{1.6 + \dfrac{（100.00 - 99.80）}{10}}{99.80} \times 100 = 1.623\%$$

（小数点第4位以下を切捨て）

【例】 残存期間10年、クーポン1.6%の債券を単利最終利回り1.62%で購入
した。いくらの価格で購入したことになるかを求める。

（2－3）式より、

$$債券価格 = \frac{100 + 1.6 \times 10}{1 + \dfrac{1.62 \times 10}{100}} = 99.827円 \qquad （小数点第4位以下を切捨て）$$

(3) 所有期間利回り

同じような考え方で、債券を償還以前に売却した場合の所有期間中の利回
り、すなわち所有期間利回りが求められる。

利付債の場合、単利利回りの一般式（2－1）に対応して考えると、

　1年当りクーポン収入＝クーポン

　1年当りキャピタル・ゲイン

$$= \frac{売却損益}{所有期間（年）} = \frac{（売却価格 － 購入価格）}{所有期間（年）}$$

である。

したがって、所有期間利回りは次式のようになる。

$$\begin{array}{l} 所有期間利回り \\ （年率） \end{array} = \frac{クーポン + \dfrac{（売却価格 － 購入価格）}{所有期間（年）}}{購入価格} \times 100 （\%）$$

$$\cdots\cdots（2-4）$$

【例】 償還まで残存期間10年、クーポン1.6%の債券を価格99.80円で購入
し、半年後（残存期間9.5年の時）に100.10円で売却した。この間の所有
期間利回りを求める。

（2－4）式より、

第1節　債券の利回りと価格の関係

$$所有期間利回り = \frac{1.6 + \dfrac{(100.10 - 99.80)}{0.5}}{99.80} \times 100 = 2.204\%$$

（小数点第 4 位以下を切捨て）

❹ 複利最終利回り

　わが国では従来、主に単利最終利回りが利用されてきた。現在でも国債の売買は単利により行われている[1]。一方、欧米では残存期間が 6 カ月を超える利付債については、複利最終利回りを用いるのが一般的である。複利最終利回りのほうが、長期投資においては収益要素のうちクーポンの再投資収入の寄与が強まり、単利と複利の差が拡大するため、投資判断の尺度とするには便利な点も多い。近年わが国においても、債券の投資判断等の場面では、複利最終利回りを用いることが多くなってきている。

　さて、クーポンが年 1 回払いの場合、利付債の複利最終利回りは、次式を満足する r として求められる。

年複利最終利回り

$$P = \frac{C}{(1+r)} + \frac{C}{(1+r)^2} + \frac{C}{(1+r)^3} + \cdots + \frac{C+100}{(1+r)^n} \qquad \cdots\cdots (2-5)$$

　ここで、P：債券価格（円）

　　　　　C：クーポン（％）

　　　　　n：残存期間（年）

　　　　　r：複利最終利回り（％）/100

　この r は小数表示なので、％表示の複利最終利回りを100で除している。（2−5）式の右辺は、将来価値である各クーポン C および償還価格（100円）を $(1+r)^n$ で割り引いて計算される現在価値の合計となっている。

1　ただし、後述の物価連動国債では、単価による売買が行われている。

つまり（2－5）式の左辺 P は、債券の将来キャッシュ・フローの現在価値の合計であり、現在（評価時点）の債券価格を表している。複利なので、1年後のクーポンは $(1+r)$ によって、2年後のクーポンは $(1+r)^2$ によって、n 年後のクーポンと償還価格（100円）は $(1+r)^n$ によって割り引かれているのである。

　わが国や米国のように、年2回利払い（半年ごとにクーポンが支払われる）の場合には、以下のようになる。

半年複利最終利回り

$$P=\frac{\frac{C}{2}}{\left(1+\frac{r}{2}\right)}+\frac{\frac{C}{2}}{\left(1+\frac{r}{2}\right)^2}+\frac{\frac{C}{2}}{\left(1+\frac{r}{2}\right)^3}+\cdots+\frac{\frac{C}{2}+100}{\left(1+\frac{r}{2}\right)^{2n}}$$

$$\cdots\cdots（2－6）$$

　　　ここで、P：債券価格（円）

　　　　　　 C：クーポン（％）

　　　　　　 n：残存期間（年）

　　　　 $2n$：償還までの利払回数

　　　　　　 r：複利最終利回り（％）/100

　この r も小数表示なので、％表示の複利最終利回りを100で除している。これは、一見すると複雑なようだが、半年後のクーポン $\left(\frac{C}{2}\right)$ を $\left(1+\frac{r}{2}\right)$ によって割り引き、1年後のクーポン $\left(\frac{C}{2}\right)$ を $\left(1+\frac{r}{2}\right)^2$ によって割り引き、……、$2n$ 回目のクーポンと償還価格は $\left(1+\frac{r}{2}\right)^{2n}$ によって割り引かれているということを表している。なお、ここで $\left(\frac{C}{2}\right)$ は、年2回利払いの場合、半年ごとに支払われるクーポンが、通常、年率のクーポン（C）のちょうど半分 $\left(\frac{C}{2}\right)$ であることに対応している。

　年1回利払いの場合の複利利回りを**年複利**（annual　compounding）もしくは**年1回複利**、年2回利払いの場合の複利利回りを**半年複利**（semiannual

第1節　債券の利回りと価格の関係　　47

compounding）もしくは年2回複利と呼ぶ。

年複利で測定された最終利回りを、半年複利で測定された最終利回りと直接比較する場合は、次のような換算によって、利回りを変換する必要がある。

$$年複利利回り = \left(\left(1 + \frac{半年複利利回り（\%）}{200} \right)^2 - 1 \right) \times 100 （\%）$$

$$\cdots\cdots （2-7）$$

単利の最終利回りが手計算でも求められるのに対し、複利の計算には、コンピュータや複利計算用の電卓などが必要となる。

Ⅱ 債券の価格変動特性

❶ オーバー・パー、アンダー・パー

債券価格が償還価格100円を超えているか、それ未満かによって、債券を次のように呼んでいる。

オーバー・パー債……価格が100円超

パー債………………価格が100円ちょうど

アンダー・パー債……価格が100円未満

パーの語源はラテン語で「等しい」という意味がある。発行時は、その時点の最終利回り相当のクーポンで発行されるためパー債に近いが、時間経過に伴って最終利回りが変化すると、固定されたクーポンではなく、価格によって調整される。

オーバー・パー債は価格が償還価格100円を上回っているため、償還時点までに償還差損が発生することになる。一方、アンダー・パー債は償還差益が発生することになる。

図2-2は、残存期間10年、クーポン1.6%の債券について、単利最終利回りと価格の関係をみたものである。単利最終利回りがクーポンと等しい

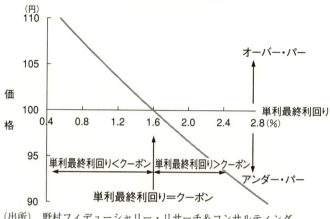

図2-2 オーバー・パーとアンダー・パー
（クーポン1.6%、残存期間10年）
単利最終利回りの場合

（出所）野村フィデューシャリー・リサーチ＆コンサルティング

1.6％のときがパー（100円）、クーポンより高い1.6％超のときアンダー・パー、そしてクーポンより低い1.6％未満のときオーバー・パーになっている。単利最終利回りがクーポンから乖離するほど、オーバー・パー、アンダー・パーの度合いは大きくなる。

つまり、アンダー・パー、オーバー・パーとなる条件を単利最終利回りとクーポンの関係でみれば、次のようになる。

　　単利最終利回り＜クーポン……オーバー・パー（100円超）
　　単利最終利回り＝クーポン……パー（100円）
　　単利最終利回り＞クーポン……アンダー・パー（100円未満）

単利最終利回りは、クーポン収入と償還差損益からなっている。価格100円のパー債券は、償還差損益がゼロであるから、その単利最終利回りはクーポンと等しいことになる。一方、単利最終利回りがクーポンより低い場合、償還差益がマイナスとなって、つじつまが合うことになる。償還差損が発生するということは、価格は100円超（オーバー・パー）でなければならない。逆に、単利最終利回りがクーポンより高い場合、償還差損益がプラスでなければならず、価格は100円未満（アンダー・パー）でなければならない。

なお、オーバー・パー、アンダー・パーと、最終利回り、クーポンの関係は複利最終利回りの場合もほぼ同様である。すなわち、

　　複利最終利回り＜クーポン……オーバー・パー（100円超）
　　複利最終利回り＝クーポン……パー（100円）
　　複利最終利回り＞クーポン……アンダー・パー（100円未満）

が、ほぼ成り立つ（図2－3）。

ただし、単利の最終利回りの場合と異なり、複利最終利回りの場合、**経過利子**[2]がある場合、クーポンと複利最終利回りが一致しても、債券価格が100円（パー）から若干ずれる場合がある。

表2－1は、クーポン別の債券価格と、複利最終利回りの関係を示している（残存期間10年）。最終利回りが上昇していくと、低クーポン債から順にアンダー・パーになっていくことがわかる。逆に、5％から順に最終利回りが

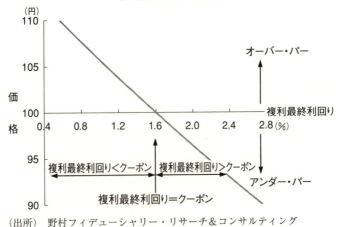

図2－3　オーバー・パーとアンダー・パー
（クーポン1.6％、残存期間10年）
複利最終利回りの場合

（出所）　野村フィデューシャリー・リサーチ＆コンサルティング

2　債券売買における受渡日が、利払日の途中にある場合、通常、債券の買い手は直前の利払日の翌日から受渡日までの利息分を、債券の売り手に支払う。この利息相当分を経過利子と呼ぶ。

表 2 - 1　クーポン別債券価格と複利最終利回り

クーポン (%) ＼ 複利最終利回り (%)	1.00	2.00	3.00	4.00	5.00
1.00	100.00	90.98	82.83	75.47	62.81
2.00	109.49	100.00	91.42	83.65	70.25
3.00	118.99	109.02	100.00	91.82	77.68
4.00	128.48	118.05	108.58	100.00	85.12

（出所）　野村フィデューシャリー・リサーチ＆コンサルティング

低下していくと、高クーポン債から順にオーバー・パーになる。

❷　利回り変化幅と価格変化率の関係

　債券の価格特性のなかで最も基本となるのは、利回り変化幅に対する債券価格の変化率である。

　図 2 - 4、2 - 5 は、最終利回りが変化したときの債券価格の変化を表している。単利の場合も複利の場合も、債券購入後最終利回りが上昇すれば、債券価格は下落、最終利回りが低下すれば、債券価格は上昇する。

　最終利回りが上昇した場合、クーポンは一定であるから、今後の償還差益が増加しなければならない。したがって債券価格は低下しなければならないのである。

　このことを、数学的にみると、最終利回りの式である（2 - 3）式、（2 - 5）式もしくは（2 - 6）式において、分母に入っている最終利回りが上昇すれば、左辺の値（債券価格）が低下することに対応している。

　つまり利回り変化と債券価格の変化の関係は次のようになる。

　　利回り上昇　→　債券価格低下

　　利回り低下　→　債券価格上昇

　この利回り変化と債券価格変化との関係は、金利上昇過程で債券価格が下落し、金利低下過程では上昇するという、債券価格変動の最も基本的な特性

第 1 節　債券の利回りと価格の関係　　51

図2-4 最終利回りの変化と債券価格
(クーポン1.6%、残存期間10年)

単利最終利回りの場合

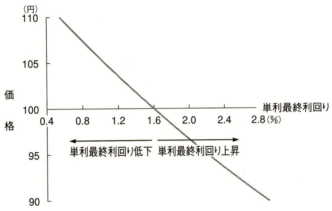

(出所) 野村フィデューシャリー・リサーチ&コンサルティング

図2-5 最終利回りの変化と債券価格
(クーポン1.6%、残存期間10年)

複利最終利回りの場合

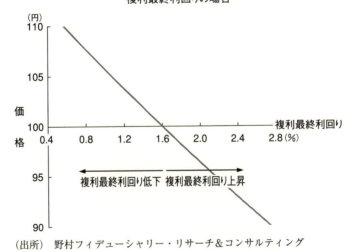

(出所) 野村フィデューシャリー・リサーチ&コンサルティング

である。

❸ 残存期間と価格変動性の関係

　一定の利回り変化に対する債券価格の変動率を債券の**価格変動性**と呼ぶ。
債券の価格変動性は残存期間によって大きく異なる。

⑴　等利回り価格曲線

　表2－2は、クーポン3％債の残存期間別・複利最終利回り別の債券価格
を示している。これを図示したのが図2－6である。このような最終利回り
別の債券価格を示す曲線を**等利回り価格曲線**と呼ぶ。

　複利最終利回り1％の場合、どの残存期間でもオーバー・パーであるが、
債券価格は残存期間10年時点の118.99円から償還の100円に向かって徐々に
低下する。アンダー・パーである複利最終利回り5％の場合は、残存期間10
年時点の84.41円から償還の100円に向けて債券価格は徐々に上昇する。複利
最終利回りがクーポンと等しい3％の場合は、常にほぼ100円である。

　このように、最終利回りが変わらなくても、残存期間が短くなるにつれ
て、債券価格は償還価格100円に向かって近づいていくことになる。このよ
うな価格低下もしくは上昇によるキャピタル・ゲインは、「最終利回りが変
化しなかった場合の、残存期間短縮によるキャピタル・ゲイン」と呼ぶこと

表2－2　クーポン3％債の残存期間別・複利最終利回り別債券価格

残存期間(年)		10	9	8	7	6	5	4	3	2	1	0
複利最終利回り(％)	1.00	118.99	117.17	115.34	113.49	111.62	109.73	107.82	105.90	103.95	101.99	100.00
	2.00	109.02	108.20	107.36	106.50	105.63	104.74	103.83	102.90	101.95	100.99	100.00
	3.00	100.00	100.00	100.00	100.00	100.00	100.00	100.00	100.00	100.00	100.00	100.00
	4.00	91.82	92.50	93.21	93.95	94.71	95.51	96.34	97.20	98.10	99.03	100.00
	5.00	84.41	85.65	86.94	88.31	89.74	91.25	92.83	94.49	96.24	98.07	100.00

（出所）　野村フィデューシャリー・リサーチ＆コンサルティング

第1節　債券の利回りと価格の関係

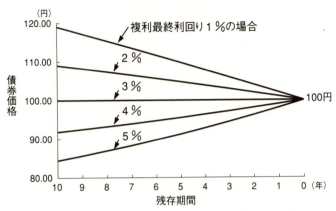

図2－6　等利回り価格曲線（クーポン3％）

（出所）野村フィデューシャリー・リサーチ＆コンサルティング

ができよう。これは、最終利回りが市場で変化することによるキャピタル・ゲインと区別して考える必要がある。

　たとえば、クーポン3％の10年債を購入1年後、購入時と同じ複利最終利回りで売却した場合の所有期間利回りをみたのが**表2－3**である。

　表からわかるように、複利の最終利回りが変化しなければ、所有期間利回りは、当初の複利最終利回りとほぼ同じになるという特徴がある。たとえば、複利利回り1％で購入後、複利利回りが変化しなければ、1年後に売却

表2－3　複利最終利回りが変化しなかった場合の所有期間利回り
（クーポン3％、10年債、期間1年）

（単位：円、％）

残存期間（年）		購入時(A) 10	売却時(B) 9	キャピタル・ゲイン(B－A)	所有期間利回り
複利最終利回り（％）	1.00	118.99	117.17	－1.82	0.99
	2.00	109.02	108.20	－0.82	2.00
	3.00	100.00	100.00	0.00	3.00
	4.00	91.82	92.50	0.68	4.01
	5.00	84.41	85.65	1.24	5.02

（出所）野村フィデューシャリー・リサーチ＆コンサルティング

した場合の所有期間利回りは、ほぼ1％（0.99％）になっている。

　実際の市場では最終利回りが変化しないということは、現実的ではないが、債券の会計処理上、満期保有目的の債券に分類し時価評価しない場合には、複利利回り一定として毎期、債券価格を再評価する。このような処理をした場合、この債券は、ほぼ当初購入した時の複利最終利回りで、満期まで毎期収益をあげることになるのである。

(2) 短期債と長期債の価格変動性の違い

　等利回り価格曲線から、短期債と長期債の価格変動性の違いをみる。図2－7はクーポン3％債の複利最終利回りが、1％、2％、3％の場合について、それぞれの等利回り価格曲線を示している。9年債と3年債を例に、複利最終利回り2％で購入した後、複利最終利回りが上下1％変化した場合の違いをみてみよう。

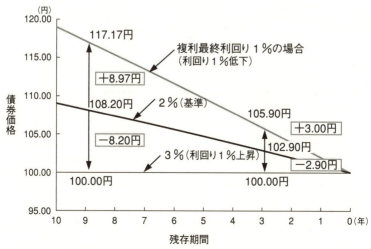

図2－7　短期債（3年）と長期債（9年）の価格変動性
（クーポン3％の場合）

（出所）　野村フィデューシャリー・リサーチ＆コンサルティング

第1節　債券の利回りと価格の関係　　55

9年債の場合、2％から1％へ複利最終利回りが低下すると、価格は108.20円から117.17円に変化し、8.97円の価格上昇となる。一方、2％から3％に複利最終利回りが上昇すると、8.20円の価格低下となる。

　3年債の場合、同じ1％の複利最終利回りの低下に対し3.00円の価格上昇、1％の複利最終利回り上昇に対し2.90円の価格低下となる。長期債（9年債）と短期債（3年債）とを比較すれば、長期債の価格変動が大きいことがわかる。

　このように、長期債と短期債では、一定の（複利最終）利回りの変化幅に対しては長期債ほど価格変動が大きいのである。このことから、将来、利回りが変化すると予測した場合、長期債と短期債のどちらを選択するかについての重要な示唆が得られる。

　図2－8は、クーポン2％の3年債と9年債をともに複利最終利回り2％で購入し、両者の複利最終利回りが0.5年後に1％、1年後に2％に変化し

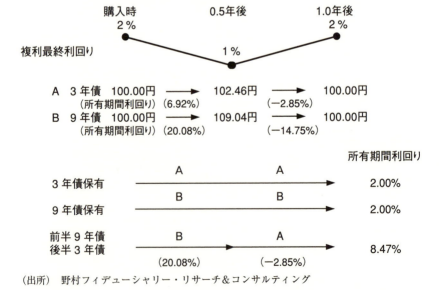

図2－8　利回り変化に対する、短期債（3年債）と長期債（9年債）の収益の比較例（クーポン2％の場合）

（出所）野村フィデューシャリー・リサーチ＆コンサルティング

た場合の、両債券の投資収益を比較したものである。

　複利最終利回りが低下する前半の半年間では、9年債の価格上昇が大きく、所有期間利回りは20.08%と、3年債の6.92%を大きく上回る。一方、複利最終利回りが上昇する後半の半年間では、9年債の価格低下が大きく、所有期間利回りは、短期債の－2.85%に対し、長期債は－14.75%となる。同じ複利最終利回りの上昇幅に対し、短期債のほうが長期債よりも収益の落込みは少ない。

　3年債、9年債のそれぞれをこの1年間保有し続けた場合、両者とも評価2時点では価格変化はなかったことになるから、所有期間利回りは2%（クーポン収入のみ）だったことになる。これに対して、複利最終利回り低下期の前半は長期債、上昇期の後半は短期債に運用対象を入れ替えた場合は、この間の所有期間利回りは8.47%となる。3年債、9年債をそれぞれ保有し続けた場合に比べて、6%以上高い収益が得られたことになる。

　利回り低下局面では価格上昇の大きい長期債を保有し、利回り上昇局面では価格低下の小さい短期債を保有することによって、同一債券を保有し続けるより高い収益が得られる可能性がある。これが、「金利予想に基づく債券運用」と呼ばれる、債券の一つの運用方法の考え方である。

　一定の複利最終利回り変化のもとでの債券の期間選択について、次のことが示唆される。

　　　利回り低下→価格上昇→価格上昇の大きい長期債を選択
　　　利回り上昇→価格低下→価格低下の小さい短期債を選択

　この関係は、長期、短期ともに同じ程度の複利最終利回り変化が起きた場合のことである。実際には、短期債の利回り変化のほうが大きい傾向があり、長期債、短期債の利回り変化が一定とした場合に比べて、短期債の価格変動は大きくなる。しかし、第2節Ⅱで後述するように、実際の短期、長期の利回り変動の差を勘案しても、通常、長期債のほうが価格変動が大きいという傾向はみられる。

　もっとも実際には、金利予想がなかなか的中しないこと、通常は長期債のほうが短期債よりも利回りが高い傾向があること、などから、特に利回り上

第1節　債券の利回りと価格の関係　　　57

昇期の短期債選択（短期化）によって、高い収益をあげることは、困難な面もある。この点については、第2節Ⅱ❷のフォワード・レートの項で再考することにする。

(3) 残存期間別の価格変動性

利回り変化に対し、各債券がどの程度価格変化するかを把握することは、投資判断上重要である。

表2－4は、半年複利最終利回り2％のときに、クーポン1％、2％、3％の債券の債券価格と、複利最終利回りが±0.1％変動したときの実際の価格変動率を、残存期間別にみたものである。一定の利回り変化に対する価格変動率は、低クーポン債ほど大きく、高クーポン債ほど小さいことがわかる。またその傾向は、残存期間が長いほど強くなることがわかる。

複利最終利回りの変化に対して、債券価格がどの程度変化するかを示す指標に、（マコーレーの）デュレーション（duration）がある。デュレーション

表2－4　クーポン、残存期間別の価格変動率
（半年複利最終利回り2％、価格変動率は利回り変化±0.1％の平均）

（単位：円、％）

クーポン	1％		2％		3％	
残存期間	価格	価格変動率	価格	価格変動率	価格	価格変動率
1年	99.01	0.10	100.00	0.10	100.99	0.10
2	98.05	0.20	100.00	0.20	101.95	0.19
3	97.10	0.29	100.00	0.29	102.90	0.29
4	96.17	0.39	100.00	0.38	103.83	0.38
5	95.26	0.48	100.00	0.47	104.74	0.46
6	94.37	0.58	100.00	0.56	105.63	0.55
7	93.50	0.67	100.00	0.65	106.50	0.63
8	92.64	0.76	100.00	0.74	107.36	0.71
9	91.80	0.85	100.00	0.82	108.20	0.79
10	90.98	0.94	100.00	0.90	109.02	0.87

（出所）　野村フィデューシャリー・リサーチ＆コンサルティング

は、次の式で求められる（年1回利払いの場合）。

$$
\text{デュレーション} = \frac{\dfrac{1\,(\text{年})\times C}{(1+r)} + \dfrac{2\,(\text{年})\times C}{(1+r)^2} + \cdots + \dfrac{n\,(\text{年})\times (C+100)}{(1+r)^n}}{\text{債券価格}} \,(\text{年})
$$

$$\cdots\cdots (2-8)$$

ここで、C：クーポン（年率%）

r：複利最終利回り（%）/100

デュレーションは、債券の将来のキャッシュ・フローを複利最終利回りで割り引いた現在価値[3]によって、そのキャッシュ・フローの受取りまでの期間を加重平均したものである。

複利最終利回りの変化と債券価格の関係は、デュレーションを用いて次のように表される。

$$
\begin{array}{l}
\text{価格変動率} \\
(\varDelta P/P)
\end{array} \cong -\text{デュレーション} \times \frac{\dfrac{\text{複利最終利回り変化幅（%）}}{100}}{1 + \dfrac{\text{複利最終利回り（%）}}{100}}
$$

$$\cdots\cdots (2-9)$$

この（2−9）式は、複利最終利回りの変化によって債券価格が変化を受ける度合いが、デュレーションに比例することを意味している。この式は、年複利最終利回りの式である（2−5）式を複利最終利回りで微分することによって求めることができる[4]。

（2−9）式には右辺に複利最終利回りが現れることから、実際にはデュ

3　現在価値：将来のキャッシュ・フローを割り引いて得られる現在の価値

　　n 年後のキャッシュ・フローの現在価値：$P=\dfrac{F}{(1+r)^n}$

ここで、P：現在価値

　　　　F：キャッシュ・フロー

　　　　r：利回り（%）/100

　　　　n：期間（年）

第1節　債券の利回りと価格の関係

レーションよりも、これを $\left(1+\dfrac{\text{複利最終利回り（％）}}{100}\right)$ で除したものを用いたほうが便利な面もある。これを修正デュレーション（modified duration）と呼ぶ。つまり、

$$\text{修正デュレーション} = \frac{\text{デュレーション}}{1+r} \qquad \cdots\cdots（2-10）$$

である。

修正デュレーションを用いると、（2-9）式は、

$$\underset{(\varDelta P/P)}{\text{価格変動率}} \cong -\text{修正デュレーション} \times \frac{\text{複利最終利回り変化幅（％）}}{100}$$
$$\cdots\cdots（2-11）$$

と表すことができる。

複利最終利回り2％のときの、残存期間別、クーポン別のデュレーションを表2-5に示す。この表から、デュレーションの特徴として、次のことがわかる。

① 同じ残存期間であれば、クーポンが高いほどデュレーションは短い。

② 同じクーポンであれば、残存期間が長いほどデュレーションは長い。

③ 割引債のデュレーションは、残存期間と一致する。

---

4 $P = \dfrac{C}{(1+r)} + \dfrac{C}{(1+r)^2} + \dfrac{C}{(1+r)^3} + \cdots + \dfrac{C+100}{(1+r)^n}$

を r で微分して、

$\dfrac{dP}{dr} = -\dfrac{1 \cdot C}{(1+r)^2} - \dfrac{2 \cdot C}{(1+r)^3} - \dfrac{3 \cdot C}{(1+r)^4} - \cdots - \dfrac{n \cdot (C+100)}{(1+r)^{n+1}}$

であるから、これを変形して、

$\dfrac{dP}{P} = -D\dfrac{dr}{(1+r)}$

を得る。ただしここで、D はデュレーション

$D = \dfrac{\left(\dfrac{1 \cdot C}{(1+r)} + \dfrac{2 \cdot C}{(1+r)^2} + \dfrac{3 \cdot C}{(1+r)^3} + \cdots + \dfrac{n \cdot (C+100)}{(1+r)^n}\right)}{P}$

である。

表2-5　残存期間別、クーポン別デュレーション
（複利最終利回り2％、年2回利払い）

クーポン 残存期間	0％ (割引債)	1％	2％	3％
1年	1.0年	0.998	0.995	0.993
2	2.0	1.985	1.970	1.957
3	3.0	2.962	2.927	2.893
4	4.0	3.929	3.864	3.804
5	5.0	4.886	4.783	4.689
6	6.0	5.832	5.684	5.551
7	7.0	6.768	6.567	6.390
8	8.0	7.694	7.433	7.207
9	9.0	8.608	8.281	8.003
10	10.0	9.513	9.113	8.780

（出所）　野村フィデューシャリー・リサーチ＆コンサルティ
ング

　このことから、同じ複利利回りの変動に対し、長期債ほど価格変動が大き
く、また同じ残存期間であれば、低クーポン債ほど価格変動が大きいことが
わかる。

　2％クーポン債を例にとると、この場合、複利最終利回りの0.1％（10
bp：ベーシス・ポイント5）の変化によって、

　　　1年債……10銭程度

　　　5年債……50銭程度

　　　10年債……90銭程度

の価格変動になる。

(4)　投資期間と収益変動

　以上、「長期債ほど（複利最終）利回りの変化に対して価格変動が大きい」

5　1 bpは0.01％を示す。

第1節　債券の利回りと価格の関係

ということをみた。長期債ほど短期的には収益変動が大きいということである。それでは、投資期間の長さによって、利回り変動が収益にどのように影響を与えるかをみておこう。

図2-9は、クーポン3％の10年債を複利最終利回り3％（100円）で購入した後、直ちに利回りが変化した場合の、購入時から各時点までの所有期間利回りをみたものである。図から複利最終利回りが低下すれば、所有期間利回りが上昇、複利最終利回りが上昇すれば所有期間利回りが低下することがわかる。しかしその影響は、投資期間によって大きさが異なる。すなわち、投資期間が長くなるほど所有期間利回りの変化が小さくなり、償還時（10年後）には、購入時最終利回り（3％）に収束することがわかる。

ここから、得られる債券投資上の示唆は次のようなものである。
① 投資期間が保有債券の残存期間より短い場合（途中で売却）、所有期間利回りは変動する。
② 投資期間が残存期間に近づくと所有期間利回りの変動は低減し、購入時の複利最終利回りに近づく。
③ 投資期間と保有債券の残存期間が一致すれば、所有期間利回りは、購入

図2-9　投資期間と債券の所有期間利回り
　　　（クーポン3％、10年債を複利最終利回り3％（100円）で購入した場合）

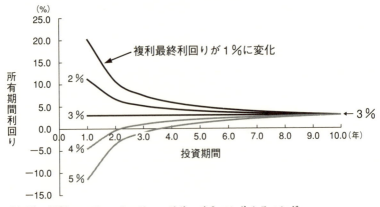

（出所）　野村フィデューシャリー・リサーチ&コンサルティング

時の複利最終利回りと同じになる。途中の価格が変動しても、投資目標時点での所有期間利回りはほぼ確定する（クーポンの再投資を考えた場合にはパフォーマンスが変動することには注意が必要である：第3章第2節Ⅱ **2** のイミュニゼーション運用を参照。また、当然のことであるが保有した債券のデフォルト（債務不履行）の場合には、所有期間利回りが大きく変動する可能性がある）。この場合、購入時の複利最終利回りの水準が、投資する資金の性格との対比において満足できるかどうかの判断がきわめて重要である。

第1節　債券の利回りと価格の関係　　63

第2節

利回り変動の実際

第1節の「債券の利回りと価格の関係」は、利回りから価格を求める数式から導き出される数理的な特性であった。すべての債券銘柄の最終利回りが同一水準で、変化幅も同じであるなら、債券価格の性質を理解するには第1節の知識で十分である。しかし実際には、個々の銘柄の利回り水準やその変動はそれぞれ異なる。

このような、銘柄間の利回り差（利回り格差）が発生するのは、個々の銘柄の残存期間、銘柄種別、流動性などの違いに対する投資家の選好によるものである。本節では、このような利回り格差を実際にみることにする。

利回り格差は、実際の債券投資判断の際に重要な判断材料となる。実際の投資判断においては、種々の投資目的に応じて、最も有利と考えられる銘柄の選択を行うことになるが、このとき、ある銘柄が有利かどうかの判断の基礎になるのが利回り格差であるからである。

本節では、複利最終利回りを単に「利回り」と表記する。

Ⅰ 銘柄間の利回り格差

❶ 利回り格差

図2-10は、債券流通市場で代表的ないくつかの銘柄について、残存期間と利回りの関係をみたものである。端的な例として低金利期（2015年3月）と高金利期（1990年9月）、そして、マイナス金利期（2016年2月）の例を示した。

低金利期（図2-10(a)）についてみると、次のような傾向がみられる。

① 残存期間が長いほど、利回りは高い傾向がみられる。

64　　　　　　第2章　債券投資分析の基礎

図2-10 主要銘柄の利回り分布

(a) 低金利期（2015年3月31日）

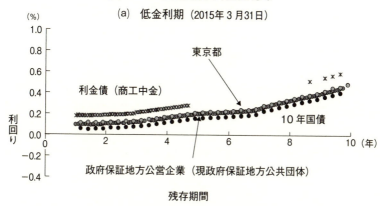

(b) 高金利期（1990年9月28日）

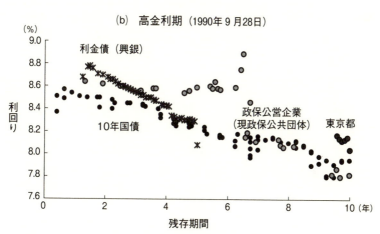

(c) マイナス金利期（2016年2月）

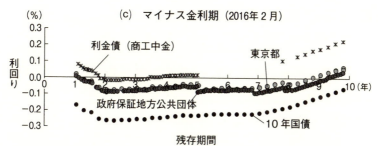

（出所）　野村フィデューシャリー・リサーチ＆コンサルティング

第2節　利回り変動の実際

② 残存期間が同じでも銘柄種別により、利回りに差がある。

逆に高金利期（図2 −10(b)）には次のような傾向がみられる。

① 残存期間が短いほど高利回りの傾向がみられる。

② 残存期間が同じでも銘柄種別により、利回りに差がある。

なお、1990年のほうが、2016年よりも、同じ債券種別のなかでの利回り差は大きいことがわかる。これは、この間に進展したわが国債券市場の改革によって債券市場の効率性・流動性が高まったことによるもので、現在では債券の同一種別のなかでの利回り差は以前に比較すると非常に小さくなっている。

マイナス金利期においては、国債だけでなく、東京都債や政府保証債においてもマイナス利回りを経験した。なお、**図表2 −10(c)**では確認できないが、社債においては、流動性等の観点からバイ＆ホールド（購入した債券を償還まで保有）前提であることも多く、マイナス利回りが許容されにくい。

このため、マイナス金利期では、起債時において国債の利回り対比でのクーポン設定（スプレッド・プライシング）が困難な状況となり、絶対値ベースでのマーケティングおよびプライシングが行われることとなった。つまり、本来は信用リスクを表すとされる国債との利回り差において、テクニカルな拡大が観測されたのである。なお、Tスプレッドについては本節および第3節で後述する。

❷ 利回り格差とTスプレッド

利回り格差について、以下では残存期間による格差と、銘柄種別による格差に分けて解説する。実際に両者を完全に区別して測定することは困難な面もあるが、実務上、後者の格差として、個々の銘柄の利回りと国債の利回りとの差（Tスプレッド）を用いることがある。

Ⅱ　残存期間による利回り格差

❶　残存期間別利回りとその変動性

(1)　長短金利差

　図2−11は、NOMURAパー・イールド・モデル6による、短期債（1年債）と長期債（10年債）の国債パー・イールドと両者の利回り差（長短金利差）の推移である。

　短期債、長期債とも、利回り変化の方向はほぼ同じであるが、短期債の利回り変化のほうが長期債より大きいことがわかる。また、長期債利回りのほうが短期債利回りより高い場合が多いが、高金利期には一時的に短期債の利回りが長期債のそれを上回っていることがある。

　金融逼迫期には短期金利は長期金利を上回り、金融緩和過程に入ると短期金利は急速に低下し長期金利よりも低くなる傾向がある。また、金利上昇過程では短期金利の上昇速度が長期金利を上回り、長短金利の逆転が発生することがある。

(2)　残存期間別利回りの変動性

　図2−12は、1983年1月から2024年5月までの残存期間別NOMURAパー・イールドの月末値の平均である。短期債の利回りが長期債利回りより低い時期が長かったことを反映して、残存期間が長いほど、利回りが高い傾向があることを示している。

　残存期間別月次利回り差の標準偏差をみたのが図2−13である。1983年1

6　NOMURAパー・イールドは、債券市場における債券価格をもとに推計した利回りであり、各残存期間において100円（パー）で取引されると推定される利回り（クーポン）を示している。投資家のみならず発行体にとっても、その時点の利回り水準をみる重要な指標となっている。

第2節　利回り変動の実際　　　67

図2－11 長期債（10年）と短期債（1年）の利回り推移

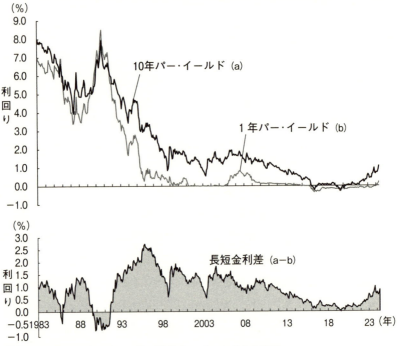

（注） NOMURAパー・イールドの国債パー・イールドから算出。
（出所） 野村フィデューシャリー・リサーチ&コンサルティング

月から2024年5月では、短期債の利回り差の標準偏差が大きく、長期ほど標準偏差の小さい傾向がみられる。しかし、マイナス金利政策やイールドカーブ・コントロールによって金利が強くコントロールされていた時期（16年2月～24年5月）に限定すると、いずれの残存期間においても標準偏差は大きく低下し、やや短期債における標準偏差のほうが小さかった。

第1節では、「利回りの一定変化に対して長期債ほど価格変動が大きい」ことを述べた。利回り変動については、残存期間に関して一概にいえる関係はなく、金融政策等によっても異なることを考慮したうえで、次に述べる残存期間と価格変動の関係を把握しておく必要がある。

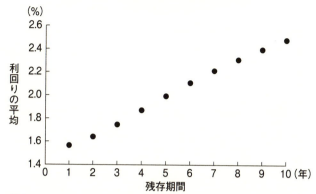

図2-12 残存期間別の利回りの平均

（注）1983年1月から2024年5月までの各月末のNOMURA
パー・イールド（国債）から算出。
（出所）野村フィデューシャリー・リサーチ＆コンサルティング

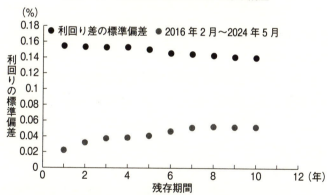

図2-13 残存期間別利回り差の標準偏差

（注）1983年1月から2024年5月までの各月末のNOMURA
パー・イールド（国債）から算出。
（出所）野村フィデューシャリー・リサーチ＆コンサルティング

(3) 残存期間別価格変動

　残存期間別に価格変動の実態をみたのが図2-14であり、価格の変動率（リターン）の変動性（標準偏差）を示している。

第2節　利回り変動の実際　　69

図2−14　残存期間別価格変動性

（1カ月の価格変動率の標準偏差、概算）

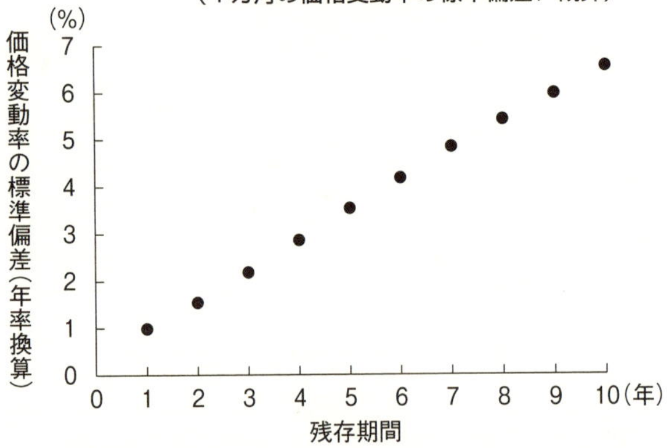

(注)　1983年1月から2024年5月までの各月末のNOMURA
　　　パー・イールド（国債）から算出。
(出所)　野村フィデューシャリー・リサーチ＆コンサルティング

　長期債ほど価格変動が大きいという傾向がみられる。つまり、残存期間別の価格変動性については、短期債の利回り変動が大きいことを加味しても長期債の価格変動は大きいという傾向がある。

　これらの点から示唆される重要な点は、価格変動性を相対的に比較する場合に、残存期間は重要な目安であるが、価格変動性の大きさには必ずしも比例していないということである。10年債の価格変動は1年債の10倍というわけではなく、①デュレーション（一定の利回り変化に対する価格変動性）と、②利回りの変動性、を総合して判断する必要がある。

　また、参考までに、2016年2月から22年11月でみた各残存期間別価格変動性を図2−15に示す。図2−13で確認したとおり、当該期間における利回りの変動性は残存期間によらず小さく、価格変動も小さかった。いずれにせよ、残存期間が長いほど価格変動性が大きくなっていることがわかる。

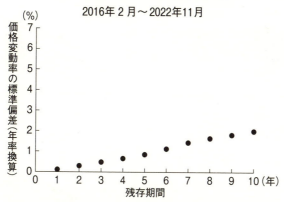

図2−15 マイナス金利政策導入決定後の残存期間別価格変動性
（1カ月の価格変動率の標準偏差、概算）

（注） 2016年2月から2022年11月までの各月末のNOMURA パー・イールド（国債）から算出。
（出所） 野村フィデューシャリー・リサーチ＆コンサルティング

❷ 利回り曲線（イールド・カーブ）

(1) 利回り曲線とその形状変化

　前掲図2−10の残存期間別利回り分布から観測されるように、残存期間別債券利回りは連続的な曲線上に並ぶ。このような曲線を利回り曲線（yield curve）と呼ぶ。

　個々の銘柄には、最も大きな要因として信用リスクに伴う格差（後述）が発生しているので、図2−10のように、発行体ごとに各銘柄の利回りがほぼ1本の曲線上に分布する傾向がある。またそれぞれをみると、残存期間と利回りとの間には、「右下り」か「右上り」といった傾向がある。

　図2−16は、1989年1月から2024年5月までの間について、各月末の国債の利回り曲線を示している。

　通常、右上りである利回り曲線も、高金利期には一時的に右下りになることがあるという傾向が読みとれる。また、つぶさにみると、月々の利回り曲

図2−16 利回り曲線の推移

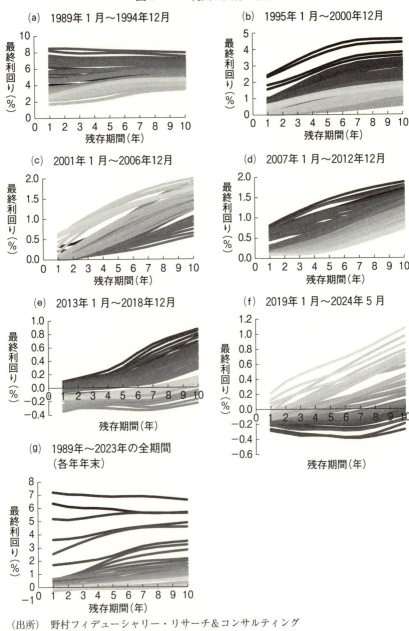

(出所) 野村フィデューシャリー・リサーチ＆コンサルティング

線のシフトは短期、長期、一様ではない。短期は利回り低下、長期は利回り上昇といったツイストも局面によっては発生している。なお、このような利回り曲線の変化のうち、利回り曲線が長短金利、同程度変化することを、パラレル・シフト（parallel sift）、長短金利差が拡大し利回り曲線が立ってくることを、スティープニング（steepening）、長短金利差が縮まることを、フラットニング（flattening）と呼ぶ。

(2) スポット・レートとフォワード・レート

このような利回り曲線が形成される理論的背景を説明するために、その前段階としてスポット・レートとフォワード・レートについて説明をしておくことにする。

まず割引債（ゼロ・クーポン債）の利回りをスポット・レートと呼ぶ。米国においてスポット・レートに基づく利回り曲線の応用が一般化したのは、1980年代初頭のことである。82年の新税制の導入を契機にストリップス債（STRIPS：Separate Trading of Registered Interest and Principal of Securities）という、米国財務省証券のクーポン部分を分離して、それぞれ新たなゼロ・クーポン債として登録・取引することが頻繁に行われるようになった。これは、当時の米国が利回り10％を超す超高金利であったことも背景にある。最長30年、この高金利で運用を固定できるストリップス債が人気を集めたのである。

ストリップス債になったゼロ・クーポン債を集めて、オリジナルと同じ利付債を合成することができる。両者は同じキャッシュ・フローであり、価格は同じはずである。このことは、利付債はゼロ・クーポン債の合成であり、利付債のクーポン、償還金のそれぞれはゼロ・クーポン債と同じであることを意味する。これらのゼロ・クーポン債の価格を合計したものが利付債の価格に一致するはずである。

すなわち、債券価格はゼロ・クーポン債の利回り（スポット・レート）に基づき次のように表すことができる。

第2節　利回り変動の実際　　73

$$債券価格 = \sum_{i-1}^{n} \frac{クーポン}{(1+r_i)^i} + \frac{償却価格(100円)}{(1+r_n)^n} \qquad \cdots\cdots (2-12)$$

ここで、　r_i：i 年のスポット・レート

　ストリップス債のスポット・レートと財務省証券の価格が上式から乖離した場合には、**裁定取引**（両者の価格差を利用して利益をあげようとする取引）が頻繁に行われることになった。

　これ以降、米国ではスポット・レートに基づく利回り曲線を用いることが一般的になった。野村證券の公表するNOMURAパー・イールドも、このような、スポット・レートの考え方に基づいて推定されている。わが国においても日本国債のストリップス債（分離適格振替国債）はすでに導入されているのであるが、米国と比較すれば、その取引が活発化しているとは言い難いのが現状である。このため、仮想的なゼロ・クーポン債価格（これをディスカウント・ファクターと呼ぶ）を、利付国債から推定して用いている。なお、パー・イールドは、推定されたディスカウント・ファクター（スポット・レート）から（2-12）式に基づき債券価格が100円となるクーポン（したがってこれは、パーになる利回り（イールド）に一致する）を計算して求めている。

　一方、異なる二つの期間の推定されたディスカウント・ファクター値の比をとり、利回りに換算したものをフォワード・レートと呼ぶ。たとえば2年のディスカウント・ファクターと1年のディスカウント・ファクターの比を利回りに直したものは、1年後スタートの期間1年のフォワード・レートである。後述するようにこれは、1年後の1年債の期待利回りに関連するものと考えられる。

　ディスカウント・ファクターは、期間に関して連続的に推定されているので、たとえば1年と1日および1年のディスカウント・ファクターを用いることによって1年後スタートの期間1日のフォワード・レートも推定できる。図2-17は、このようにNOMURAパー・イールド・モデルで推定された、パー・イールドとフォワード・レートを示している。

　なお、期間T年のスポット・レート$R(T)$とi年後スタートの期間1年の

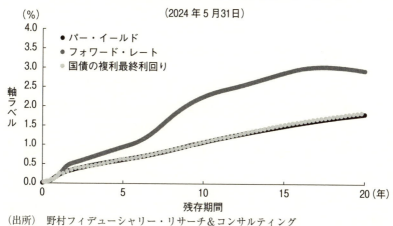

図2−17　NOMURAパー・イールドとフォワード・レート
（2024年5月31日）

（出所）野村フィデューシャリー・リサーチ＆コンサルティング

フォワード・レート$F(i, i+1)$の間には、以下の関係がある。

$$(1+R(T))^T = (1+R(1)) \times (1+F(1,2)) \times (1+F(2,3)) \times \cdots \\ \times (1+F(T-1,T)) \\ = (1+R(T-1))^{T-1} \times (1+F(T-1,T))$$

（年1回複利表示の場合）

……（2−13）

(3) 利回り曲線形状の理論的背景

　利回り曲線は、通常右上りであるが、金融逼迫期には右下りになることがあることをみたが、このような利回り曲線が形成される理論的背景についてふれてみることにする。

　残存期間別の利回り決定構造を金利の期間構造（term structure：ターム・ストラクチャー）と呼ぶ。この期間構造やその動的特性を説明する理論や仮説はいくつかあるが、ここでは利回り曲線形状を理解する意味から、①純粋

期待仮説（pure expectation hypothesis）、②ターム・プレミアム仮説（term premium hypothesis）を紹介することにする。

a　純粋期待仮説

　1年と2年の割引債の例で考えよう。「現時点での2年債利回りは、現時点で1年債に投資し、1年後にその時点の1年債に再投資した場合の利回り（投資収益）に等しくなる」と考えるのが、**純粋期待仮説**である。1年後の1年債の利回りは、現時点で市場が期待する将来の利回り（期待利回り）と考えるのである。

　式で表せば、次のようになる。

　　　[1＋（現時点の2年債利回り）]^2

　　　　＝[1＋（現時点の1年債利回り）]×[1＋（1年後の1年債の期待利回り）]

　たとえば1年債、2年債の利回りがそれぞれ1％、1.5％と、長期ほど利回りが高い場合、式から1年後の1年債の期待利回りは、2％となる。この場合、1年後の1年債の期待利回りが現在の1年債利回りより高いことから、市場は1年後、金利が上昇すると期待していると考えるのである。

　逆に1年債、2年債の利回りがそれぞれ6％、5％と、短期ほど利回りが高い場合、1年後の1年債の期待利回りは4％となる。この場合には、市場は1年後、金利が低下すると期待していると考える。

　この二つの例から、「市場の将来の金利に対する期待」と「金利の期間構造」の関係について、次の示唆が得られる。

① 将来、金利が上昇すると期待される場合には、長期債利回りが短期債利回りより高くなる。つまり、利回り曲線は「右上り」になる。

② 金利低下が期待される場合には、逆に、短期債利回りが長期債利回りより高くなる。つまり、利回り曲線は「右下り」になる。

　2年債より長期の場合について期待利子仮説を式で表せば、次のようになる（n年割引債の場合）。

$$[1 + (\text{現時点の }n\text{ 年債利回り})]^n$$
$$= [1 + (\text{現時点の }1\text{ 年債利回り})] \times [1 + (1\text{ 年後の }1\text{ 年債の期待利回り})]$$
$$\times \cdots \times [1 + (n-1\text{ 年後の }1\text{ 年債の期待利回り})]$$
$$= [1 + (\text{現時点の }n-1\text{ 年債利回り})]^{n-1}$$
$$\times [1 + (n-1\text{ 年後の }1\text{ 年債の期待利回り})]$$

$$\cdots\cdots (2-14)$$

（2─14）式からわかるように、期待利回りを介して、残存期間別の利回りが相互に決定されると解釈される。この将来の1年債の期待利回りに相当するのが、前述のフォワード・レートであると考えられる（（2─13）式参照）。純粋期待仮説には、実際にはいくつかのバリエーションが存在するのであるが、この「フォワード・レートが市場参加者の将来の金利予想値と等しい」とするのが最も素朴なその形式であると考えられる。

なお、「将来、金利が上昇後、低下」もしくは「金利がいったん低下し、その後上昇」と期待される場合には、利回り曲線は単調な右上り、右下りにはならず、利回り曲線上に「こぶ」が発生する場合があることにも留意されたい（前掲図2─16）。

b　ターム・プレミアム仮説

純粋期待仮説では、長期債の投資収益と、短期債を再投資した場合の投資収益は等しいと仮定した。これに対し、ターム・プレミアム仮説[7]は、長期債のほうが短期債より価格変動性が高いことから長期債には価格変動のリスクに見合うプレミアムがつくという説である。価格変動の大きい長期債には、市場は相対的に高い利回り（プレミアム）を要求すると考えるのである。その結果、利回り曲線には右上りになる効果が働くことになる。なお、一般

---

[7]　古典的には、流動性プレミアム仮説（liquidity premium hypothesis）と呼ばれていた仮説である。しかし現在では、長期債の流動性が劣るかのような誤解を招く等の弊害もあり、この用語は用いられなくなってきている。このため本書では、これをターム・プレミアム仮説と呼ぶことにする。

第2節　利回り変動の実際

にリスクに伴う期待超過収益（期待収益率－短期金利）をリスク・プレミアムと呼ぶ。ここでいうターム・プレミアムとは、長期債の価格変動性というリスクに伴うリスク・プレミアムであり、リスク・プレミアムの一種であると解されよう。

残存期間別の利回りが連続的に並び、利回り曲線が形成されるという前提で、金利の期間構造を考える場合、これら二つの仮説がその構造を考える基本となる。両者の効果を定量的に測定することは困難であるが、現実には両者の効果が相まって、金利の期間構造が市場で決定されていると考えられる。

市場の金利予想にプレミアムがのって、長期金利が形成されているために、通常は利回り曲線は右上りであることが多く、右下りになるのは、金利低下が強く予想される、ごく一時期のみに限られると考えられる。

しかし、市場の予測する将来の短期金利を基礎にフォワード・レートやスポット・レートが形成されるといっても、市場参加者が予想できる将来の期間には限界もある。このため、予想の限界を超えた期間、たとえば10年後の特定の日に突然短期金利が上昇する、といった予想が市場で受け入れられたとすれば、それはむしろ合理性を欠いている、とも考えられる。フォワード・レートに将来の短期金利の水準が反映されるのであるとすれば、将来のどこかの時点から先は、短期金利の予想はほぼ定常分布（分布が変化しないで続くこと）となり、その上にターム・プレミアムがのって実際のフォワード・レートが形成されている、と考えるほうが合理的かもしれない（図2－18(a)）（ここでいうターム・プレミアムには、債券の価格変動性に伴うリスク・プレミアムに加え後述のコンベクシティの効果が含まれていると考えられる（第4節「コンベクシティに関する補足」参照））。

前述のようにスポット・レートは、フォワード・レートを期間の短いほうから順に累積していったものであるから（（2－13）式）、図2－18(a)をもとにこれを図示すると図2－18(b)のようになる。

実際の債券運用の場では、異なる残存期間の債券間の相対価値（RV：Relative Value）分析による割高・割安判断が用いられることがある。短期債

図2－18 ターム・プレミアム仮説によるターム・ストラクチャー
（模式図）

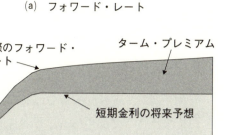

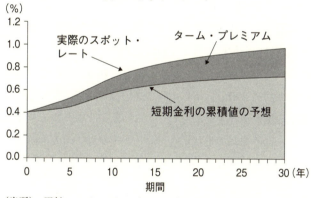

（出所）野村フィデューシャリー・リサーチ＆コンサルティング

（たとえば5年債）と超長期債（たとえば20年債）と比較して長期債（たとえば10年債）が価格変動性対比で割安（利回りが高い等）・割高（利回りが低い等）などの分析に基づいて、両サイド（ウィング）の売りに対して長期債（ミッド）の買いを行う（もしくはその逆を行う）といったような取引がその例である。

このようなRV分析は、背後では暗黙のうちに、一定年限後以降の将来の

短期金利が定常分布となっていることを仮定しているのかもしれない。

そうであれば逆にRV分析による取引によって、ターム・ストラクチャーのゆがみが是正されることは、将来の短期金利が定常分布となっていくであろうことが、利回り曲線の形状に織り込まれていくことを意味するのかもしれない[8]。

(4)　ロール・ダウンとキャリー

利回り曲線の形状をみながら、債券市場の動向をとらえる考え方がある。ロール・ダウンとキャリーを例に、これを説明することにする。

a　ロール・ダウン

図2-19のような利回り曲線の場合には、短期債や長期債がそれぞれこの利回り曲線に沿って、時間経過とともに利回りが低下すると期待される。この場合、長期債は中期債に比較して価格変動性が大きいことから、中期債よりも長期債のほうが価格上昇が大きいと期待される。またこの図のような例では、短期債も利回りの急低下によって高い投資収益が期待されよう。この利回り曲線上を転がる様子を形容して、この効果をロール・ダウンの効果と呼んでいる。利回り曲線の形状から、ロール・ダウンの大きいところをねらって投資を行う、という投資手法が考えられる。

---

[8]　利回り曲線の形状を説明しようとする古典的な仮説としては、これら以外にも、特定期間選好仮説（preferred habitat hypothesis）や、これとよく似た市場分断仮説（market segmentation hypothesis）と呼ばれるものがある。これらはいずれも、個々の投資家には、それぞれ選好する期間があり、それに応じて期間ごとにリスク・プレミアムが相違する、とするものである。しかし、これらの仮説に基づいてターム・ストラクチャーの形状を説明する理論モデルを構築することはきわめて困難であることがわかっている（たとえば、Ingersoll（1987）を参照）。これは実際上、そのような理由で期間ごとのリスク・プレミアムに相違が生じた場合には、上記のRV分析に基づくような取引によって利益をあげること（裁定取引）が可能になることから、リスク・プレミアムの相違はやがて解消すると期待されることによるものである。

80　　　　　　　　第2章　債券投資分析の基礎

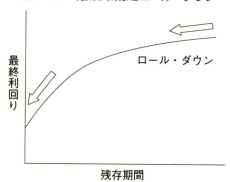

図2−19 利回り曲線とロール・ダウン

(出所) 野村フィデューシャリー・リサーチ&コンサルティング

b キャリー

債券を保有したときに得られるネット（資金調達コスト控除後）の利息収入を、キャリーと呼ぶ。キャリーも残存年限ごとに異なることから、利回り曲線の形状を観測し、キャリーの観点から有利と思われる残存期間の債券を選択するということが債券運用の戦術としてよく行われている。

なお、キャリー、ロール・ダウンについては、残存期間T年のパー・イールドを$y(t)$、このパー債券の修正デュレーションを$D_m(t)$、調達金利（短期金利）をr、債券の保有期間を$\varDelta t$として、

キャリー $= (y(t) - r) \times \varDelta t$

ロール・ダウン $= D_m(t - \varDelta t) \times (y(t) - y(t - \varDelta t))$

と求めるのが、一つの簡便法である。

ただし、上記はテイラー展開に基づく近似式であり、保有期間が短く、金利変動幅がさほど大きくない場合という暗黙の前提を認識しておきたい。保有期間がたとえば半年以上など一定程度の期間があり、かつ、$D(t) > \varDelta t$の条件のもとでは、当該銘柄のロール・ダウンに関して以下の近似式のほうがよりよい近似であることを添える。

$$\text{ロール・ダウン} = \left(1 - \frac{D(t)}{\varDelta t}\right) \times (y(t) - y(t - \varDelta t))$$

第2節 利回り変動の実際

ここで、$D(t)$ はマコーレー・デュレーションとする。さらに、調達金利を考慮しない場合、すなわち、債券自体の実現リターンRは次の近似式により近似される。

$$R = y(t - \Delta t) + \left(1 - \frac{D(t)}{\Delta t}\right) \times (y(t) - y(t - \Delta t))$$

上式より

$$R = \frac{D(t)}{\Delta t} \times y(t - \Delta t) + \left(1 - \frac{D(t)}{\Delta t}\right) \times y(t)$$

が導出され、実現リターンは利回りとその再投資レートの加重平均として近似される[9]。

Ⅲ 銘柄種別による利回り格差

❶ 信用リスクと利回り格差

残存期間以外の利回り格差の発生要因としては、信用度が最も重要であろう。

信用度は、元利支払の履行能力に対する評価である。通常、信用度の高い銘柄ほど、低利回りになる。

図2−20は、信用リスク（クレジット・リスク）のある債券を模式的に表したものである。債務不履行（デフォルト）が発生しない場合には、毎年3円のクーポンを支払い、3年後にクーポンと償還価格（100円）を支払うとしている。毎年1％の確率でデフォルトが発生する可能性があり、その場合には、この債券の価値はゼロになる。

この例で、3年のところから1年ずつ現時点に向かって、債券価値を期待リターンで割引き計算してみよう。期待リターンが年率2％と仮定すると、3年から2年は、

9 　詳しくはBabcock（1984）や大森（2002）などを参照されたい。

図2−20 デフォルトの可能性のある債券

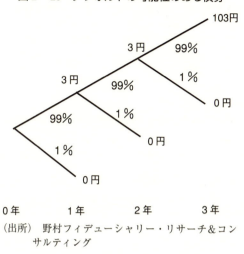

(出所) 野村フィデューシャリー・リサーチ＆コンサルティング

$$\frac{0.99 \times 103 + 0.01 \times 0}{1.02} \approx 100円$$

と、割引き計算される。2年目時点でデフォルトを起こしていない場合には、これにクーポン3円を加えたものが、この債券の価値となる。これに確率を掛け、1年目まで割り引く。

$$\frac{0.99 \times (100+3) + 0.01 \times 0}{1.02} \approx 100円$$

さらに、これにクーポン3円を加え0年まで割り引くと、

$$\frac{0.99 \times (100+3) + 0.01 \times 0}{1.02} \approx 100円$$

となる。

さて、この100円という債券価格でこの債券を購入した場合、複利の利回りは、クーポンが3％であるから、3％である。この利回り3％というのは、実は、仮定したデフォルトの確率（年率1％）と、期待リターン（年率2％）からきている。実際この場合、

第2節 利回り変動の実際

> 利回り $\approx$ 期待リターン（年率）＋デフォルト確率（年率）

となることが、数学的に示される。また、国債にはデフォルトの可能性がないと仮定すると、この両辺から同じ残存期間3年の国債の利回りを引いたもの（Tスプレッド）は、

> Tスプレッド＝国債に対する期待超過リターン＋デフォルト確率

となる。つまり、観測されるTスプレッド（同一残存期間の国債の利回りとの利回り差）は、近似的にはこの債券の（市場の）予想デフォルト確率（予想デフォルト損失率）と、この債券の国債に対する期待超過リターンの和であることになる。

　経験的には実際のTスプレッドは、過去のデフォルトによる損失率と比較して、大きい値となっていることが多い。これは、デフォルトの可能性のある債券の期待リターンは、同一残存期間の国債よりも高い、と期待されることに対応している。

　一方、市場で観測されるTスプレッドと、自らの予想するデフォルト損失率の差が、自らの予想するこの債券の国債に対する期待超過リターンであることになる。したがって、Tスプレッドが予想するデフォルト損失率と比較して、十分なものであるかどうかが、デフォルトの可能性のある債券への投資判断上、きわめて重要な基準となる。

❷　銘柄種別格差

　残存期間、信用度以外の主要な利回り格差発生要因として、以下の点があげられる。

① 流動性……多額の債券を売買しようとするときの、買い手や売り手のつきやすさをいう。一般には、発行残高の多い銘柄種別ほど流動性が高いといわれている。流動性の高い銘柄ほど低利回りであるのが通常である。たとえば、政府保証債と国債では、信用度にはそれほど差がないと考えられ

84　　　　　第2章　債券投資分析の基礎

るが、発行量が多く流動性の高い国債のほうが、同程度の残存期間では、政府保証債よりも低利回りであるのが通常である。

② 償還方法……途中償還のある債券は、その途中償還の条件が債券価格形成に大きく影響することはいうまでもない。途中償還には、定時償還、繰上償還（コールなどの期限前償還やMBS（住宅金融支援機構資産担保債券）の分割償還など）、および買入消却がある。買入消却は、発行体によるその時点での時価での買入れであるから、債券の価格形成には影響しないと考えられる。

定時償還とは、一定の期間（据置期間）経過後、定期的に元本（額面）の一部を償還する方法である。定時償還には、次の二つがある。

① 抽選償還……抽選によって一部を額面（100円）で償還

ⅱ 均等償還……前もって決められた一部を額面（100円）で償還

途中償還時期ごとに償還対象が前もって決まっているか（均等償還）、抽選によるか（抽選償還）のみの相違であり、債券価格への影響は、ほぼ同様である。

各償還日における償還総額は、あらかじめ決まっているため、一つの銘柄についてそのすべての額面を購入すれば、キャッシュ・フローの不確実性はないことになる。この確定しているキャッシュ・フローは、通常の元本一括返済型の債券と比較して、同じ最終償還期限であれば、平均の残存期間が短くデュレーションも短くなる。したがって、図2－21のように同程度の残存期間の債券と比較して、デュレーションの相違分、価格変動は小さい。

本来であれば、このように価格変動が小さくなるのみで、同程度のデュレーションの債券と比較して、利回り（キャッシュ・フロー利回り（後述））に格差はないはずである。しかし、実際にはすべての額面を保有できるわけではない。額面の一部のみを保有した場合、キャッシュ・フローの不確定性があることから、利回り格差が発生し、同程度のデュレーションである定時償還のない債券と比較して、利回りが高く低価格であることが多い[10]。

第2節 利回り変動の実際

図2−21　定時償還のある債券の価格変動性

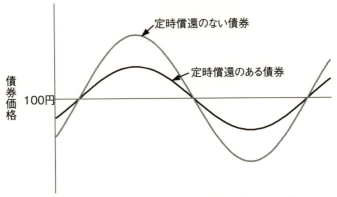

（出所）　野村フィデューシャリー・リサーチ＆コンサルティング

　従来、地方債には抽選償還や均等償還条項が付されていることが多かったが、過去に発行された抽選償還債はすべて償還されている。現在では公募地方債は元本一括返済型で発行されている。

　償還までの任意の時期に、全額もしくは一部が償還される可能性のある場合、これを繰上償還（任意償還）という。任意償還条項付債券の場合、繰上償還時には100円もしくはプレミアム付きで償還されるため、繰上償還を意識すれば、償還価格よりも高いオーバー・パーになると、価格上昇しにくいという価格形成がなされるはずである。

　わが国では従来、任意償還条項付きの債券が実際に繰上償還することがなかったため、一般には任意償還条項を意識した価格形成になっていなかった。しかし、円建外債の一部で、任意償還条項を実際に実施した例が出たことから、一時期、市場で混乱もみられた。現在では、実際に繰上返済を行う債券はコール条項付債券（コーラブル債）として発行され、従来あった任意償還条項付債券は、一般には繰上償還は行われないものとして価

10　この「リスク」は分散可能であることから、本来はプレミアムがのらないはずであるが、実際にはここにあるように格差がついていることが多い。

格形成されている。なお、現在では国債の任意償還条項は外され、繰上償還は行われないことになっている。

コール条項付債券は、コール条項を意識した価格形成が行われる。図2－22の模式図に示すように、コール条項付債券は金利が低下した場合には（オーバー・パー）、コールされる可能性が高まることからデュレーションが短くなり、金利が上昇した場合には（アンダー・パー）、コールされる可能性が低まることからデュレーションは長くなる。定時償還と異なり、一般にコール条項付債券が高利回りになるという傾向はわが国ではみられないようである（後述のOAS（Option Adjusted Spread）参照）。

また、住宅金融支援機構（旧住宅金融公庫）の債権担保証券は、担保となっている住宅ローンの期限前返済を含めた元本返済が、債券の投資家に償還金として毎月支払われる。一種の繰上償還であるが、通常、全額が一括して償還されるコール条項付債券と異なり、毎月、変動する金額で部分的に繰上償還されていることになる。このため国債と比較して数10bpほどのスプレッドで取引されていることが多い。住宅金融支援機構資産担保債券については、後述する。

③　銀行の自己資本比率算定上のリスク・ウェイト……銀行の自己資本比率計算上、債券の発行体によって、信用リスク相当額のリスク・ウェイトが異なる。債券投資において銀行の占める比率がかなり高いわが国では、リスク・ウェイトの低い銘柄が低利回りになる傾向がある。

④　一時的な需給要因……国債や利金債などでも、同一発行体の残存期間が近い銘柄間で、一時的に利回り格差が発生することがある。流動性の高い債券では通常、このような格差は証券会社等が債券貸借取引などを利用して、割高なほうを売り（空売り）、割安なほうを買うという裁定取引を行うことで、やがて解消されることになる。

⑤　その他の要因……参考までに従来よくいわれていた格差発生要因で、現在ではあまりみられなくなったものについて言及しておくことにする。

　①　クーポン格差……従来は、一部の投資家によってクーポンの高い銘柄が選好され（クーポン選好）、同一残存期間でもクーポンの違いによって

第2節　利回り変動の実際　　　87

図2-22 コール条項付債券(模式図)
(満期5年、2年目にコール可能の場合)

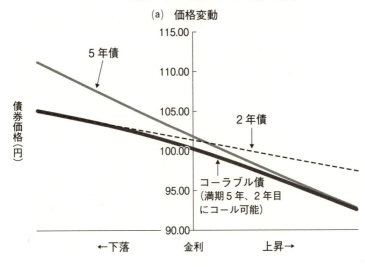

(a) 価格変動

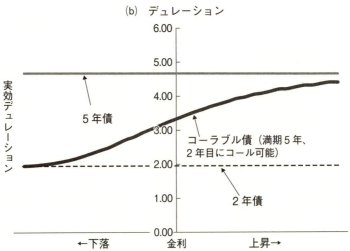

(b) デュレーション

(注) 実効デュレーションは、修正デュレーションに相当する値を数値的に求めたものをいう。第5節を参照されたい。
(出所) 野村フィデューシャリー・リサーチ&コンサルティング

利回り格差が発生していた。この背景には、わが国の投資家に顕著であった、「直利志向」があった。これは、会計原則などのため、償還差益よりも目先に確定するクーポン収入の多い銘柄を好む傾向があったことによっていた。しかし現在では会計原則の変更などにより、従来重視されたクーポン格差はあまりみられなくなっている。しかし現在でも、償還差損益が発生しないパー・クーポン債が好まれるという傾向がまったくなくなったわけではない。

　また、高クーポン債は、低クーポン債よりもデュレーションが短くなることから、やや価格変動が小さいという面はある。

ⅱ　先物受渡適格債……債券先物では、後述するように、先物の満期時に受渡しする国債の銘柄に制限があり、対象となる銘柄を受渡適格銘柄と呼ぶ。従来この受渡適格銘柄がそれ以外の国債と比較して低利回りとなり、周辺の銘柄とはやや異なった価格変動をすることがあった。しかし現在では、国債全般の流動性の向上などにより、それほど顕著なものではなくなっている。

ⅲ　指標銘柄……1980年代から90年代前半まで、債券取引が特定の国債1銘柄に集中する傾向があり、この銘柄を指標銘柄と呼んでいた。指標銘柄は他の国債に比較して、低い利回りで取引される傾向はあった。しかし、国債全般の流動性が増したことなどから、このような傾向はみられなくなり、99年に指標銘柄は廃止されている。

ⅳ　税制……わが国には具体例はみられないが、米国におけるフラワー・ボンドのように、税制面で優遇される銘柄は、その優遇分と見合うよう、そうでない銘柄よりも低利回りになる。

Ⅳ　金利予想に基づく運用

　残存期間、信用度、銘柄属性等、銘柄の違いから生じる利回り格差をみた。これらのうちいくつかは、金利の変化と関連している。予想する金利変化方向によって、一般には次のような銘柄選択を行えばよいことがわかる。

第2節　利回り変動の実際

利回り低下（価格上昇）→価格上昇の大きいものを選択

　：長期債、低クーポン、非抽選・非均等償還、アンダー・パーのコーラブル債（つまりデュレーションの長い債券）

利回り上昇（価格低下）→価格低下の小さいものを選択

　：短期債、高クーポン、抽選・均等償還、オーバー・パーのコーラブル債（つまりデュレーションの短い債券）

　一方、金利の変動方向だけではなく、金融逼迫時には国債以外の低信用度、低市場性（低流動性）の銘柄のスプレッドが拡大し、金融緩和期にはこれらのスプレッドが低下する傾向がある。したがって今後の一般的な市場の信用度に関する動向にも注意が必要である。この点については次のような選択を行うことになる。

　　将来の金融緩和を予想→低信用度、低市場性銘柄の選択

　　将来の金融引締めを予想→高信用度、高市場性銘柄の選択

　将来の金利変動に対する価格変動は、デュレーションの相違によるものが大きい。このため、金利予想に基づいて銘柄を選択する場合には、デュレーションの選択を基本とし、一般的な信用状況の予想や、個々の発行体のクレジット審査による信用度、流動性の選択を付加することになろう。

　銀行などの金融機関では、金利予想に基づく債券運用が一般的である。日々、日銀の動向をウオッチし、信用状況にも敏感な銀行は、このような債券運用が本業であるとも考えられる。

　一方、生保や年金などは資産の流動性を確保する必要が乏しいため、流動性の劣る債券に投資して利回りの向上（イールド・ピック・アップ）を行うのが基本である。また、金利上昇を予想したから短期化といっても、機動的に多くの債券を入れ替えるのは困難である場合も多い。特に短期化の場合、長期にわたって短期にし続けるのは、ターム・プレミアムののらない方向（通常は、キャリーやロール・ダウン効果の劣るほう）へのシフトであるから、成果をあげることがむずかしい面もある点には、注意が必要である。

V 利回り格差に基づく運用

　債券運用の基本は、債券の残存期間（デュレーション）の選択と、銘柄属性の相違がもたらす利回り格差の選択にある。ある銘柄が他の銘柄に比較して相対的に高利回り（低価格＝割安）か低利回り（高価格＝割高）かを判断し、割高銘柄から割安銘柄へ入れ替えることにより、高い収益をあげることができる可能性がある。

❶ 市場不均衡による格差

　国債など比較的流動性の高い銘柄種別においても、同じ種別のなかで、一時的にある銘柄が、他の同程度のデュレーションの銘柄と比較して、高利回りもしくは低利回りになることがある。このような格差を「市場の不均衡による格差」と呼ぶ。

　利回りの観測によって、市場の不均衡による格差を発見した場合、投資動機によって次のような判断ができる。

① 周辺銘柄と比較して低利回りである銘柄をすでに保有している場合、この割高な保有銘柄を売却し、周辺で同程度のデュレーションの高利回り銘柄に入れ替える。

② 新たな債券購入を検討している場合、周辺の銘柄と比較して高利回りである銘柄を選択する。

③ レポ取引などを利用し、割高銘柄を空売りし、割安銘柄を購入する。

　このような取引の後、割安銘柄が割高になった場合、その時点での割安銘柄へ入れ替える。このような入替えを繰り返すことによって、ある銘柄を保有し続けるよりも高い収益を得ようとするものである。

　実際には、レポ取引の発達などにより、債券市場の流動性が増したことから、同一銘柄種別内では、以前に比較して大きな格差が発生することは少なくなっている。しかし現在でも、市場に頻繁に接する債券ディーラーなどを中心に、このような債券取引が行われている。このような取引は、保有する

第2節　利回り変動の実際　　91

債券のデュレーションや、信用リスク、流動性リスクの水準をほとんど変えることなく収益獲得の機会があるため、金利予想に基づく運用と比較して、リスクの少ない運用方法であると考えられる。

❷ 信用格差・流動性格差

信用リスク（債務不履行のリスク）がある債券は、一般に国債よりも利回りが高い。また、信用リスクが国債とあまり変わらないと考えられる政府保証債（政保債）は、国債よりも流動性で劣ることなどから、国債よりも高利回りで取引されることが多い。

信用リスクによる利回り差を信用格差、流動性の相違による利回り差を流動性格差と呼ぶ。実際には信用リスクがある債券は、一般に国債よりも流動性が劣ることが多く、このような銘柄では信用格差と流動性格差を明確に区分することは困難である。

図2-23は東電債と国債との利回り差（Tスプレッド）の推移を示している。東電債のTスプレッドは従来は比較的安定的であったが、2011年の東日本大震災後に急拡大し、その後低下している。

このような信用格差・流動性格差はわが国の一般的な信用リスク水準や発行体の今後の債務履行能力についての予想などに基づいて変動する。将来、国債との利回り格差がどのように変化するかは、あくまでも将来のわが国の状況や発行体の債務履行能力などによるのであって、過去の利回り格差の変動がどのようなものであったかということとは、あまり関係がない点には注意が必要である。

一方、信用格差・流動性格差のつく銘柄は、一般には国債よりも流動性が劣ることから、大規模な銘柄の入替えを頻繁に繰り返す運用には向かないという面がある。

このため、信用格差・流動性格差に基づく運用では、市場の不均衡による格差の場合とは異なり、格差が開いてきたからといってこのような銘柄に入れ替え、格差が縮まるのを待って売却するということを機械的に繰り返すこ

図2-23 東電債のTスプレッド

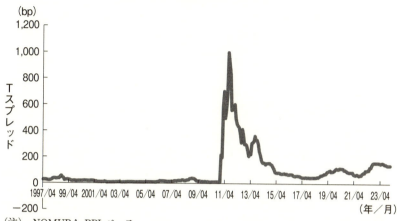

(注) NOMURA-BPI ベース
(出所) 野村フィデューシャリー・リサーチ＆コンサルティング

とは、現実的でないばかりでなく、信用リスクの水準によってはリスクのきわめて大きい運用となる点には注意が必要である。

　信用リスクをとった債券運用においては、個別銘柄の信用リスクに関する判断と、Tスプレッドなどとの対比による投資判断が基本となる。この場合には流動性を考慮し、場合によっては満期までの保有を前提とした判断が必要となることもあろう。

　このとき個々の銘柄に関する判断に加え、銘柄の分散によるリスクの低減にも考慮する必要がある。

　過度に信用リスクをとった債券運用は危険であるが、資金性格によっては、ある程度、債券の流動性を放棄して流動性の劣る銘柄を組み入れたり、分散投資を行ったりしながら信用リスクをとることによって、長期的な収益性を向上させることは、債券運用の基本の一つである。特に年金資金や生保の債券運用のように、債券の流動性に関してはあまり留意する必要のない資金の運用については、重要な債券投資上の選択肢の一つであると考えられる。

　一方で、年金資金や生保などは基本的にロング・オンリーの投資家であ

り、レポ取引などを利用してレバレッジ（借入れやレポ取引などを用いて、当初投資金額を上回る証券投資などを行うこと）を効かせた運用を行うことは少ない。この意味で、年金資金や生保などをリアル・マネーの投資家と呼ぶことがある。このようなリアル・マネーの投資家が、信用リスクや流動性リスクをとろうとすると、信用リスクの大きい低格付（格付については第3節Ⅱで後述）の債券や長期・超長期の債券に偏りがちになるという面もある。このため低格付・長期の債券が割高となる傾向がある、という指摘もある。

　これに対し金融機関などレバレッジを活用する投資家が、割安な高格付・短期の債券に集中投資することによって、効率的に利益をあげられる可能性も指摘されている。しかしこのような投資は、08年の米国発金融危機時の、信用リスクが低いとされた高格付の証券化商品への集中投資による米国金融機関の破綻の例のように、証券の流動性が急激に低下するとともに大幅に価格低下するような局面では、きわめてリスクが大きいということには注意が必要である。

> ## 第3節

債券投資の収益とリスク

　本節では、債券の投資収益評価尺度および収益を変動させるリスク要因について整理しておく。

Ⅰ　債券の収益評価尺度

　債券の収益は、次の三つの要素に分けられる。

① 　インカム・ゲイン（クーポン収入）

② 　キャピタル・ゲイン（償還差損益、売却損益、評価損益）

③ 　クーポンの再投資収入

　これら三つの要素の反映の仕方および評価期間のとり方によって、種々の収益評価尺度がある。**表2-6**は、実際によく利用される各種利回りを一覧にしたものである。

　評価期間のとり方によって次のように大別できる。

① 　償還までの利回り……「満期償還までの利回り（最終利回り）」と「途中償還のある場合の利回り」に分類できる。

② 　任意投資期間での利回り……償還までに限らず、償還以前、もしくは複利利回りで償還以降の再投資を考慮した場合は、償還以後までの収益をみる利回りである。複雑なキャッシュ・フローがある場合の収益をみる「キャッシュ・フロー利回り」もこの一つと考えられる。

　これに対し、直接利回り（直利）は、クーポン収入のみに注目するもので、上記①、②とは区別して考える必要がある。

　表2-6の各種利回りには、単利と複利とが混在している。単利は収益の三つの要素のうち、クーポンの再投資収入を考慮していないのに対し、複利はそれを含んでいる。この点で複利のほうが厳密な収益評価となると考えら

第3節　債券投資の収益とリスク　　**95**

表2－6　債券の収益評価尺度

収益評価尺度				収益要素の反映			備考
				クーポン収入	キャピタル・ゲイン	クーポンの再投資収入(注)	
個別銘柄	直接利回り（直利）			○			
	償還までの利回り	最終利回り	単利 最終利回り（日本式単利）	○	○		
			複利 最終利回り（米国式）	○	○	△	半年複利
			複利 最終利回り（AIBD（ICMA）方式）	○	○	△	年複利
		途中償還の利回り	平均残存利回り	○	○		抽選・均等償還債
			繰上償還利回り	○	○		
	任意所有期間での利回り	単利	所有期間利回り	○	○		
		複利	実効利回り	○	○	○	クーポンの再投資レートを想定
複雑なキャッシュ・フロー	キャッシュ・フロー利回り			○	○	○	ステップ・アップ債など複雑なキャッシュ・フローの複利回り計算に有効
	内部投資収益率（IRR）			○	○	△	

(注)　クーポンの再投資収入：○……再投資レートを想定
　　　　　　　　　　　　　　△……求める利回りと同じ再投資レート

(出所)　野村フィデューシャリー・リサーチ＆コンサルティング

れるが、実効利回りやキャッシュ・フロー利回り以外は、クーポンの再投資レートが求めようとする利回りと同じという前提で利回りが算出される。したがって、必ずしも再投資レートが現実的なものとは限らない点には注意しなければならない。

❶ 直接利回り（直利）

直接利回り（直利）は、債券価格に対する年間のクーポン収入の割合を表す収益率の指標である。直利はクーポン収入だけを評価する投資尺度であり、経常的な収益を重視する投資家に重視されてきた指標である。

$$直接利回り = \frac{クーポン}{債券価格} \times 100 \ （\%） \qquad\qquad \cdots\cdots（2-15）$$

表2-7に示すように、直利は、クーポン、複利最終利回り、残存期間との関係で次のような性質をもつ（他の条件を一定として）。

表2-7　クーポン、複利最終利回り、残存期間と直利

(a)　クーポンと直利
（残存期間10年、複利最終利回り1.5%）

クーポン（%）	直利（%）
0.5	0.551
1.0	1.049
1.5	1.500
2.0	1.912
2.5	2.288
3.0	2.634

(b)　複利最終利回りと直利
（残存期間10年、クーポン1.5%）

複利最終利回り（%）	直利（%）
0.5	1.367
1.0	1.432
1.5	1.500
2.0	1.571
2.5	1.645
3.0	1.772

(c)　残存期間と直利アンダー・パーの場合
（クーポン1.5%、複利最終利回り3%）

残存期間（年）	直利（%）
1	1.522
3	1.567
5	1.611
7	1.656
10	1.722
12	1.765

(d)　残存期間と直利オーバー・パーの場合
（クーポン1.5%、複利最終利回り0.5%）

残存期間（年）	直利（%）
1	1.485
3	1.457
5	1.429
7	1.404
10	1.367
12	1.344

（出所）　野村フィデューシャリー・リサーチ＆コンサルティング

第3節　債券投資の収益とリスク

① 高クーポン債ほど直利が高い

② 複利最終利回りが高いほど直利が高い

③ アンダー・パーでは残存期間が長いほど直利が高い

④ オーバー・パーでは残存期間が短いほど直利が高い

　直利は従来、生保などのクーポン収入を重視していた投資家にとって重要であったが、近年は会計制度の変更などに伴い、直利志向は薄れてきている。

❷　最終利回り

　通常、利回りといった場合は、最終利回り、すなわち評価時点から満期償還までの利回りを指す。債券の応募者利回りや流通利回りは、この最終利回りで表される。

　残存期間や銘柄種別の違いから、個々の銘柄の価格水準はそれぞれ異なる。このため、各投資家が銘柄間の投資価値を共通に判断する尺度として、最終利回りが重要なのである。

　最終利回りは、通常わが国では単利、欧米では複利が用いられる。しかし現在ではわが国でも投資判断上、複利最終利回りが用いられることが多くなってきている。

(1)　最終利回り（日本式単利）

　わが国で用いられる単利最終利回りの特性については第1節で述べた。関係式を再掲する。

$$最終利回り（単利） = \frac{クーポン + \dfrac{（償還価格（100円）- 債券価格）}{残存期間（年）}}{債券価格} \times 100 \quad（\%）$$

$$\cdots\cdots（2-2）$$

$$債券価格 = \frac{償還価格（100円）+ クーポン（\%）\times 残存期間（年）}{1 + \dfrac{最終利回り（\%）\times 残存期間（年）}{100}} \quad（円）$$

$$\cdots\cdots（2-3）$$

(2) 最終利回り（複利）

　欧米では、残存期間が6カ月以上の利付債について、途中受け取るクーポンの再投資を考慮した複利最終利回りを算出している。具体的には「クーポンの再投資レートは求めようとする利回りと同じ」という前提で利回りを求めるというのが基本的な考え方である。これを理解するために、簡単な例で複利最終利回りを求めてみよう。複利最終利回りについては、前述のように現在価値が等しい割引レートとしての解釈もできるが、ここでは将来価値の考え方に基づいて説明する。

　年1回利払いで、クーポン1.5%の5年債を98円で購入した場合を考えてみよう。求める最終利回り、すなわちクーポンの再投資レートを r %とすると、

① 受取キャッシュ・フロー（クーポン、償還価格）の将来価値（償還時）は次のようになる。

$$\begin{aligned}
合計（円） &= 1.5 \times \left(1 + \frac{r}{100}\right)^4 + 1.5 \times \left(1 + \frac{r}{100}\right)^3 + 1.5 \times \left(1 + \frac{r}{100}\right)^2 \\
&\quad + 1.5 \times \left(1 + \frac{r}{100}\right) + 1.5 + 100 \\
&= 1.5 \times \left(\frac{\left(1 + \dfrac{r}{100}\right)^5 - 1}{\dfrac{r}{100}}\right) + 100
\end{aligned}$$

第3節　債券投資の収益とリスク

キャッシュ・フロー	償還時（5年後）の将来価値
1年目のクーポン：1.5円	$1.5 \times \left(1 + \dfrac{r}{100} \right)^4$ 円
2年目のクーポン：1.5円	$1.5 \times \left(1 + \dfrac{r}{100} \right)^3$ 円
3年目のクーポン：1.5円	$1.5 \times \left(1 + \dfrac{r}{100} \right)^2$ 円
4年目のクーポン：1.5円	$1.5 \times \left(1 + \dfrac{r}{100} \right)$ 円
5年目のクーポン：1.5円 償還価格　　　　：100円	1.5円 100円

　ここで、**将来価値**とは現在の価値が複利運用によって将来どれだけになるかを表す。

$$n \text{ 年後の将来価値}：F = P \times \left(1 + \frac{r}{100} \right)^n$$

$\qquad F$：将来価値　　P：現在価値　　r：運用利回り（年率％）　　n：年数

② 最終利回り r ％であるから、購入価格98円の5年後の価値は、

$$98 \times \left(1 + \frac{r}{100} \right)^5 \text{円}$$

である。

③ 「①受取キャッシュ・フローの将来価値」と「②購入価格の将来価値」とが一致する利回り r が複利最終利回りである。

　すなわち、

$$\underbrace{98 \times \left(1 + \frac{r}{100} \right)^5}_{\text{購入価格の将来価値}} = \underbrace{1.5 \times \left(\frac{\left(1 + \frac{r}{100} \right)^5 - 1}{\frac{r}{100}} \right) + 100}_{\text{受取キャッシュ・フローの将来価値}}$$

を満足する r の値が求める利回りである。

　この式の r の値を少しずつ変化させて、両辺の値を比較したのが**表2－8**

第2章　債券投資分析の基礎

表2−8　受取キャッシュ・フローと購入価格の将来価値

r （%）	受取キャッシュ・フローの将来価値（A）	購入価格の将来価値（B）	差（A−B）
1.400	105.05	107.71	−2.66
1.600	106.09	107.74	−1.65
1.800	107.14	107.77	−0.63
1.923	107.79	107.79	0.00
2.200	109.26	107.84	1.43
2.400	110.34	107.87	2.47
2.600	111.42	107.90	3.52

（出所）　野村フィデューシャリー・リサーチ＆コンサルティング

である。両者の一致する1.923％が求める**複利最終利回り**である。

　単利最終利回りは、手計算でも簡単に求められるのに対して、複利の場合は、コンピュータや複利計算用の電卓などの利用が必要である。

　複利最終利回りを価格から求める式は、次のようになる。

$$P \times \left(1 + \frac{r}{100}\right)^n = \left(C \times \frac{\left(1 + \frac{r}{100}\right)^n - 1}{\frac{r}{100}}\right) + 100 \qquad \cdots\cdots（2-16）$$

r：最終利回り（複利%）

P：債券価格

C：クーポン（%）

n：残存期間（年）

$$C \times \left(\frac{\left(1 + \frac{r}{100}\right)^n - 1}{\frac{r}{100}}\right) = \sum_{k=1}^{n} C \times \left(1 + \frac{r}{100}\right)^{n-k} ：\text{クーポン収入の将来価値}$$

複利最終利回りから価格を求める式は、上式を変形して次のようになる。

第3節　債券投資の収益とリスク

$$P = \frac{C \times \left(\dfrac{\left(1 + \dfrac{r}{100} \right)^{n} - 1}{\dfrac{r}{100}} \right) + 100}{\left(1 + \dfrac{r}{100} \right)^{n}} \qquad \cdots\cdots (2-17)$$

r：最終利回り（複利％）

P：債券価格

C：クーポン（％）

n：残存期間（年）

　これらは、一見すると、前述の複利最終利回りの式である（2−5）式、（2−6）式と異なるようにみえるが、実は同じことを表していることがわかる。等比級数の和を、その公式によって置き換えたものになっているのである。

　同様に、年2回利払いの場合、次のように求められる。

$$P \times \left(1 + \frac{r}{200} \right)^{2n} = \frac{C}{2} \times \left(\frac{\left(1 + \dfrac{r}{200} \right)^{2n} - 1}{\dfrac{r}{200}} \right) + 100 \qquad \cdots\cdots (2-18)$$

r：最終利回り（複利％）

P：債券価格

C：クーポン（％）

n：残存期間（年）

　わが国の債券は通常年2回利払いであるから、通常、この半年複利が用いられる。なお、前述のように、半年複利と年複利は、以下のように変換される（（2−7）式再掲）。

$$年複利利回り = \left(\left(1 + \frac{半年複利利回り（\%）}{200} \right)^{2} - 1 \right) \times 100 （\%）$$

$$\cdots\cdots (2-7)$$

複利最終利回りは、実際に実現する利回りを意味するのではなく、クーポン収入を複利最終利回りで再投資できた場合にのみ実現する利回りである。この点、現実的な再投資レートを仮定したうえで、予想される収益を計測しようとするのが、後述する実効利回りである。

　しかし実際の個別銘柄選択や、利回り曲線の分析に用いられるのは、通常、複利最終利回りである。複利最終利回りに基づくTスプレッド（国債との利回り差）は前述のように、国債に対する期待超過リターンとデフォルト確率に関連している。また、複利最終利回りを一定として、債券価格を評価し直していけば、各期の所有期間利回りは、当初の複利最終利回りにほぼ一致する（第1節Ⅰ❹）。複利最終利回りには、このような便利な性質があることが実務上広く利用されている理由であろう。

　なお、複利最終利回り一定で評価し直すと、所有期間利回りが当初の複利最終利回りに一致するといっても、厳密にはクーポンの再投資を無視しているか、もしくは、暗黙のうちに複利最終利回りで再投資されていると考えているかであるという点には注意が必要である。前述の第1節Ⅰ❸で示した所有期間利回りには、クーポンの再投資は考慮されていない。この意味では、再投資分は考慮しないとしていることになる[11]。一方、各期の（1＋所有期間利回り）を掛け合わせて全投資期間の収益であると考えると、クーポンがこのレートで再投資されていると仮定して計算されているとも考えられる。

　このような限界も考慮したうえで、実際上はクーポンの再投資の影響はそれほど大きいものではないこともあり、複利最終利回りが用いられているものと考えられる。

---

[11]　クーポンの再投資を考慮した複利方式の所有期間利回りという計算方式が別途あり、これを用いると債券価格を複利最終利回り一定として評価し直した場合の所有期間利回りがその複利利回りと厳密に一致する。ただし、複利方式の所有期間利回りが用いられることは、実務上はきわめてまれである。

第3節　債券投資の収益とリスク

(3) 単利と複利の違い

表2-9のクーポン1.5%、10年債の例で示されるように、債券価格を単利最終利回り、複利最終利回り（半年複利）に変換すると、両者には次のような違いがある。

アンダー・パーの場合……単利＞複利

パー（100円）の場合　……単利＝複利

オーバー・パーの場合……単利＜複利

単利は複利に比べて、アンダー・パーのときは低い利回りに、オーバー・パーのときは高い利回りになる。単利最終利回りは複利よりも振幅が大きいことになる。通常、アンダー・パー、オーバー・パーの度合いが大きくなるほど両者の開きは大きくなる。

③　途中償還がある場合の利回り

最終利回りは、満期償還時点に全額償還を受けることが前提での収益性を表している。満期までの途中で一部もしくは全額償還される可能性のある債

表2-9　単利最終利回りと複利最終利回りの違い

（クーポン1.5%、10年債の例）

価　　格（円）	最終利回り		差（%）(A－B)	大小関係
	単利（%）(A)	複利（%）(B)		
アンダー・パー　　94	2.234	2.171	0.063	単利＞複利
アンダー・パー　　96	1.979	1.942	0.037	単利＞複利
アンダー・パー　　98	1.735	1.719	0.016	単利＞複利
パー　　　　　　100	1.500	1.500	0.000	単利＝複利
オーバー・パー　102	1.275	1.286	－0.012	単利＜複利
オーバー・パー　104	1.058	1.077	－0.019	単利＜複利
オーバー・パー　106	0.849	0.872	－0.023	単利＜複利

（出所）　野村フィデューシャリー・リサーチ＆コンサルティング

券は、途中償還を考慮した収益性尺度も評価する必要があろう。

⑴　平均残存利回り

　一定額ずつ定時に途中償還される場合（抽選償還）と、あらかじめ償還する記番号が決められている場合（均等償還）とがある。いずれの場合でも、満期償還までの間に総額面はあらかじめ定められた一定額ずつ減少する。残存期間を満期ではなく、額面の減少分を考慮した平均残存期間で単利最終利回りを求めるのが、平均残存利回りである。

$$平均残存利回り = \frac{クーポン + \dfrac{（償還価格（100円）-債券価格）}{平均残存期間（年）}}{債券価格} \times 100（\%）$$

$$\cdots\cdots（2-19）$$

　平均残存期間の求め方については、第4章第4節Ⅰ **4** で後述する。
　複利の場合は、想定される元本返済を含めた内部投資収益率（IRR、後述）を求めることが一般的である。

⑵　繰上償還利回り

　繰上償還が可能な債券やコーラブル債（コール条項付債券）については、繰上償還利回りを計算することがある。コーラブル債では、各償還時点で償還価格が変わっている場合がある。このような場合、各償還時点までの繰上償還利回りを求めることになる。

$$繰上償還利回り = \frac{クーポン + \dfrac{（繰上償還価格-債券価格）}{繰上償還までの期間（年）}}{債券価格} \times 100（\%）$$

$$\cdots\cdots（2-20）$$

第3節　債券投資の収益とリスク

単利最終利回りと繰上償還利回りを比較して最も小さい利回りをとったものを、最小利回りと呼ぶこともある。

複利の場合にも各償還時点（通常は最も近い償還時点でコールがかかる場合が最も影響が大きいことが多く、この場合の利回りが重視される）までのIRRを求めるのが一般的である。なお、これをコール利回り（yield to call）と呼ぶことがある。

④ 任意所有期間での利回り

実際の債券運用にあたっては、資金化や入替運用などにより、必ずしも債券を償還まで保有するわけではない。したがって、償還途中で売却する場合の収益評価が必要となる場合がある。これは運用成果の実績評価の場合だけでなく、将来の利回り予想に基づいて予想収益を試算し評価する場合においても必要となる。

(1) 所有期間利回り

任意の所有期間での収益をみる尺度の代表的なものは、第1節で述べた所有期間利回りである（（2－4）式再掲）。

$$
\text{所有期間利回り} = \frac{\text{クーポン} + \dfrac{（売却価格 - 購入価格）}{\text{所有期間（年）}}}{\text{購入価格}} \times 100 \ （\%）
$$

$$
\cdots\cdots （2 - 4）
$$

(2) 実効利回り

複利最終利回りは、「クーポンの再投資レートは求める最終利回りと同じ」という前提で算出されるものであり、再投資レートが現実的でない場合も

ある。

実効利回り（total realized compound yield）はこの点を補うために、適当な再投資レートの想定のもとで、投資期間内の収益を計測しようとするものである。この方法では、途中売却の場合でも、償還まで保有する場合でも、また、償還時点で元利合計額を再投資すると考えれば、償還を超えた場合でも、債券の収益性が評価できる。投資期間が長期になるほど、再投資レートの想定はあいまいにならざるをえないが、実効利回りは、「再投資レートが求める利回りと同じ」という複利最終利回りを補完し、再投資レートの想定が収益に与える影響度合いをみる意味がある。

実効利回り（償還以前の場合）は（2－18）式の複利最終利回りの式において、クーポンの再投資レートを想定するレートに置き換えることによって、次のように求められる（半年複利の場合）。

$$
\text{実効利回り} = \left(\sqrt[2n]{\frac{C \times \dfrac{\left(1 + \dfrac{r}{200}\right)^{2n} - 1}{\dfrac{r}{100}} + Q}{P}} - 1 \right) \times 200 \ (\%)
$$

$$\cdots\cdots (2-21)$$

r：再投資レート（複利%）　　C：クーポン（%）

P：債券価格　　　　　　　　Q：償還価格もしくは売却価格（円）

n：残存期間（年）

クーポン1.5%の10年債を100円（複利最終利回り1.5%）で購入した場合で考えてみよう。表2－10は、0.5%から3.0%まで、0.5%きざみの再投資レートを想定したときの実効利回りである。

再投資レートが複利最終利回りと同じ場合の実効利回りは、複利最終利回りと同じ1.5%であるが、再投資レートが異なれば、クーポンの再投資収入に差が生じる。しかしこれは元本に比べればかなり小さい額のクーポン（年1.5円）の再投資によるものであるから、この例では、再投資レートが0.50%変動しても、実効利回りでは0.03%程度の差しかないことがわかる。

表2-10　再投資レート別実効利回り

（クーポン1.5%、10年債を100円で購入し、償還まで保有した場合）

再投資レート	0.50%	1.00%	1.50%	2.00%	2.50%	3.00%
償還金額（A）	100.00	100.00	100.00	100.00	100.00	100.00
クーポン収入（B）	15.00	15.00	15.00	15.00	15.00	15.00
再投資収入（C）	0.36	0.73	1.12	1.51	1.92	2.34
元利合計（A+B+C）	115.36	115.73	116.12	116.51	116.92	117.34
実効利回り	1.43%	1.47%	1.50%	1.53%	1.57%	1.61%

（出所）　野村フィデューシャリー・リサーチ＆コンサルティング

⑤　キャッシュ・フロー利回りとIRR

　複数の銘柄をポートフォリオとして保有する投資家が、ポートフォリオ全体の収益性を評価したいときには、個別銘柄の最終利回りなどをなんらかの形で合計もしくは平均しなければならない。

　このような場合、一般には各銘柄の複利最終利回りを金額加重（時価評価の対象である場合にはその時点の時価利回りを時価加重平均、満期保有目的の債券のような場合、購入時利回りを簿価で加重平均）した値を用いることが多い。

　しかしこの場合、たとえば短期の債券だけが異常に高利回りであったとすれば、ポートフォリオ全体の利回りが、この短期債の高利回りに影響されて、実態より高く測定されている可能性がある。

　キャッシュ・フロー利回りは、ポートフォリオ全体のキャッシュ・フローから直接利回りを計算するもの（前述の実効利回りと同じように、再投資レートを想定する）である。

　また、「再投資レートは求めようとする利回りと同じ」としたキャッシュ・フロー利回りを特に内部投資収益率（IRR：Internal Rate of Return）と呼んでいる。前述の複利最終利回りも内部投資収益率（IRR）の一種であるが、キャッシュ・フローの大きさや発生時期が一定でない債券（たとえば、当初はクーポンが低く、償還に近づくとクーポンが高くなるステップ・アップ債などの債券）やポートフォリオ全体の投資収益率を測る場合に、この内部投

資収益率を用いることがある。半年複利の場合、IRRは、次の式（（2－6）式再掲）を満足する r として求められる。

半年複利IRR

$$P = \sum_{i=1}^{n} \frac{C_i}{\left(1 + \dfrac{r}{200}\right)^i} \qquad \cdots\cdots (2-6)$$

ここで、P：債券価格（ポートフォリオの価値）（円）

C_i：キャッシュ・フロー（円）$\left(\dfrac{クーポン}{2} + 元本\right)$

n：償還までのキャッシュ・フローの発生回数

r：IRR（％）

たとえば**表2－11**のようなキャッシュ・フローの債券の場合、IRRは、2.161％と求められる。

IRRは、表計算ソフトなどによって計算することが可能である。

しかし、IRRを、多数の銘柄が含まれるポートフォリオ全体について正確に求めることには、困難な面もある。実際の債券は、個々の利払日がばらばらであるため、半年複利等の計算に不向きである点も一つの理由である。このような場合には、月中の再投資を無視して、月次複利ベースでIRRを求め、年2回複利ベースに変換するのが現実的対応の一つであろう。

このようにして求められたIRRを、デュレーションが同程度の他の債券（国債など）の複利最終利回りと比較して、収益性を検討することが一つの方法であろう。

表2－11　IRRの計算例

年	IRR 2.161％
0.0	− 100.00
0.5	0.50
1.0	0.50
1.5	0.50
2.0	0.50
2.5	0.50
3.0	0.50
3.5	2.00
4.0	2.00
4.5	2.00
5.0	102.00

（出所）　野村フィデューシャリー・リサーチ＆コンサルティング

第3節　債券投資の収益とリスク

⑥ Tスプレッド

わが国債券市場の効率性向上、信用リスク管理の必要性のなか、債券の収益性の尺度としてのTスプレッドの重要性が認識されている。Tスプレッドは、ここまでで述べた利回りそのものではなく、同程度の残存期間の国債との複利最終利回り差であるが、債券や債券ポートフォリオの収益性を考える指標として、ここでまとめておくことにする。

最終利回りなどの利回りに加えて、Tスプレッドが活用されている一つの理由として、わが国債券市場の効率性向上があげられるが、この点について考えるうえで重要なフォワード・レートについて、まず再検討することにしよう。

(1) フォワード・レート

わが国の国債は、通常年2回利払いであるが、ここでは、年1回利払いとして簡単な例でみていくことにする。

いま、仮に各年限の国債が**表2-12**のような複利最終利回り（ここでは年複利としている）、債券価格で取引されているとする。

これらの国債から推定されるディスカウント・ファクター（割引債価格）、フォワード・レートおよびスポット・レート（ディスカウント・ファクターを利回りに換算したもの）は**表2-13**のようになる。このうちフォワード・レートは1年後スタートの期間1年フォワード・レートが1.402%等、それぞ

表2-12　国債の各銘柄（仮想例）

残存期間（年）	1.0	2.0	3.0	4.0	5.0
クーポン（%）	0.80	1.00	2.00	2.00	1.80
複利最終利回り（%）	1.00	1.20	1.30	1.36	1.40
債券価格	99.80	99.61	102.05	102.48	101.92

（出所）　野村フィデューシャリー・リサーチ＆コンサルティング

110　　　　　　第2章　債券投資分析の基礎

表2−13　フォワード・レートとスポット・レート

年	ディスカウント・ファクター	フォワード・レート (%)	スポット・レート (%)
1	0.99010		1.000
2	0.97641	1.402	1.201
3	0.96190	1.508	1.303
4	0.94724	1.547	1.364
5	0.93264	1.566	1.405

（出所）　野村フィデューシャリー・リサーチ＆コンサルティング

れ期間1年のフォワード・レートを示している。また、スポット・レートは対応する年限のディスカウント・ファクターを複利利回りに換算して計算している。

　これらの計算は、まず、想定した各国債のキャッシュ・フローと債券価格から、ディスカウント・ファクターを推定することにより得られている。たとえば、

① 　1年国債について……クーポン0.8%、債券価格99.80円である。ここから、

$$(100.0+0.80) \times 0.99010 \approx 99.80円$$

となるように、1年のディスカウント・ファクターが推定されている。

② 　2年国債について……クーポン1.0%、債券価格99.61円である。ここから、

$$1.0 \times 0.99010 + (100.0+1.0) \times 0.974641 = 99.61円$$

となるように、すでに求められている1年のディスカウント・ファクターを用いて2年のディスカウント・ファクターが推定されている。

等、順に5年国債まで、債券価格からディスカウント・ファクターを推定している。

　前述のように、このように推定したディスカウント・ファクターを利回りに換算したものが、スポット・レートであり、ディスカウント・ファクター間の比を利回りに換算したものがフォワード・レートである。

第3節　債券投資の収益とリスク

(2) フォワード・レートが実現した場合

次に、この例で1年後に現在のフォワード・レートが実現した場合を考えてみよう。ここで、「フォワード・レートが実現する」というのは、現在のフォワード・レート（表2-14(a)）に対し、1年後の各レートが表2-14(b)のようになることをいう。

すなわち、現在の1年から2年のフォワード・レート（1.402%）が1年後の0年から1年のレート（期間1年のスポット・レート）に、現在の2年から3年のフォワード・レート（1.508%）が1年後の1年から2年のレート（フォワード・レート）に……、というように、現在の状況からちょうど1年ずつ、ずれている状態になることをいう。

第2節Ⅱ **2** の純粋期待仮説によれば、フォワード・レートは市場の予想する将来の金利であるから、フォワード・レートが実現した場合とは、市場の予想が完全に当たった場合、と考えることもできよう。この実現したと仮定した各レートから、この場合のディスカウント・ファクターを計算することができる。

まず、1年後の1年のスポット・レート（1.402%）から、このときの1年のディスカウント・ファクターが、

$$\frac{1}{1+0.01402} = 0.98617$$

表2-14 1年後にフォワード・レートが実現したケース

(a) 現 在

年	フォワード・レート (%)	スポット・レート (%)
1		1.000
2	1.402	
3	1.508	
4	1.547	
5	1.566	

(b) 1年後

年	フォワード・レート (%)	スポット・レート (%)
1		1.402
2	1.508	
3	1.547	
4	1.566	

（出所）野村フィデューシャリー・リサーチ＆コンサルティング

と計算される。

　次に2年のディスカウント・ファクターは、1年のスポット・レート（1.402%）と1年から2年のフォワード・レート（1.508%）から、

$$\frac{1}{1+0.01402} \times \frac{1}{1+0.01508} = 0.97152$$

となる。このようにして順に、1年後のディスカウント・ファクターを計算したのが表2−15である。表中のスポット・レートは、このように計算されたディスカウント・ファクターを利回りに換算して、最後に求められる。

　さて、この「フォワード・レートが実現した場合」のディスカウント・ファクターが計算されれば、この場合の想定した各国債銘柄の債券価格が求められることになる。

　表2−16は、このように計算された、「フォワード・レートが実現した場合」の1年後の各国債の債券価格と、そこから計算される複利最終利回りを表している。

表2−15　フォワード・レートが実現した場合の1年後の
ディスカウント・ファクター

年	ディスカウント・ファクター	フォワード・レート (%)	スポット・レート (%)
1	0.98617		1.402
2	0.97152	1.508	1.455
3	0.95671	1.547	1.486
4	0.94196	1.566	1.506

（出所）　野村フィデューシャリー・リサーチ＆コンサルティング

表2−16　フォワード・レートが実現した場合の1年後の各国債の債券価格

残存期間 (年)	0.0	1.0	2.0	3.0	4.0
クーポン (%)	0.80	1.00	2.00	2.00	1.80
債券価格	100.00	99.60	101.07	101.50	101.14
複利最終利回り (%)		1.402	1.455	1.485	1.505

（出所）　野村フィデューシャリー・リサーチ＆コンサルティング

第3節　債券投資の収益とリスク

ここで 1 年後には、各銘柄の残存期間が現在より 1 年ずつ短くなっていることに注意されたい。

　さて、最後にこのような 1 年後の債券価格と、現在の各銘柄の債券価格、クーポンから、「フォワード・レートが実現した場合」の各国債の所有期間利回りを求めてみよう。表 2 - 12 の各国債をその債券価格で購入し、クーポンを受け取り、1 年後に表 2 - 16 の債券価格で売却した場合の、所有期間利回りである。

　実際にこれを計算した結果が、表 2 - 17 である。

　表 2 - 17 から、「フォワード・レートが実現した場合」すべての残存期間の国債銘柄について、所有期間利回りが同じになってしまうことがわかる。またこのときの所有期間利回り 1.00％は実は、当初の期間 1 年のスポット・レート（1.00％）に対応している（前掲表 2 - 13）。

　これらをまとめると、

① 「フォワード・レートが実現した場合」すべての残存期間の国債の所有期間利回りが等しくなる

② このときの所有期間利回りは、当初のこの期間のスポット・レートに等しい

となる。

　現実にはフォワード・レートが実現するということは、まずありえないであろう。またターム・プレミアム仮説を考慮すれば、フォワード・レートは市場の予想する将来の金利よりも高めに出る傾向にあるはずであり、平均的

表 2 - 17　フォワード・レートが実現した場合の各国債の所有期間利回り

現　在	残存期間 (年)	1.0	2.0	3.0	4.0	5.0
	クーポン (%)	0.80	1.00	2.00	2.00	1.80
	債券価格	99.80	99.61	102.05	102.48	101.92
1 年後	残存期間 (年)	0.0	1.0	2.0	3.0	4.0
	債券価格	100.00	99.60	101.07	101.50	101.14
所有期間利回り (%)		1.000	1.000	1.000	1.000	1.000

（出所）　野村フィデューシャリー・リサーチ＆コンサルティング

には、（市場の予想が正確であれば）実現する将来の金利はフォワード・レートよりも低めに出る傾向にあると考えられる。この場合には、長期債のほうが短期債よりも高い収益となる傾向が出ると考えられる。またこのことは過去の長期債、短期債の収益率をみれば、経験とも一致する。市場に価格変動リスクの小さい短期債を選好する傾向があるのであれば、ターム・プレミアムのために長期的には長期債のほうが短期債よりも高収益となるはずであると考えられる[12]。

12　瞬間スポット・レート（現時点からきわめて短い期間後までの間のスポット・レート）r が、確率過程

　　$dr = \mu dt + \sigma dz$

にしたがい、任意の残存期間の割引債価格（ディスカウント・ファクター）$P(r, t)$ が、r の関数であると仮定し（ファクターが r のみなのでこれをシングル・ファクター・モデルと呼ぶ）、各残存期間の割引債価格 P 間で裁定取引の機会がないとした場合、P の期待リターンが、

$$E\left(\frac{dP}{P}\right) = rdt + \lambda \frac{\partial P}{\partial r} dt$$

となることが示される（Tuckman and Serrat（2012）、Ingersoll（1987）を参照）。ここで、

　　$\dfrac{\partial P}{\partial r}$

は、P の r による偏微分であり、この場合における修正デュレーションに相当すると考えられるので、これを D_m と置くと、

$$E\left(\frac{dP}{P}\right) = rdt + \lambda D_m dt$$

となる。この式は P の r に対する期待超過リターンが修正デュレーションに比例することを示している（λ はターム・プレミアム λD_m の係数であり割引債間で共通の値である）。

　さて本節でみたように、フォワード・レートが確実に実現してくる場合には、

$$E\left(\frac{dP}{P}\right) = rdt$$

であるから、ターム・プレミアムが存在する場合には、将来の短期金利（瞬間スポット・レート）はフォワード・レートよりも低めにバイアスをもって実現してくるはずである。言い換えれば、観測されるフォワード・レートは r の将来予測値よりも高めの値となっていると考えられる。このことが、ターム・プレミアム仮説を表現しているのである（図2−18参照）。

　なお、確率過程についてはHull（2014）などを参照されたい。

⑶　Ｔスプレッド

　市場の不均衡がない場合に国債のみで考えれば、前述のようにフォワード・レートが実現したケースでは、すべての銘柄の所有期間利回りが等しくなる。ここでは、流動性格差などにより国債に対して利回り差（Ｔスプレッド）がある銘柄が存在する場合について検討する。

　先ほどの例で、フォワード・レートが実現した場合、国債の各銘柄は、**表2-18**のような価格変化をしていた。

　このとき**表2-19**のように、残存期間ごとにＴスプレッドのある銘柄が現在存在するとしよう。

　これらの債券銘柄のＴスプレッドが1年後も変わらないと仮定して、1年後の債券価格を求めたのが、**表2-20**である。具体的には、**表2-18**の1年後の国債利回りにＴスプレッドを加えて、各銘柄の1年後の利回りを求め、これを債券価格に変換している。**表2-20**にはこの場合の1年間の所有期間利回りも示している。言い換えれば、国債のフォワード・レートが実現し、Ｔスプレッドが変化しなかった場合の所有期間利回りである。

　Ｔスプレッドのある銘柄では、国債から推定されたフォワード・レートが実現しても、国債の各銘柄と同じ所有期間利回りにならないことがわかる。先ほどの例では、国債の所有期間利回りはすべて1％であった。Ｔスプレッドが変わらないとした場合、これらの債券の所有期間利回りは、国債の所有期間利回り＋Ｔスプレッド、程度になっていることがわかる。

　フォワード・レートが実現した場合に限らず、一般にＴスプレッドが変化しなければ、同程度の残存期間の国債の所有期間利回り＋Ｔスプレッド、程度の所有期間利回りとなることが示される。

　実際にはＴスプレッドが変わらないというのは、現実的ではないが、債券の償還まで保有し、デフォルト等が発生しなければ、当初のＴスプレッド程度、国債に対して超過の収益が得られるものと考えられる。この意味で、Ｔスプレッドは債券の収益性を判断する際の重要な尺度なのである（第2節Ⅲ❶参照）。

116　　　　　第2章　債券投資分析の基礎

表2－18　フォワード・レートが実現した場合の国債の価格変化

現　在	残存期間 (年)	1.0	2.0	3.0	4.0	5.0
	クーポン (%)	0.80	1.00	2.00	2.00	1.80
	債券価格	99.80	99.61	102.05	102.48	101.92
	複利最終利回り (%)	1.00	1.20	1.30	1.36	1.40
1年後	残存期間 (年)	0.0	1.0	2.0	3.0	4.0
	債券価格	100.00	99.60	101.07	101.50	101.14
	複利最終利回り (%)		1.402	1.455	1.485	1.505

（出所）　野村フィデューシャリー・リサーチ＆コンサルティング

表2－19　Tスプレッドのある銘柄（仮想例）

残存期間 (年)	1.0	2.0	3.0	4.0	5.0
クーポン (%)	1.00	1.10	1.32	1.40	1.40
複利最終利回り (%)	1.20	1.40	1.52	1.56	1.65
Tスプレッド (%)	0.20	0.20	0.22	0.20	0.25
債券価格	99.80	99.41	99.42	99.38	98.81

（出所）　野村フィデューシャリー・リサーチ＆コンサルティング

表2－20　国債のフォワード・レートが実現し、Tスプレッドが変化しなかった場合の所有期間利回り

現　在	残存期間 (年)	1.0	2.0	3.0	4.0	5.0
	クーポン (%)	1.00	1.10	1.32	1.40	1.40
	複利最終利回り (%)	1.20	1.40	1.52	1.56	1.65
	Tスプレッド (%)	0.20	0.20	0.22	0.20	0.25
	債券価格	99.80	99.41	99.42	99.38	98.81
1年後	残存期間 (年)	0.0	1.0	2.0	3.0	4.0
	複利最終利回り (%)		1.60	1.67	1.69	1.75
	Tスプレッド (%)		0.20	0.22	0.20	0.25
	債券価格	100	99.51	99.31	99.17	98.64
所有期間利回り (%)		1.200	1.200	1.217	1.196	1.246
国債との所有期間利回り差 (%)		0.200	0.200	0.217	0.196	0.246

（出所）　野村フィデューシャリー・リサーチ＆コンサルティング

第3節　債券投資の収益とリスク

Ⅱ　債券投資のリスク

　投資収益が変動する危険性をリスクと呼ぶ。債券投資におけるリスクを発生要因別に分けると、次のようになる。

① **債務不履行リスク**（債券発行者が元利支払不能になるリスク）

② **途中償還リスク**（満期償還前に途中償還され収益が変動するリスク）

　　ⅰ　**抽選償還リスク**（抽選償還による収益変動リスク）

　　ⅱ　**繰上償還（コール）リスク**（繰上償還（コール等）による収益変動リスク）

③ **金利変動リスク**（金利変動により収益が変動するリスク）

　　ⅰ　**価格変動リスク**（金利変動により債券価格が変動するリスク）

　　ⅱ　**再投資リスク**（金利変動によりクーポンの再投資収入が変動するリスク）

❶　債務不履行リスク

　債券投資による毎期のクーポン収入、償還時点の償還金額は、通常は支払が確定しているが、これに関してリスクがないわけではない。発行体が業績不振や財政難に陥り、利払不能になったり、債券の償還が予定どおり行えなくなったりすることもある。このようなリスクを**債務不履行**（デフォルト）**リスク**と呼ぶ。

　従来わが国では、実際にデフォルトに陥った例が皆無に近かったせいもあり、債務不履行リスクはほとんど認識されていなかった。しかし、金融自由化の進展のなか、実際にデフォルトに陥る債券が発生すると、逆に過剰に意識された時期もあった。

　現在では、米国等と同様、国債、政府保証債などを最もデフォルト・リスクの少ない債券とみる一方、事業債や円建外債については、民間の格付会社（スタンダード・アンド・プアーズ社、ムーディーズ社、日本格付研究所、格付投資情報センターなど）が評価する格付をデフォルト・リスクの尺度として参照するようになっている。

格付は格付会社の判断するデフォルトの可能性を表していると考えられる。しかし前述のように、デフォルトの可能性のある債券についての投資判断は、デフォルトの可能性と、それに対して得られると期待される超過収益の対比によって行われるものであって、どちらか一方のみを参照すればよいというものではない。デフォルトの可能性を示唆するのが格付であるのに対し、超過収益を示唆するのはＴスプレッドなどの尺度である。これらの対比によって投資判断が行われなければならない。

なお、格付の低い銘柄への投資に際しては、分散投資によるリスク軽減についての検討も重要である。

❷　途中償還リスク

債券には減債条項が付与されており、元本の一部もしくは全部が最終満期を待たずに償還される場合がある。この途中償還によって、当該債券の利回りは購入当初予定した利回りを上回ったり、下回ったりする。これを途中償還リスクと呼ぶ。

途中償還リスクのある減債方法は、抽選償還と繰上償還である。

(1)　抽選償還リスク

抽選償還とは、満期償還日以前に、定時に抽選により償還対象を決める方法である。抽選に当たった債券は額面価格（100円）で償還される。

アンダー・パーで購入した債券は、抽選に当たれば、予定以上に早く100円で償還するため、利回り的に有利に運用できたことになる。逆にオーバー・パーで購入した場合には、不利になる。

なお、抽選償還債は、従来、地方債で多くみられたが、公募地方債においてはすべて償還され、現在では元本一括型で発行されている。

第3節　債券投資の収益とリスク

(2) 繰上償還リスク

繰上償還とは、満期償還以前に任意に償還される減債方法である。従来わが国では、任意償還条項が付されている債券でも、実際に繰上償還が行われることがなかったことから、あまり意識されていなかった。

現在では、実際に繰上償還を行う可能性がある場合は、通常、コーラブル債として発行される。

コーラブル債では、抽選償還と同様に繰上償還によって購入当初に予定していた利回りが変化する。また、住宅金融支援機構（旧住宅金融公庫）の債権担保証券（住宅ローンを担保にした債券：MBS（Mortgage Backed Securities））の場合、担保となっている住宅ローンで発生した期限前返済が、債券の一部繰上償還として、投資家に支払われる。

繰上償還の可能性のある債券の場合、繰上償還利回りと最終利回りの比較（最小利回り）や、繰上償還を一種のオプションであると考えて算出したＴスプレッド（**OAS**：Option Adjusted Spread）などに基づく投資判断が必要である（第5節参照）。

❸ 金利変動リスク

金利変動が債券投資収益に与える影響を、収益要素別に示したのが**図2－24**である。通常の固定利付債の場合、収益3要素のうち、キャピタル・ゲインとクーポンの再投資収入が金利変動の影響を受ける。

なお、変動利付債（クーポンが毎回そのときの金利によって見直され、変動する債券）の場合、金利変動によってクーポン収入が変動する。変動利付債は銀行などが、短期の資金調達とセットで購入し、変動する調達レートと並行してリセットされる変動利付債のクーポンとの間で利鞘を稼ぐ目的で保有されることが多く、固定利付債投資と区別して考える必要がある。

さて、債券を途中売却した場合、売却時点の利回り水準によって売却価格は変動し、キャピタル・ゲイン（売却損益）が変動する。売却しなくても、

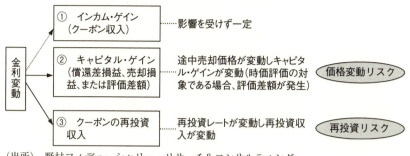

図2−24　金利変動が収益3要素に与える影響

(出所)　野村フィデューシャリー・リサーチ＆コンサルティング

時価評価の対象である場合、時価の変動によって評価差額が発生する。これを価格変動リスクと呼ぶ。

満期保有目的の債券などで、時価評価の対象でない場合は、キャピタル・ゲインは毎期確定しているから、基本的にはこのリスクを考える必要はない。しかし、会計処理方法の相違によって、経済的な実態としての「リスク」に相違が出るわけではなく、リスクが表面化しないだけであるとも考えられる。このため場合によっては、時価評価の対象でなくとも価格変動リスクに留意する必要もあろう。もっとも、満期保有目的の債券という分類がある一つの理由は、負債が時価評価の対象となっていない場合、資産の側だけ時価評価しても正しくリスクが把握できるわけではない、という点にある。このため資産の側だけの変動性に注目することが、ミス・リードになる場合もあるという点には注意が必要である。

さて、クーポンの再投資収入の大小は、当然、再投資レートの水準によって決まる。再投資レートは債券所有期間の金利状況によって決まるから、その再投資収入も変動的なわけである。このリスクを再投資リスクと呼ぶ。

(1)　**価格変動リスク**

利回り変化によって債券価格がどのように変動するかについては、第1節、第2節で述べたが、ここでもう一度、結論を要約しておこう。

① 価格変動性（数理上の特性）……一定の利回り変化に対して、長期債ほど価格変動が大きい。複利最終利回りの変化に対しては、ほぼ（修正）デュレーションに比例した価格変動率となる。

② 利回り変動性（市場の特性）……短期債と長期債とでは、市場利回りの変化幅に違いがある。通常であれば、短期債ほど複利最終利回りの変化幅が大きい（近年の金融緩和局面ではこの限りではないが）。

③ 価格変動の大きさ……短期債ほど利回り変動幅が大きいことを加味しても、長期債ほど価格変動が大きいとする結論は変わらない。

(2) 価格変動性指標

a デュレーション

債券の価格変動性を表す指標として、デュレーションがあることは前述した。

（修正）デュレーションは、複利最終利回りと単価の関係式を、複利利回りで微分したものであるから、実際の債券価格変動曲線の傾きに対応することになる。図2-25は、クーポン1.5％の10年債の複利最終利回りと債券価格の関係を示している。これに対し現時点での価格（100円：複利最終利回り1.5％）から、複利最終利回りの変化に対して、債券価格がどの程度変動するかをデュレーションによって近似したのが図の直線である。この直線の傾きが（修正）デュレーションに対応する。

デュレーションは債券や債券ポートフォリオの価格変動性を表す、実務上有効な指標である。

b コンベクシティ

複利最終利回りの変化に対する債券価格の変動（図2-25）をよくみると、債券価格の動きが直線ではなく、若干「曲がっている」ことがわかる。複利最終利回りのわずかな変化であれば、この曲がっていることの影響は小さく、デュレーションによる直線近似でも、ほぼ誤差なく債券価格の変動を

図2－25 複利最終利回り変化に対する債券価格変動

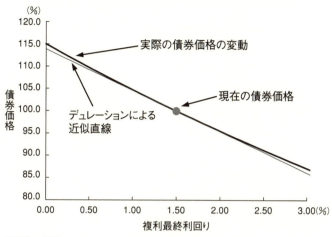

（出所） 野村フィデューシャリー・リサーチ＆コンサルティング

説明できる。しかし、複利利回りの変化が数10bpからパーセントの単位になると、直線近似の誤差が無視できなくなってくる。

債券価格の複利最終利回り変化に対する変動の「曲がり方」の大きさを表す指標として、コンベクシティ（convexity）がある。コンベクシティ（CV）は次の式で与えられる。

$$CV = \frac{\sum_{t=1}^{T} \frac{C \times (t+t^2)}{\left(1+\frac{r}{100}\right)^t} + \frac{100 \times (T+T^2)}{\left(1+\frac{r}{100}\right)^T}}{P \times \left(1+\frac{r}{100}\right)^2} \quad \cdots\cdots (2-22)$$

ここで、r：複利最終利回り（％）　C：クーポン（％）
　　　　T：残存期間（年）　　　　P：債券価格（円）

（修正）デュレーションが、債券価格の式を複利最終利回りで微分して求められるのに対し、コンベクシティは、債券価格の式を複利最終利回りで二階微分して求められる[13]。

コンベクシティまで考慮すると債券価格の複利利回り変化（Δr）に対す

第3節　債券投資の収益とリスク　　123

る変化（ΔP）は、

$$\frac{\Delta P}{P} \approx -D_m \times \frac{\Delta r}{100} + \frac{1}{2} \times CV \times \left(\frac{\Delta r}{100}\right)^2 \qquad \cdots\cdots (2-23)$$

ここで、 r：複利最終利回り（％）　　C：クーポン（％）

T：残存期間（年）　　　　P：債券価格（円）

D_m：修正デュレーション

と表される[14]。

コンベクシティも、価格変動性を表す指標の一つであり、流通利回りが大きく変動するときには、このコンベクシティにも注意を払うことが必要である。特に、債券運用において、第3章で述べるインデックス運用のように、保有するポートフォリオの価格変動をターゲット（たとえば債券のインデックス）に合わせる場合には、デュレーションのみならず、コンベクシティにも留意することが必要となる場合もある。

(3) 再投資リスク

再投資レートの違いによって、クーポンの再投資収入が異なり、投資収益は変動する。これを再投資リスクと呼ぶ。このリスクを回避しようとする債券運用方法として、イミュニゼーション（immunization）運用がある。これは、金利変動に対して「免疫」作用をもたせ、将来の目標時点での収益変動を小さくしようとするものである。その実例は第3章でふれることとして、ここではその基本的考え方についてふれておく。

金利変動によるリスクには、再投資リスクと前述の価格変動リスクがある。これらのリスクは互いに相殺し合う特性をもっている。表2−21に示すように、金利上昇の場合、債券価格は低下し、収益減少となるが、一方、再

13　$\dfrac{d^2P}{P} = CV \cdot dr^2$ である。

14　ΔP の Δr によるテイラー展開である。

表2－21　価格変動リスクと再投資リスクの相殺効果

	価格変動リスク	再投資リスク
金利上昇	－：債券価格低下 　　→キャピタル・ロス	＋：再投資レート上昇 　　→再投資収入増加
金利低下	＋：債券価格上昇 　　→キャピタル・ゲイン	－：再投資レート低下 　　→再投資収入減少

（出所）　野村フィデューシャリー・リサーチ＆コンサルティング

投資レートは上昇するので、再投資収益は増加する。また、金利低下の場合、債券価格は上昇する反面、再投資収入は減少する。

　さらに、再投資リスクは、複利の効果によって投資期間が長くなるほど影響が大きくなる。これに対し、価格変動リスクは同じ債券を保有した場合、投資当初は価格変動が大きいが、償還が近づくにつれてデュレーションが短くなり、償還時にはゼロとなる。再投資リスクと異なり、価格変動リスクは投資期間が長くなるほど影響が小さい。このため両者がほぼ相殺し合う投資期間が存在することになる。

　イミュニゼーション運用は、この価格変動リスクと再投資リスクの相殺効果を利用して、収益変動を小さくしようとするものである。たとえば、クーポン6％、残存期間10年の債券を複利最終利回り6％で購入した場合で考えてみる。購入した債券の複利最終利回りが、購入後直ちに10％、8％、6％（変わらず）、4％、2％に変化し、その後そのままで推移したと仮定しよう。クーポンの再投資レートは、各ケース別の複利最終利回りによるものとする。各ケースの実効利回りは投資期間の経過とともに図2－26のように変化する。ここで、実効利回りは、各ケース別の複利最終利回りでの途中売却による価格変動と、クーポンの再投資の結果である。投資期間が短いときには実効利回りが大幅に変動する。また償還時（10年）においても変動的である。しかし、投資期間が7.66年のところでは各ケースの実効利回りがすべて6％に一致する。ここが価格変動リスクと再投資リスクが相殺し合う投資期間ということになる。

第3節　債券投資の収益とリスク　　　125

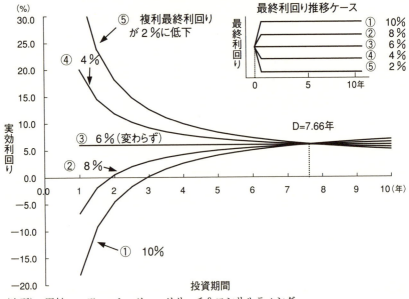

図2-26 利回り変動と実効利回り
クーポン6％、10年債を複利最終利回り6％で購入した場合
(出所) 野村フィデューシャリー・リサーチ＆コンサルティング

　この投資期間は、債券の価格変動性の指標であるデュレーションと一致する。したがって、デュレーションは「再投資リスクと価格変動リスクがほぼ相殺し合う投資期間」とも解釈できよう。

　イミュニゼーション運用は、投資期間と等しいデュレーションの債券や債券ポートフォリオを保有するものである。実際の運用においては、時間経過や利回り変動によって個々の債券のデュレーションの変化が異なるため、定期的に、残りの投資期間と等しいデュレーションとなるよう債券の入替え（リバランス）が必要となる。

Ⅲ　投資目的と銘柄選択

　銘柄選択という観点から、ここまでのまとめをしておきたい。

現実の債券運用は、投資資金の性格からくる投資目的に即し、また、種々の制約のもとで行われる。債券運用の実務面は第3章で述べるが、ここでは単純化した場合で銘柄選択の考え方を紹介する。

　図2－27は、投資目的と銘柄選択基準との簡単な関係をまとめたものである。

　債券運用の基本は、流動性（損なく資金化）と収益性（投資効率の向上）のどちらにどれだけ重きを置くかの判断にある。これは、資金の投資目的から規定されるものである。資金化の必要のない長期投資では収益性を、一時的資金の運用では流動性を重視するなど、重みは異なるが、流動性と収益性のトレード・オフを考える必要がある。

　流動性を重視する投資部分については、資金需要期に合わせた満期構成や、市場性、信用度の高い銘柄を選択することになる。

　収益性重視の投資資金は、まず利回り向上のための銘柄選択がある。この場合にも、各種収益性指標のなかでどれに重きを置くかの選択を迫られよう。また、利回り向上の方法として、資金性格との対比により、流動性、信用リスクや長期化（デュレーション）のリスクのいずれによって、長期的収益を高めようとするのかという選択の問題がある。

　次にリスク許容度を明確にしたうえでの積極的運用の採用が考えられる。金利予想に基づく長期化、短期化や、将来のスプレッド変動を予想した銘柄

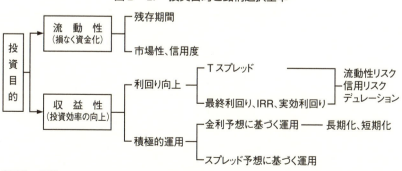

図2－27　投資目的と銘柄選択基準

（出所）　野村フィデューシャリー・リサーチ＆コンサルティング

入替えである。ただしこのような積極運用は、取引コストにも留意する必要
がある。

　これら銘柄選択において重要なポイントは次の二つである。

①　複数尺度からの銘柄選択……一つの尺度からの銘柄選択はまれであり、
　投資目的を勘案して、複数の尺度からの選択が重要である。最終利回りは
　絶対的な尺度ではなく、Ｔスプレッドやその他の指標も参照すべきであろ
　う。

②　利回り動向の把握……国債の利回り動向を把握することに加え、その他
　の銘柄のスプレッドの動向を把握しておくことは、保有債券の収益性を高
　める努力として怠れないものである。積極運用である、「金利予想に基づ
　く運用」や「スプレッド予想に基づく運用」のためには将来の利回り動向
　を予想することが必要であるが、これはなかなか困難な面も多い。しか
　し、そればかりでなく一般的なポートフォリオの収益性向上のためにも、
　個別銘柄の利回り動向の把握は重要なのである。

第4節

デリバティブ取引

　国債、政保債、事業債（社債）などの実際の債券を「現物」と呼ぶのに対して、そこから派生した取引を、デリバティブズ（derivatives：派生証券）もしくはデリバティブ取引と呼ぶ。

　債券取引に関連するデリバティブ取引の例としては、**債券先物、債券先物オプション、債券店頭オプション**（選択権付債券売買）、**スワップ取引**などがあげられる。

　デリバティブ取引は、大きく分けて取引所で取引される**上場デリバティブズ**と、店頭（OTC：Over The Counter）で相対で取引される、**店頭デリバティブズ**がある。上記のデリバティブ取引は、この区分で分類すれば、

① 　上場デリバティブズ……債券先物、債券先物オプション

② 　店頭デリバティブズ……債券店頭オプション、スワップ取引

である。

　なお、狭い意味でデリバティブ取引と単にいえば、店頭デリバティブズを指すのが一般的である。上場デリバティブズは、債券先物、上場オプション等と個々の名称で呼ばれ、狭義のデリバティブ取引と区別される。

　本節では、このような上場デリバティブズ、店頭デリバティブズのうち、債券取引に関連するものを中心に紹介する。

Ⅰ　債　券　先　物

　わが国で取引される債券先物は、現在では大阪取引所（OSE）で取引される国債先物のみとなっている。

　国債先物市場は、1985年10月19日から東京証券取引所（東証）において長期国債先物取引（10年国債先物）が開始されており、これがわが国における

戦後初めての金融先物市場であった。

その後、88年7月8日には超長期国債先物取引（20年国債先物）が、96年2月16日には中期国債先物取引（5年国債先物）が開始された。

また、わが国証券市場の国際化を図るため、外国証券に係る有価証券先物取引についても、89年12月1日からT-Bond先物取引が開始された。しかし、その後、売買の低迷等を理由に、T-Bond先物取引は2001年11月1日に上場廃止されている。

その後、大阪取引所と東京証券取引所の経営統合に伴い、14年3月24日に上場デリバティブ取引は大阪取引所に移管されている。現在では、長期国債先物取引（10年国債先物）、中期国債先物取引（5年国債先物）、超長期国債先物取引（ミニ、20年国債先物）、および09年3月23日に取引が開始されたミニ長期国債先物（10年国債先物の10分の1の取引単位での取引）が大阪取引所に上場されている。このうち取引は主に10年国債先物（ミニと区別してラージと呼ばれる）に集中している。ここでは、この10年国債先物を中心に解説することにする。

❶　債券先物取引とは

⑴　証 拠 金

先物取引では、一般に証拠金のやりとりによって、先物の損益を実現させている。例をあげて、これをみてみよう。

表2－22は債券先物を買った場合（これを買建てという）の例である。最終取引日の5営業日前に125.80円で債券先物を買い建てた場合、証拠金所要額（ここでは例として2円としている）分の証拠金を差し入れることが必要である。この例ではこの日、この額を差し入れている（「証拠金の差入れ」欄参照）。

翌日以降は、先物損益を計算し、実際に差し入れた証拠金額にこれを加えたものが、証拠金所要額[15]を下回った場合、追加で証拠金を差し入れる。表

表 2 −22　債券先物の証拠金（買建ての場合）

日	先物価格	計算上の損益	差入証拠金 ＋計算上の損益	証拠金所要額	証拠金の差入れ
5	125.80	0.00	0.00	2.00	2.00
4	124.68	−1.12	0.88	2.00	1.12
3	123.42	−2.38	0.74	2.00	1.26
2	125.30	−0.50	3.88	2.00	0.00
1	126.20	0.40	4.78	2.00	0.00
0	126.30	0.50	4.88	0.00	

返却　↓　　　　　　　　　　　　　　　差入証拠金合計

4.88　　　　　　−　　　　　　　　　　4.38

0.50

（出所）　野村フィデューシャリー・リサーチ＆コンサルティング

の例では翌日、計算上の損益は（−1.12円＝124.68−125.80円）であり、差し入れた証拠金はこの時点までで、前日の 2 円だけである。このため、差入証拠金＋計算上の損益は0.88円（＝ 2 円−1.12円）であり、所要額を下回る。この不足分（1.12円）を追加で差し入れることになる。

　この日以降も、差し入れた証拠金と先物の計算上の損益を足し合わせたものが、証拠金必要額を下回った場合、不足分を差し入れるということを日々繰り返す（これを値洗いと呼ぶ）。

　取引最終日に反対売買によって手仕舞ったとすると、その時点の「差入証拠金＋計算上の損益」（この例では4.88円）が投資家に返却される。この例では、実際に差し入れた証拠金は総額4.38円（＝2.00＋1.12＋1.26円）であり、返却された額との差額0.50円がこの取引の利益となる。

　この0.50円は実は、買い建てた価格（125.80円）と反対売買を行った価格（126.30円）との差に一致する。つまり、このような証拠金のやりとりによって、この例ではあたかも125.80円で先物を買い、126.30円で売却したのと同じ効果を得ることができているわけである。

15　実際の取引では、証拠金所要額は、他の先物や上場オプションと合計して、SPAN®（The Standard Portfolio Analysis of Risk）と呼ばれる方法で計算される。

第 4 節　デリバティブ取引　　131

表2−23　債券先物の証拠金（売建ての場合）

日	先物価格	計算上の損益	差入証拠金+計算上の損益	証拠金所要額	証拠金の差入れ
5	125.80	0.00	0.00	2.00	2.00
4	124.68	1.12	3.12	2.00	0.00
3	123.42	2.38	4.38	2.00	0.00
2	125.30	0.50	2.50	2.00	0.00
1	126.20	−0.40	1.60	2.00	0.40
0	126.30	−0.50	1.90	0.00	

返却　↓　　　　　　　　　　　　　　差入証拠金合計

1.90　　　　　　　−　　　　　2.40

−0.50

（出所）　野村フィデューシャリー・リサーチ＆コンサルティング

　先物の売り（売建て）の場合、計算上の損益が、買建ての場合とは逆に、先物価格が値上りしたとき損、値下りしたとき益となるよう計算される（表2−23）。

　差入証拠金＋計算上の損益が、証拠金所要額を下回った場合、不足分を差し入れる。この例では先ほどと同様、取引最終日に反対売買によって手仕舞ったとしている。このとき、差入証拠金＋計算上の損益の1.90円が返却される。実際に差し入れた証拠金の総額（2.40円）と返却された額との差額−0.50円は、売り建てた価格125.80円と買い戻した価格126.30円の差に一致し、0.50円の損となる。

　先物取引では、実際に債券を売り買いするのに必要な額（国債先物の売買単位は額面で1億円）に比べて少ない額の証拠金のやりとりによって、現物の取引と同様の損益を発生させるという特徴がある。

　なお、先物の売買最終日の属する月を限月と呼び、常時、異なる限月の先物が数種類（10年国債先物の場合、3限月）取引されている。

(2) 受渡決済

　売買最終日までに反対売買によって決済されないで残った買建て、売建て
（建玉（たてぎょく））については、現物国債の受渡しによって決済される。
これを**受渡決済**と呼ぶ。10年国債先物の場合、受渡日において残存期間が7
年以上11年未満の10年利付国債[16]のなかから、売建てを行っている投資家
が、受け渡す銘柄を選択する。この7年以上11年未満の10年利付国債という
受渡可能な債券銘柄を、**受渡適格債**と呼ぶ。

　実際にはまず、売買最終日の先物価格（受渡決済値段）により、先物の証
拠金を清算し先物の損益を実現させる。その後、**受渡決済期日**（限月の20日）
に売り方が受渡銘柄を選択し、次の**交換比率**（コンバージョン・ファクター）
に基づいた現物受渡しが行われる。

$$交換比率 = \frac{\dfrac{C}{0.06} \times \left(\left(1 + \dfrac{0.06}{2} \right)^{N} - 1 \right) + 100}{\left(1 + \dfrac{0.06}{2} \right)^{\frac{n}{6}} \times 100} - \frac{C \times (6 - d)}{1,200}$$

$$\cdots\cdots (2-24)$$

　　　ここで、　C：当該受渡適格債のクーポン（%）

　　　　　　　N：受渡決済以降の利払回数

　　　　　　　n：残存期間（月）

　　　　　　　d：次回利払日までの月数[17]

受渡代金は、

$$\frac{(受渡最終値段 \times 交換比率)}{100} \times 額面 + 経過利子 \qquad \cdots\cdots (2-25)$$

16　当初10年国債として発行されたもの。したがって、当初20年債、30年債、40年債とし
　　て発行されたものが、残存期間が短くなっても受渡適格債とはならない。

17　初期利払前の国債の場合で、残存期間が10年を超える場合（初期利払いの期間が6カ
　　月を超えるので）、Nを$N+1$、dを、初期利払いまでの月数-6とする。

第4節　デリバティブ取引　　　133

によって計算され、買い手から売り手に支払われる。

　交換比率の式である（2−24）式は、実は当該受渡適格債が、複利最終利回り6％である場合の債券価格を100で割ったものである。受渡適格債がクーポン6％であれば、交換比率は（利落日には）1.00となり、受渡決済値段で債券が受け渡されることになる。このため10年国債先物を、クーポン6％標準物の取引であるということがある[18]。

　交換比率は、当該受渡適格債のクーポン、残存期間によって異なることから、受渡適格銘柄ごとに異なるのは当然であるが、同じ受渡適格債でも、先物の限月が異なれば、受渡日における残存期間が異なるため、異なる値となる。交換比率は、限月ごとに、各限月の受渡決済期日における残存期間に基づいて計算されるため、各受渡適格銘柄の交換比率は、限月の取引期間中に変動することはない。

❷　債券先物の理論価格

　前述のように、債券先物の受渡決済期日には、債券先物の価格を交換比率で調整した価格で現物債券が受け渡される。このため、売買最終日には先物価格は受け渡されるであろう債券銘柄の価格を交換比率で割ったものに収束してくるはずである。売買最終日においてそのような価格形成がなされるのであれば、それ以前の日においても、先物は債券価格と連動した価格形成がなされるはずである。ここではこの点についてみていくことにする。

(1)　売買最終日における先物理論価格

　現物債券の受渡しによる受渡決済では、銘柄の選択権は先物の売り手にある。このため、売り手にとって最も有利な（買い手にとって最も不利な）銘柄

18　現在、5年国債先物と20年国債先物ではクーポン3％標準物の取引である。この場合、交換比率は（2−24）式において0.06とある3カ所をすべて0.03で置き換えて計算される。

134　　　第2章　債券投資分析の基礎

表 2 −24　売買最終日における現物債と先物価格

先物価格＝137.80円

銘　　　柄	A	B	C
クーポン	1.50%	2.00%	2.50%
残存期間	10年	10年	10年
債券価格①	93.49	97.56	101.62
交換比率	0.665256	0.702450	0.739644
受渡代金②	91.6723	96.7976	101.9229
損益（②−①）	−1.8177	−0.7624	0.3029

（出所）　野村フィデューシャリー・リサーチ＆コンサルティング

が選択されると考えるのが妥当である。

　簡単のために、受渡適格債が、**表 2 −24**の 3 銘柄だけの場合を考えよう。まず、先物の売買最終日における、先物価格を考える。

　いま、売買最終日に先物が137.80円で取引されているとしよう。この先物価格で売り建てた場合、この137.80円に各銘柄A、B、C、の交換比率を掛け合わせた価格（表中の「受渡代金②」）で、これらの債券を売却することができることになる。一方、実際のこれらの銘柄の債券価格が、表中の「債券価格①」であったとしよう。このとき直ちに現物債券を購入し、先物を同額面売り建て、その銘柄を受け渡すことによって、現在の債券価格と受渡代金の差（②−①）の損益が得られることになる。

　この 3 銘柄のなかでは、銘柄Cを選択しこのような取引を行えば、額面100円当り約0.30円の利益が得られることになる。これは、この後どのように債券価格が変動しても、リスクなく確実に得られる利益であるから、このような機会を発見した投資家は、限りなくこの取引を積み上げていくであろう。結果として銘柄Cの買い、先物の売りが集中することになり、銘柄Cが価格上昇、先物価格が下落し、このような取引では利益が出ないよう、価格形成されることになる。

　このことを式で表すと、売り手にとって、最も利益のあがる銘柄で、利益が出ないこと、すなわち、

第 4 節　デリバティブ取引

$$\text{MAX （先物価格×交換比率－現物債券価格）} = 0$$

となる。ここでMAXは、一番大きい値、を意味する。

これを先物価格中心にみると、

$$\text{売買最終日の先物価格} = \text{MIN} \left(\frac{\text{債券価格}}{\text{交換比率}} \right) \qquad \cdots\cdots (2-26)$$

となる[19]。ここで、MINは一番小さい値、を意味する。受渡適格債のなかで債券価格/交換比率、の値の最も小さいものが、先物の理論価格を決定することになる。この現物債券銘柄（先の例では銘柄C）を、**最割安銘柄**と呼んでいる。

(2) 売買最終日以前の先物理論価格

先の例では、先物を売り建てた後、直ちに現物債券を受渡決済すると仮定していた。実際には、売買最終日から受渡決済日までは5営業日ある。それ以前の取引日ではそれ以上の期間があることになる。この場合、現物債券買い、先物売りの取引を行うと、①保有する債券の経過利子（クーポン収入）が得られる、②一方、債券購入のために資金を投入しているので、利益がゼロでは困り、保有期間に対応する短期金利程度の利益が得られる必要がある、という点に考慮する必要がある。

この点について、次のような**裁定取引（アービトラージ取引）**を考えよう。

---

19 厳密には、MAX（先物価格×交換比率－現物債券価格）を与える銘柄と、

$\text{MIN} \left(\frac{\text{債券価格}}{\text{交換比率}} \right)$ を与える銘柄が異なる可能性はあるが、実務上は通常、無視できる差である。

136　　　第2章　債券投資分析の基礎

現時点（時点 0）で	：短期金利（r%）で資金を借り入れ、現物債券を購入（価格 P）、先物を売却（価格 F）する。
受渡決済日（時点 T）で	：この間の経過利子（$C \times T$）を受け取り、現物債券を受け渡し、決済する。

　実際の先物取引では、この場合、$F \times$ 交換比率によって、現物債券が受け渡されるわけではなく、売却した先物価格（F）と売買最終日の先物価格（受渡決済値段）との差分の先物損益と、受渡決済値段×交換比率での現物債受渡しが発生する。しかし、交換比率は 1 に近い値であるから、これはほぼ、時点 0 で $F \times$ 交換比率での現物債の売りを確定させたのと同じであると考えられる。

　こう考えると、この取引による損益は、ほぼ、

$$損益 = （F \times 交換比率 + C \times T）- P \times \left(1 + \frac{r}{100} \times T \right)$$

$$= \underbrace{（F \times 交換比率 - P）}_{キャピタル・ゲイン} + \underbrace{\left(C - P \times \frac{r}{100} \right) \times T}_{キャリー損益}$$

で確定していると考えられる。この取引をキャッシュ・アンド・キャリー運用と呼ぶ。キャッシュ・アンド・キャリー運用においては、先ほどと同様、先物の売り手はこの損益が最大となる銘柄を選択する。一方、先物の買い手は、このような売り手の益（買い手の損）となる取引には応じないであろう。結局、先物の売り手が最割安銘柄を選択しても、利益が出ない水準に先物価格が決定されることになる。すなわち、

$$\mathrm{MAX} \left(（F \times 交換比率 - P）+ \left(C - P \times \frac{r}{100} \right) \times T \right) = 0$$

であり、F を中心に書き換えれば、

第 4 節　デリバティブ取引

$$F = \text{MIN}\left(\dfrac{P - \left(C - P \times \dfrac{r}{100}\right) \times T}{\text{交換比率}}\right) \quad\quad \cdots\cdots (2-27)$$

ここで、F：先物理論価格（円）

P：受渡適格債の価格（円）

C：当該受渡適格債のクーポン（％）

r：短期金利（％）

T：受渡決済日までの期間（年）

である（MINは受渡適格債のなかで、最小の値を表す）。

通常、短期金利よりも長期金利のほうが高いため、キャリー損益 $\left(C - P \times \dfrac{r}{100}\right) \times T$ は正の値であることが多い。このため、通常、債券先物価格は、期先（限月が遠い）ほど、低い価格になる傾向がある。

❸ 債券先物取引の活用

債券先物は、①ヘッジ取引、②裁定取引、③限月間スプレッド取引（限月間の先物価格差を予想して、一方を買い建て、もう一方を売り建てる取引）、④オープン・ポジション取引（将来の先物価格を予想して、先物の買建て、売建てを行う）に大別できる。

ここでは、これらのうち、機関投資家などによく利用される裁定取引と、ヘッジ取引についてまとめておくことにする。

(1) ベーシス

まず、債券先物の活用において重要なポイントであるベーシスについて考えよう。ベーシスとは、現物債券価格と先物受渡価格の差であり、以下のように求められる。

表2－25　金利変動とベーシス

受渡適格債が最割安銘柄と比較して		ベ　ー　シ　ス　の　変　化	
クーポン	残存期間	金利低下期	金利上昇期
高　い	同　じ	縮　小	拡　大
低　い		拡　大	縮　小
同　じ	短　い	縮　小	拡　大
	長　い	拡　大	縮　小

（出所）　野村フィデューシャリー・リサーチ＆コンサルティング

$$\text{ベーシス}=\text{現物債券価格}-\text{先物価格}\times\text{交換比率} \qquad \cdots\cdots（2-28）$$
$$=\underbrace{(\text{現物債券価格}-\text{先渡価格})}_{\text{キャリー損益}}+\underbrace{(\text{先渡価格}-\text{先物価格}\times\text{交換比率})}_{\text{受渡価格差}}$$

ここで、先渡価格とは、現物債券価格＋キャリー損益、を表す。

このうち、キャリー損益は限月に近づくにつれゼロに収斂する。また最割安銘柄では受渡価格差はほぼゼロになる。

金利変化とベーシス変化の関係を表2－25に示す。

金利が低い場合（先物がオーバー・パーの場合）、受渡適格債のなかで、残存期間の短いものがベーシスが小さくなり、最割安銘柄になりやすい傾向がある。一方、金利が高い場合（先物がアンダー・パーの場合）、受渡適格債のなかで、残存期間の長いものがベーシスが小さくなり、最割安銘柄になりやすい傾向にある。

(2)　裁定取引

裁定取引の代表例は、前述のキャッシュ・アンド・キャリー運用である。しかし、実際のマーケットでは単純なキャッシュ・アンド・キャリー運用によって、収益を獲得できる機会はきわめて少ない。先物市場創設当初は、キャッシュ・アンド・キャリー運用による裁定取引の機会が頻繁にあったので

第4節　デリバティブ取引　　139

あるが、現在では市場も成熟し、このような機会はほとんどみられなくなっている。

キャッシュ・アンド・キャリー運用を行いながら、保有する現物債券を最割安銘柄に入れ替える最割安銘柄のローリング運用という運用法がある。最割安銘柄を購入し先物を売却する。その後、最割安銘柄が変わった時点で新しい最割安銘柄に入れ替えるのである。

最割安銘柄は金利変動によって変化する。最割安銘柄の変更の頻度が高い場合にはこのような運用が有効である場合もある。

(3) 国債先物によるヘッジ

債券先物を利用したヘッジには、①売りヘッジ：保有している債券の将来の価格変動を、先物の売建てによってヘッジする、②買いヘッジ：将来購入予定の債券の価格変動を、先物買建てによってヘッジする、がある。

このようなヘッジのためには、ヘッジ比率（現物債券に対して先物をどの程度の額取引するか）が問題となる。単純なヘッジ比率の決め方としては、①現物債券と等額面の先物を取引する、②交換比率を用いる、という方法もあるが、現物債券の残存期間などによっては、これらの方法では問題が生じる場合も多い。

この点、通常は、次のような方法が用いられる。

① 回帰分析による方法

回帰式

　　現物債券価格変化幅＝β×先物価格変化幅＋α

によって求めたβをヘッジ比率とする。

② 価格変動性（デュレーション）による方法

$$\text{ヘッジ比率} = \frac{\text{ヘッジ銘柄の価格変動性}}{\text{最割安銘柄の価格変動性}} \times \text{最割安銘柄の交換比率}$$

　　ただし、価格変動性＝修正デュレーション×複利利回り変動性

ここで複利利回り変動性は、最割安銘柄とヘッジ対象銘柄との複利最終利

回りの変化の割合を表す。回帰によって求める方法や、複利利回りのボラティリティ（標準偏差）をそのまま用いる方法などがあり、イールド・ベータと呼ばれることもある。

Ⅱ　債券オプション

❶　債券オプション取引とは

　オプション取引とは、一定の期間内にあらかじめ定められた価格で、対象となる証券（対象証券：アンダーライング）を買う、もしくは売る権利をいう。買う権利をコール・オプション、売る権利をプット・オプションと呼ぶことがある。

　オプション取引には、取引所で取引される上場オプションと、業者同士もしくは業者と投資家の間で相対で取引される店頭オプションがある。

　わが国では、1989年4月に選択権付債券売買という形で、債券店頭オプションが導入されている。

　一方、上場オプションとしては、90年5月に東京証券取引所に長期国債（10年国債）先物オプションが上場されている。東京証券取引所には中期国債先物オプションも上場されたが、現在では上場廃止されている。また大阪取引所と東京証券取引所の経営統合に伴い、2014年3月24日に長期国債（10年国債）先物オプション取引は大阪取引所に移管されている。

　上場長期国債先物オプションの場合、オプションの買い手がオプションを行使すると、長期国債先物のポジションが発生する。行使するかどうかはオプションの買い手が決定する。これに対しオプションの売り手は、買い手が権利を行使した場合にはこの先物取引に応じる義務がある。オプションの買い手はこの権利の取得のために代価を払う必要があり、これをオプション料（もしくはプレミアム）と呼ぶ。オプションを行使した場合には、あらかじめ定められた価格（権利行使価格）で対象証券（上場長期国債先物オプションの場合、長期国債先物）の取引が行われる。

第4節　デリバティブ取引　　141

(1) コール・オプションとプット・オプション

前述のように、オプションにはコール・オプションと、プット・オプションがある。

たとえば、権利行使価格130円の長期国債先物オプションの、コール・オプションを購入した場合を考えよう。オプションの買い手は、オプションの取引時にオプション料を支払う。仮に、オプションの満期まで行使しなかった場合、満期日に対象証券価格（長期国債先物価格）が、権利行使価格の130円よりも高ければ、オプションの買い手は、現在の価格より安い130円で長期国債先物を買い建てることが有利であるので、権利を行使する。一方、この日、長期国債先物が130円よりも安ければ、権利行使するより直接先物を買い建てたほうが有利であるので、オプションの権利は放棄することになる。

オプションの満期時における、コール・オプションの価値は図2－28のようになる。

コール・オプションの買い手は、この満期価値を得るために、オプション料を支払っているから、これを合計したオプション取引の損益は、図2－29のようになる。満期価値に比べて、オプション料分だけ下に下がった図になることに注意されたい。なお、オプションの損益を示すこのような図を、損

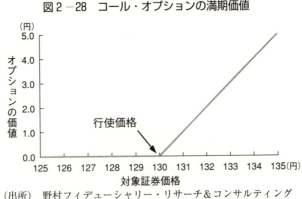

図2－28　コール・オプションの満期価値

（出所）野村フィデューシャリー・リサーチ＆コンサルティング

図2−29 コール・オプションの買いの損益曲線

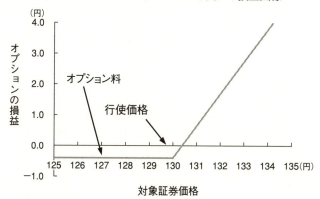

(出所) 野村フィデューシャリー・リサーチ&コンサルティング

図2−30 コール・オプションの売りの損益曲線

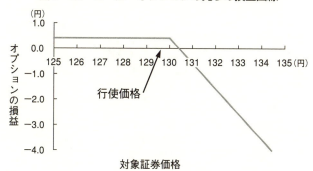

(出所) 野村フィデューシャリー・リサーチ&コンサルティング

益曲線と呼ぶ。

　一方、コール・オプションの売り手の損益曲線は、図2−30のようになる。オプションの売り手は、当初オプション料を受け取り、買い手の権利行使もしくは権利放棄に応じることから、買い手の損益曲線とは上下反転させた損益曲線となる。

　さて、コール・オプションが「買う権利」と呼ばれることがあるのに対し、プット・オプションは「売る権利」と呼ばれることがある。

　プット・オプションの場合、オプションの買い手は権利行使価格で、対象

証券を売ることができる権利をもつ。権利行使価格130円の長期国債先物オプションのプット・オプションを購入し満期まで保有した場合、対象証券（長期国債先物）が、130円より安ければ、権利を行使して権利行使価格（130円）で売却することが有利であるので権利行使する。一方、長期国債先物が130円以上であれば、権利を放棄することになる。このプット・オプションの満期価値は、図2－31のようになる。

プット・オプションの買いの場合の損益曲線は図2－32のように、この満期価値からオプション料分だけ下に下げた図になる。また、プット・オプションの売りの損益曲線は、これを上下反転させた形となる（図2－33）。

図2－31　プット・オプションの満期価値

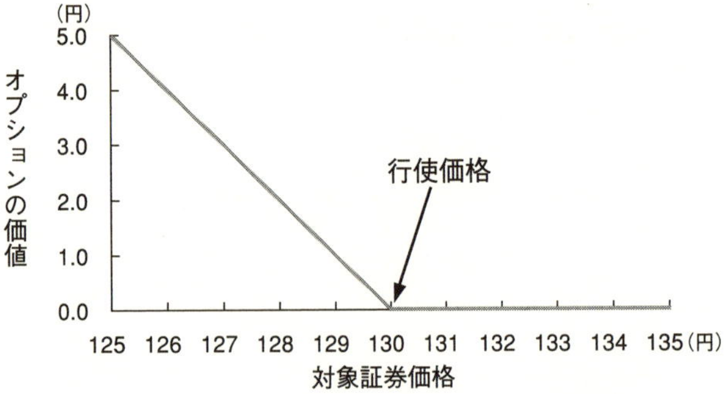

（出所）　野村フィデューシャリー・リサーチ＆コンサルティング

図2－32　プット・オプションの買いの損益曲線

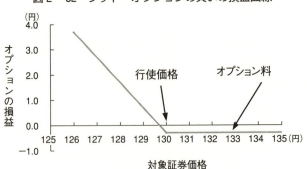

（出所）　野村フィデューシャリー・リサーチ＆コンサルティング

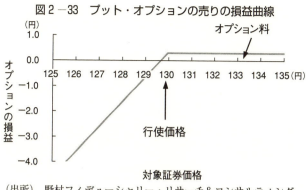

図2-33 プット・オプションの売りの損益曲線

(出所) 野村フィデューシャリー・リサーチ&コンサルティング

　コール・オプションの売り買いの損益曲線（図2-29、2-30）とプット・オプションの売り買いの損益曲線（図2-32、2-33）は、それぞれ異なる形をしていることに注意されたい。コールの買いの場合、対象証券価格が上昇すると、利益が得られる。一方、プットの買いは、対象証券価格が下落すると利益が得られる。コール、プットとも、買いの場合には、損失はオプション料に限定されるのに対し、売りの場合には損失に限度がないことがわかる[20]。

(2) オプションのその他の用語

　長期国債先物オプションでは、オプションの取引後、オプションの満期までの間、買い手はいつでも権利を行使することができる。このような満期までの間いつでも権利行使可能なオプションをアメリカン・タイプ・オプションと呼ぶ。これに対し、満期日のみに権利行使可能なタイプのオプションを、ヨーロピアン・タイプ・オプションと呼ぶ。債券店頭オプション（選択権付債券売買）は上場ものと異なり、相対でオプションの条件が決定される

---

[20] このため、上場オプションでは、オプションの買いのみの場合、オプション料の支払のみで証拠金は必要ないが、オプションの売りの場合、証拠金の差入れを求められる。

第4節　デリバティブ取引

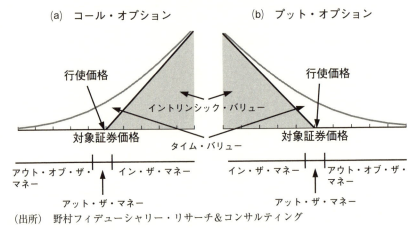

図2-34 オプション料

(出所) 野村フィデューシャリー・リサーチ&コンサルティング

オーダー・メイドのオプションであるので、アメリカン・タイプ、ヨーロピアン・タイプ、いずれのオプションも取引可能である。

オプションを対象証券によって、先物オプションと現物オプションとに分類することがある。わが国では債券の上場オプションは先物オプションであり、選択権付債券売買は現物債券が対象証券である現物オプションである。

満期日以前のオプション料は、図2-34のように、行使したときの価値（イントリンシック・バリュー（intrinsic value）：本源的価値）の上に、タイム・バリュー（time value：時間的価値）が加わって価格形成される。

オプションの行使価格と、対象証券価格の関係で、行使価格がほぼ対象証券価格に近いときをアット・ザ・マネー（at the money：ATM）と呼ぶ。このときタイム・バリューが最も大きくなる。イントリンシック・バリューのある状態をイン・ザ・マネー（in the money：ITM）、イントリンシック・バリューのない状態をアウト・オブ・ザ・マネー（out of the money：OTM）と呼ぶ。

❷ 債券オプションの理論価格

オプションの理論価格も先物の場合と同様、対象証券価格から相対的に決定される。しかし先物の場合、先物の売り最割安銘柄の買い、という静的（static）な取引で裁定取引の機会がないことから理論価格が導かれたのに対し、オプションの場合、対象証券価格に対して、オプション価格が曲がっていることから、動的（dynamic）な取引が必要になる。これは、債券のイミュニゼーション運用に類似している。対象証券価格の変動に応じて、裁定ポートフォリオの対象証券の保有比率をリバランスしていく必要があるのである。

このため、オプションの理論価格では、先物の場合と異なり、対象証券価格がどの程度変動的であるかを表す価格変動性（ボラティリティ：volatility）が重要な役割を果たす。この点についてみていくことにしよう。

(1) 1期間モデル

オプション料の決まり方を、図2－35のような簡単な1期間の場合をもとに考えてみよう。

このモデルでは、1期間後対象証券価格は、現在の価格（S）から上昇す

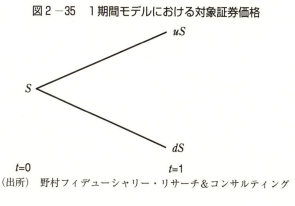

図2－35　1期間モデルにおける対象証券価格

（出所）野村フィデューシャリー・リサーチ＆コンサルティング

るか（$u \times S$）、下降するか（$d \times S$）のいずれかであると仮定する（$u > 1$、$d < 1$）。

次の時点（$t=1$）がオプションの満期であるとすると、コール・オプションの場合、オプション価値は対象証券価格上昇の場合$MAX(uS-E, 0)$、価格低下の場合$MAX(dS-E, 0)$となる。ここでEはオプションの行使価格である（図2−36）。

対象証券価格（S）が100円、$u=1.1$、$d=\dfrac{1}{1.1}$、行使価格（E）が100円の場合を例にこれを当てはめると、図2−37、2−38のようになる。

このときこの1期間（$t=0$から$t=1$）の短期金利（r）が0.5%であると

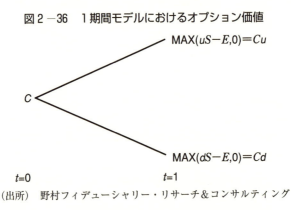

図2−36　1期間モデルにおけるオプション価値

（出所）野村フィデューシャリー・リサーチ＆コンサルティング

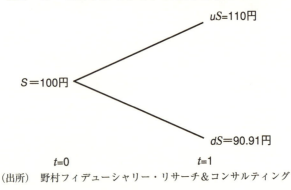

図2−37　1期間モデルにおける対象証券価格（数値例）

（出所）野村フィデューシャリー・リサーチ＆コンサルティング

図2-38 1期間モデルにおけるオプション価値（数値例）

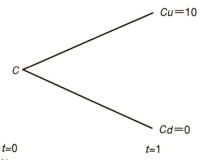

（出所）野村フィデューシャリー・リサーチ＆コンサルティング

すると、対象証券に0.5238単位、無リスク資産（金利 r の資産）に－47.38円投資すると、$t=1$ で、

対象証券価格上昇のとき
　　$110 \times 0.5238 - 47.38 \times (1 + 0.005) = 10.00$ 円

対象証券価格下落のとき
　　$90.91 \times 0.5238 - 47.38 \times (1 + 0.005) = 0.00$ 円

となり、いずれのケースでもコール・オプションの価値と同じであることがわかる。

仮にこのポートフォリオとオプションの現在の価格が異なれば、割高なほうを売り、割安なほうを買うことによって、裁定取引によって利益をあげることができる。このようなことは通常、起こりえないので、両者の現在の価格は同じであると考えられる。

このポートフォリオ構築のためには、

　　$100 \times 0.5238 - 47.38 = 5.00$ 円

が必要であるから、現在のこのコール・オプションの価値も5.00円であることになる[21]。

他の条件を一定として、対象証券の価格変動性がより高い場合で同様に計算すると、$u=1.2$、$d=\dfrac{1}{1.2}$ の場合、対象証券を0.5455保有し、無リスク資

第4節　デリバティブ取引

産に−45.23円投資することになり、オプション価格（オプション料）は、9.32円となる。

この例でもわかるように、対象証券価格の将来の価格変動が大きいほど、オプション価格は高くなる傾向がある。

(2) ブラック・ショールズ・モデル

次の時点では、対象証券価格が上がるか、下がるかどちらかである、とするこのモデルは二項モデルと呼ばれる。1期間のモデルでは、オプションの満期の直前しか扱うことができないので、通常は、これを多期間にしたモデルが用いられる。さらにこの多期間の二項モデルの期間分割数を増やしていった極限として、ブラック・ショールズ・モデル[22]が得られる。

21　対象証券をΔ単位、無リスク資産への投資額をB円とすると、
$uS\Delta + B = Cu$、$dS\Delta + B = Cd$より、

$$\Delta = \frac{Cu - Cd}{(u-d)S}、\quad B = \frac{u \cdot Cd - d \cdot Cu}{(u-d)(1+r)}$$

を得る。ここから、オプション価格$C = S\Delta + B$は、

$$C = \frac{pCu + (1-p)Cd}{1+r}$$
$$p = \frac{1+r-d}{u-d}$$

となる。なお、ここでは対象証券を保有することによる配当（クーポン）収入は考慮していない。

22　ブラック・ショールズ・モデルは、もともと株式オプションのモデルとして導かれている。このため、短期金利が一定、配当利回りが一定、ボラティリティが一定など、債券オプションのモデルとしては若干問題がある（たとえば、債券は償還が近づくと、ボラティリティは低下する）。しかし、上場オプションや選択権付債券売買のように、期間の短いオプションでは、実務上、ほとんど問題がなく、ブラック・ショールズ・モデルが利用される。

コール・オプションのオプション料

$$C = S \cdot \exp(-\delta T) \cdot N(d_1) - E \cdot \exp(-rT) \cdot N(d_2) \qquad \cdots\cdots (2-29)$$

プット・オプションのオプション料

$$P = -S \cdot \exp(-\delta T) \cdot N(-d_1) + E \cdot \exp(-rT) \cdot N(-d_2) \cdots\cdots (2-30)$$

ここで、
$$d_1 = \frac{ln\left(\dfrac{S}{E}\right) + \left(r - \delta + \dfrac{1}{2}\sigma^2\right) T}{\sigma\sqrt{T}}, \quad d_2 = d_1 - \sigma\sqrt{T}$$

S：対象証券価格

E：行使価格

T：満期までの期間

r：短期金利

δ：配当利回り（債券現物オプションの場合δ＝直利、先物オプションの場合$\delta = r$とする）

σ：対象証券の価格変動性（ボラティリティ）

$N(\cdot)$：標準正規分布の累積分布関数

　ブラック・ショールズ・モデルは、表計算ソフトなどによって、容易に計算することができる。

　計算のための入力項目のうち、ボラティリティは対象証券の将来の価格変動の大きさであり、正確にその値を知ることは困難なものである。しかし、ボラティリティはオプションの価格（プレミアム）に大きく影響する。このようなボラティリティの予想のために、対象証券の過去の価格変化率の標準偏差を参考にすることがある。これをヒストリカル・ボラティリティと呼ぶ。

　一方、頻繁に取引されるオプションでは、市場で取引されるオプションの価格から、逆算されるボラティリティを求め、参考にすることがある。これをインプライド・ボラティリティと呼ぶ。

　いずれにしても、オプションの妥当な価格を知るためには、ボラティリティの予測がポイントであるが、その正確な予想はきわめて困難である。なお、実際に市場で取引されるオプションでは、満期までの期間によってイン

第4節　デリバティブ取引

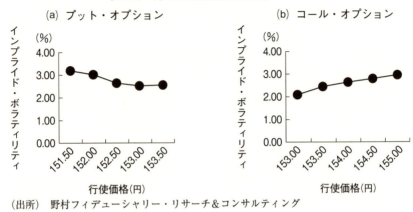

図2－39 債券先物オプションのインプライド・ボラティリティの例
(2016年7月5日:先物価格153.31円)

(出所) 野村フィデューシャリー・リサーチ＆コンサルティング

プライド・ボラティリティが異なり、また同じ満期でも、行使価格の相違によって、インプライド・ボラティリティが若干異なっているのが通常である。

アット・ザ・マネーに比べて、イン・ザ・マネーやアウト・オブ・ザ・マネーのオプションのインプライド・ボラティリティが高くなっている場合、これをボラティリティ・スマイルと呼ぶことがある（図2－39）。

(3) オプションのリスク・パラメータ

いったん取引した後のオプション価格に影響する要因としては、
① 対象証券価格の変化
② 満期までの期間の経過
③ ボラティリティの変化
④ 短期金利の変化

がある。これらの要因が変化したときに、オプション価格にどの程度影響するかを表す感応度には、表2－26のような名前がついている。

表2-26　オプションのリスク・パラメータ

対象証券の価格変化に対するオプション価格の変化	デルタ（Δ）
満期日までの期間変化に対するオプション価格の変化	シータ（Θ）
短期金利の変化に対するオプション価格の変化	ロー　（P）
ボラティリティの変化に対するオプション価格の変化	ベガ（Vega）
対象証券価格変化に対するデルタの変化	ガンマ（Γ）

（出所）　野村フィデューシャリー・リサーチ＆コンサルティング

　これらの感応度（リスク・パラメータ）は、ブラック・ショールズ・モデルなどのオプション価格モデルにおいて、オプション価格を各要因で偏微分したものを評価して求める。

　これらの感応度を用いて、オプション価格の変化は、近似的に次のようになる。

オプションの価格変化

$\fallingdotseq$デルタ×（対象証券の価格変化幅）

　$+\dfrac{1}{2}$ガンマ×（対象証券の価格変化幅）^{2}

　$+$シータ×（期間変化）

　$+$ベガ×（ボラティリティの変化幅）

　$+$ロー×（短期金利変化幅）

　これらのリスク・パラメータは実際には次のような符号になる。

第4節　デリバティブ取引　　　153

	コール	プット
デルタ	＋	－
ガンマ	＋	＋
シータ	（－）	（－）
ベガ	＋	＋
ロー	＋	＋

(注)　＋：正、－：負
シータは、イン・ザ・マネーのとき正の値を
とることがある（ここではシータとして期間経
過によってオプションの満期が短くなるときの
オプション価格の変化を表している）。

このため、各リスク要因が変化した場合オプション価格は、次のように変化する。

		コール	プット
対象証券価格	↑	↑	↓
満期までの期間	↓	↓	↓
ボラティリティ	↑	↑	↑
短期金利	↑	↑	↓

(注)　イン・ザ・マネーのオプションの場合、満期までの期間が
短くなるにつれてオプション価格が大きくなることもある。

これらのリスク・パラメータは、オプションのポートフォリオのリスク管理のために必要となる。これらのうち、通常、最もオプション価格に影響するのは、デルタである。デルタのリスクは、対象証券の購入もしくは空売りによってヘッジ可能である。オプションのデルタを対象証券でヘッジすることを、デルタ・ヘッジと呼ぶ。デルタ自体、対象証券の価格変化によって変化することから、デルタ・ヘッジでは定期的に対象証券のリバランスを行うことになる。

❸ 債券オプションの活用

　ここでは、債券オプションの利用法を、対象証券や債券のポートフォリオ
との組合せによる利用と、オプション同士の組合せによるものとに分類して
解説することにする。

(1)　対象証券との組合せ

　オプションを、対象証券やポートフォリオと組み合わせて利用する場合の
代表的な例は、カバード・コール・ライトと、プロテクティブ・プットで
ある。カバード・コール・ライトとは、対象証券を保有し、コール・オプシ
ョンを売るという投資戦略である。ここでライト（write）とは書くという
意味であるが、オプション取引では、オプションを売ることを「ライトす
る」ということからきている。

　図2−40にカバード・コール・ライトの損益曲線を示す。

　カバード・コール・ライトは、コール・オプションを売ることによって、
オプション・プレミアム（オプション料）を得、対象証券価格があまり上昇
しない範囲での収益を向上させる目的で用いられる。

　なお、オプションやオプションと対象証券を組み合わせた場合の損益曲線
は、それぞれの損益曲線を図上で加え合わせることによって、容易に描くこ
とができる。カバード・コール・ライトの場合、図の左のほうでは、対象証
券の損益曲線の上にオプション料分が上乗せされ、この分上方にシフトした
ものが、組み合わせたときの損益曲線になる。そこから右に移動していく
と、途中からオプションの損益曲線が下に折れた線になり、この下降角度は
対象証券価格の上昇角度に等しい。このため、組み合わせた場合の損益曲線
は、それまでの上昇した線から、真横に進む線になるのである。

　さて、もう一つの代表的な例であるプロテクティブ・プットは、対象証券
を保有し、プット・オプションを買う組合せ戦略である。図2−41にプロテ
クティブ・プットの損益曲線を示す。

第4節　デリバティブ取引　　　155

図2-40 カバード・コール・ライト

(a) 対象証券の買い

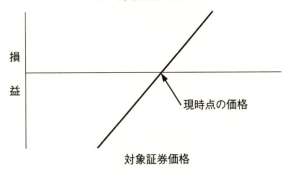

(b) コール・オプションの売り

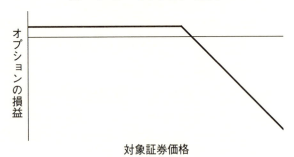

(c) カバード・コール・ライト(a)＋(b)

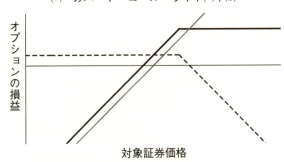

(出所) 野村フィデューシャリー・リサーチ＆コンサルティング

図2−41 プロテクティブ・プット

(a) 対象証券の買い

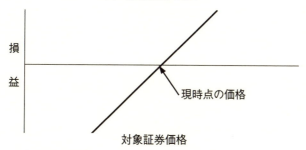

(b) プット・オプションの買い

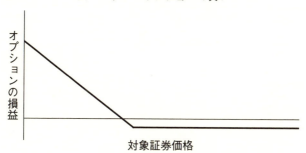

(c) プロテクティブ・プット(a)＋(b)

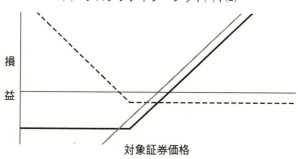

(出所) 野村フィデューシャリー・リサーチ＆コンサルティング

プロテクティブ・プットは、プット・オプションを購入することによって、保有する対象証券の値下りリスクを回避しようとするものである。しかし、このためにはプット・オプションを購入するというコストがかかるため、あまり対象証券価格が下落しない範囲では、単に対象証券を保有した場合よりも収益が劣ることになる。

対象証券との組合せ戦略とは少し異なるが、債券運用上、機関投資家などに用いられる現物オプションの利用法として、ターゲット・バイイングがある。これは、アウト・オブ・ザ・マネーのプット・オプションを売る（ライトする）ものである。このことによって、将来、対象証券価格が下落し、行使価格を下回った場合には、権利行使されて現在の対象証券価格より安い行使価格で、対象証券を購入することになる。一方、そこまで対象証券価格が下落しなければ、オプション料を受け取っただけでオプションは行使されずに消滅する。どちらにしても、いま、単純に対象証券を購入するよりはよいと考える投資家もいるかもしれない。ターゲット・バイイングは現在では、恒常的に債券を購入している投資家などに利用される、一種の売買手法となっている。

プロテクティブ・プットではオプション料を支払うことになるのに対し、カバード・コール・ライトやターゲット・バイイングでは、オプション料を受け取ることになる。このことが、投資家の行動に影響を与え、オプション料を受け取るタイプの取引が投資家に好まれる面もある。

(2) オプションの組合せ

単純な、コール・オプションの買いや、プット・オプションの買い以外にも何種類かのオプションを組み合わせた、オプションの投資戦略がある。代表的な例として、ストラドルの買いをみておこう。

ストラドルの買いは、同じ対象証券で、同じ行使価格、同じ満期の、コール・オプションとプット・オプションを同時に購入する、というものである（図2−42）。

図2-42 ストラドルの買い

(a) コール・オプションの買い

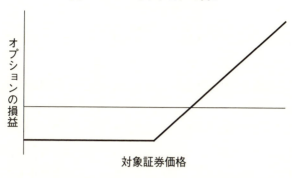

(b) プット・オプションの買い

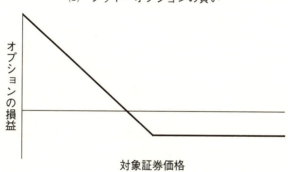

(c) ストラドルの買い(a)+(b)

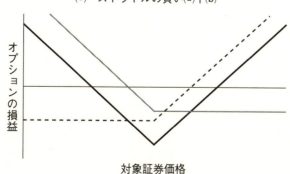

(出所) 野村フィデューシャリー・リサーチ&コンサルティング

ストラドルの買いは、対象証券価格が上昇しても低下しても利益が得られる反面、対象証券価格が行使価格周辺で満期となった場合、損失を被ることになる。
　これとは逆に、同じ行使価格のコールとプットを売る投資戦略はストラドルの売りと呼ばれる（図2－43）。
　ストラドルの売りの損益曲線は、ストラドルの買いの損益曲線を上下逆転させたものになる。
　一般にオプションの売りの損益曲線は、オプションの買いの場合の損益曲線を上下反転させたものになる。ストラドルの売りは、ストラドルの買いとは逆に、対象証券価格があまり変動しない場合に、利益を得ることができる投資戦略である。
　その他の主なオプション・ストラテジーを図2－44にまとめる。
　ここで、ブルとは牡牛のことで、米国では強気を意味する。一方、ベアとは熊のことで弱気の象徴となっている。相場に強気の場合、ブル・スプレッド、弱気の場合、ベア・スプレッドが選択されよう。
　このようなオプションの投資戦略（ストラテジー）は、機関投資家などが大規模に行うのは、オプション市場の流動性からみても非現実的である。また後述するALMの観点からも、ポートフォリオ全体をこのような投資に振り向けることはきわめてリスクが大きい。

図2－43　ストラドルの売り

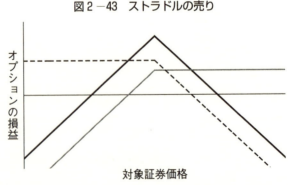

（出所）野村フィデューシャリー・リサーチ＆コンサルティング

160　　　　第2章　債券投資分析の基礎

図2-44 主なオプション・ストラテジー

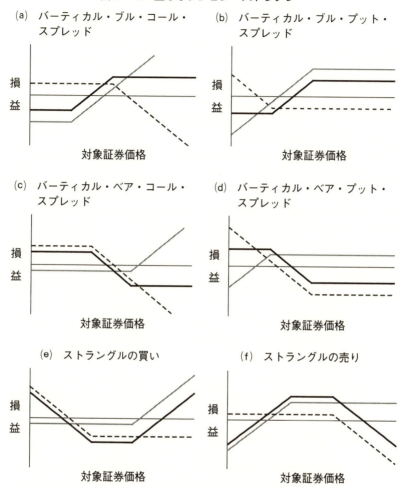

(出所) 野村フィデューシャリー・リサーチ&コンサルティング

　しかし、債券運用の一環として、部分的にこのようなオプションを組み入れ、投資効率の向上を目指すということは、比較的よく行われている。

第4節　デリバティブ取引

(3) プット・コール・パリティー

　オプションの組合せとして、同じ対象証券の同じ行使価格、同じ満期のヨーロピアン・タイプのコール・オプションの買い、プット・オプションの売り、を行うとほぼ対象証券の先物と同じような損益曲線になる（図2－45）。

　逆に、ヨーロピアン・タイプの場合、コールを売り、プットを購入すれば、先物の売りと同様の損益曲線となる（図2－46）。このようなオプションの組合せによってつくられた先物類似のポジションを、合成先物と呼ぶことがある。

図2－45　合成先物の買い（コール買い、プット売り）

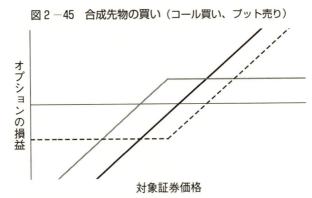

（出所）　野村フィデューシャリー・リサーチ＆コンサルティング

図2－46　合成先物の売り（コール売り、プット買い）

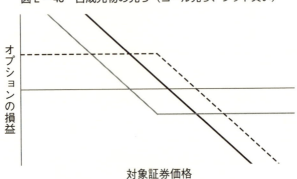

（出所）　野村フィデューシャリー・リサーチ＆コンサルティング

損益曲線ではなく、満期価値で考えれば、合成先物買いの満期価値は対象証券が行使価格のときゼロであり、そこから右上りの直線となる。したがってこれに加えて、満期価値が行使価格分の無リスク資産を保有すると満期において対象証券と同一の価値をもつことになる。このため、現在のその価値は対象証券価格に等しいはずである。すなわち、ヨーロピアン・タイプで同一の行使価格と満期のプット・オプションとコール・オプションについて、

$$C - P + E \exp(-rT) = S \qquad\qquad \cdots\cdots (2\,-31)$$

ここで、 C ：コール・オプションの価格
P ：プット・オプションの価格
S ：対象証券価格
r ：短期金利
T ：オプションの満期までの期間
E ：コールとプット共通の行使価格

という関係を得る（ただし、オプションの満期までの間、対象証券の配当（クーポン）がない場合[23]）。この関係をプット・コール・パリティーと呼んでいる。

　この関係が成り立たないような価格形成がなされた場合、裁定取引の機会が生じることになる。現実には裁定取引の機会が生じることは、まれである。

Ⅲ　スワップ取引

　スワップ取引は、すべて店頭で取引される。スワップ取引は、金利スワップ取引と通貨スワップ取引に大別される。スワップ取引は現在、銀行などの

---

[23] 配当利回り（クーポン収入）がある場合には、（2－31）式でSが、$S \exp(-\delta T)$に置き換わる。

　なお、ここで$\exp(-\delta T)$はeの$-\delta T$乗すなわち$e^{-\delta T}$を表す。ここで$e = 2.71828\cdots\cdots$は自然対数の底と呼ばれる定数である。

第4節　デリバティブ取引　　　163

ALM（資産負債総合管理）上も重要な取引として活用が進んでいる。

ここでは、このようなスワップ取引の概要について解説することにする。

❶ 金利スワップ取引

⑴ 金利スワップとは

典型的な金利スワップは、円固定金利と円変動金利の交換契約である。その変動金利について、従前、国際的な金利指標として、ロンドンの銀行間での貸手レートであったLIBOR（London InterBank Offered Rate）が使用されてきたが、不正操作が発覚し、最終的には2023年6月をもって公表停止に至った。24年11月現在では代替金利指標として、日本円ではTONA（Tokyo OverNight Average Rate）、TORF（Tokyo Term Risk Free Rate）、TIBOR（Tokyo InterBank Offered Rate）が使用されている。表2－27に、日本円・米ドルの代替金利指標を示す。

TIBORは銀行間取引の金利指標であり、LIBORと同様にさまざまなテナー（参照期間）が存在する。また銀行の信用リスクを含む点でも類似している。一方でTONAは翌日物であり、信用リスクがほとんど含まれない。TONAは期間構造を有さないため、TONAを参照する金利スワップ取引ではスワップ期間を通じてTONAを複利運用した場合の金利を計算することになる。スワップ取引終了時に金利が確定するため「後決め方式」と呼ばれる。

表2－27　日本円・米ドルのLIBOR代替金利指標

	日本円	米ドル
オーバーナイト・リスク・フリー・レート	TONA	SOFR
ターム物リスク・フリー・レート	TORF	ターム物SOFR
その他の銀行間取引金利	TIBOR	―

（出所）　日本円金利指標に関する検討委員会およびAlternative Reference Rates Committee資料より野村フィデューシャリー・リサーチ＆コンサルティング作成

164　　　　第2章　債券投資分析の基礎

他方、LIBORやTIBORのように期間構造を有する金利指標を参照する場合はスワップ取引開始時点で金利を確定させることができるため、「前決め方式」と呼ばれる。

TORFはリスク・フリー・レートに基づきながらも前決め方式で使用できるよう期間構造を有した金利指標で、TONAを原資産とするデリバティブ取引のデータから株式会社QUICKベンチマークスが算出している。

(2) 金利スワップ取引の例

金利スワップ取引の例を**表2-28**に、この条件の金利スワップ取引のキャッシュ・フローを**表2-29**に示す。

この例では、6カ月TIBORを用いており、この金利スワップでは、6カ月ごとにレートがリセットされる。たとえば、20X0年10月1日にA社が受け取るTIBOR金利は、その半年前の20X0年4月1日の直前のTIBORの水準によって決定される。これは通常の資金貸借における付利の方法と同様である。利率を決める金利水準は、その金利が適用される期間の開始直前に決定されるのである。

全体として、この金利スワップ取引では、A社は5年間、円固定金利をX銀行に支払い、TIBORに連動する変動金利をX銀行から受け取ることにな

表2-28 金利スワップ取引の例

プレイン・バニラ・スワップ	オーバーナイト・インデックス・スワップ
期間：5年	期間：5年
固定金利：円1.5%	固定金利：円0.05%
変動金利：円6カ月TIBOR	変動金利：TONA
金利交換：毎年4月・10月1日	金利交換：毎年10月第3営業日
想定元本：10億円	想定元本：10億円
固定金利支払者：A社	固定金利支払者：A社
固定金利受取者：X銀行	固定金利受取者：X銀行

（出所）　野村フィデューシャリー・リサーチ＆コンサルティング

第4節　デリバティブ取引　　165

表2－29　金利スワップ取引のキャッシュ・フローの例

日　付	A社の支払	A社の受取り
20X0/4/1	—	—
20X0/10/1	$10億 \times \dfrac{1.5}{100} \times \dfrac{183}{365}$ （円）	$10億 \times \dfrac{TIBOR}{100} \times \dfrac{183}{365}$ （円）
20X1/4/1	$10億 \times \dfrac{1.5}{100} \times \dfrac{182}{365}$ （円）	$10億 \times \dfrac{TIBOR}{100} \times \dfrac{182}{365}$ （円）
$\vdots$	$\vdots$	$\vdots$
20X4/10/1	$10億 \times \dfrac{1.5}{100} \times \dfrac{183}{365}$ （円）	$10億 \times \dfrac{TIBOR}{100} \times \dfrac{183}{365}$ （円）
20X5/4/1	$10億 \times \dfrac{1.5}{100} \times \dfrac{182}{365}$ （円）	$10億 \times \dfrac{TIBOR}{100} \times \dfrac{182}{365}$ （円）

（出所）　野村フィデューシャリー・リサーチ＆コンサルティング

る。なお、慣例として円の金利スワップでは、固定金利は実日数/365日ベースで日割り計算され、TIBORもレートの提示前提に基づき、実日数/365日ベースで日割り計算される。

　この例では金利計算の基礎となる元本額（想定元本）は10億円で一定である。このような形の金利スワップ取引が最も一般的ではあるが、元本が期間経過とともに減少する元利均等返済や、元金均等返済タイプの金利スワップ取引も、比較的活発に取引されている。

(3)　金利スワップの活用

　金利スワップ取引は、変動金利と固定金利の交換契約であるから、固定金利建て金融商品を変動金利に、また逆に変動金利の金融商品を固定金利に変換する効果がある。たとえば、先の金利スワップ取引で、A社がこの金利スワップの取引と同時に、TIBOR連動の変動金利借入れを行っていた場合を考えよう（表2－30）。

表 2－30　変動金利借入れのキャッシュ・フローの例

日　　付	A社の支払	A社の受取り
20X0/4/1	—	10億（円）
20X0/10/1	$10億\times\dfrac{TIBOR}{100}\times\dfrac{183}{365}$ （円）	
20X1/4/1	$10億\times\dfrac{TIBOR}{100}\times\dfrac{182}{365}$ （円）	
	$\vdots$	
20X4/10/1	$10億\times\dfrac{TIBOR}{100}\times\dfrac{183}{365}$ （円）	
20X5/4/1	$10億\times\dfrac{TIBOR}{100}\times\dfrac{182}{365}+10億$ （円）	

（出所）　野村フィデューシャリー・リサーチ＆コンサルティング

　変動金利借入れと、表 2－31の金利スワップを組み合わせると、ネットの
キャッシュ・フローは、表 2－32のようになる。これは、固定金利での借入
れと実質的に同じことになる。

　つまり、変動金利借入れ＋（固定金利支払）金利スワップ＝固定金利借入
れ、である。金利スワップはこのように、借入れ（債券発行）による資金調
達や、固定利付債、変動利付債への投資などと組み合わせて、変動金利から
固定金利、固定金利から変動金利への変換を容易に行うことのできる取引な
のである。

　なお、固定金利債券の購入と金利スワップ（固定金利払い）を組み合わせ
て、実質的に変動金利の債券（変動利付債）への投資と同様の効果を得るこ
とをアセット・スワップ（ASW：asset swap）と呼ぶ[24]。

　金利スワップは、円以外にも主要な通貨で取引が行われている。通貨によ
って利息計算の日割りにおける日数計算方式が異なる場合があるので、注意
が必要である。なお、他の金利スワップと特に区別する場合、円固定金利

第 4 節　デリバティブ取引　　167

表2−31　金利スワップ取引のキャッシュ・フローの例

日　付	A社の支払	A社の受取り
20X0/4/1	—	—
20X0/10/1	$10億\times\dfrac{1.5}{100}\times\dfrac{183}{365}$（円）	$10億\times\dfrac{TIBOR}{100}\times\dfrac{183}{365}$（円）
20X1/4/1	$10億\times\dfrac{1.5}{100}\times\dfrac{182}{365}$（円）	$10億\times\dfrac{TIBOR}{100}\times\dfrac{182}{365}$（円）
$\vdots$	$\vdots$	$\vdots$
20X4/10/1	$10億\times\dfrac{1.5}{100}\times\dfrac{183}{365}$（円）	$10億\times\dfrac{TIBOR}{100}\times\dfrac{183}{365}$（円）
20X5/4/1	$10億\times\dfrac{1.5}{100}\times\dfrac{182}{365}$（円）	$10億\times\dfrac{TIBOR}{100}\times\dfrac{182}{365}$（円）

（出所）　野村フィデューシャリー・リサーチ＆コンサルティング

表2−32　変動金利借入れ＋金利スワップ取引

日　付	A社の支払	A社の受取り
20X0/4/1	—	10億（円）
20X0/10/1	$10億\times\dfrac{1.5}{100}\times\dfrac{183}{365}$（円）	
20X1/4/1	$10億\times\dfrac{1.5}{100}\times\dfrac{182}{365}$（円）	
$\vdots$	$\vdots$	
20X4/10/1	$10億\times\dfrac{1.5}{100}\times\dfrac{183}{365}$（円）	
20X5/4/1	$10億\times\dfrac{1.5}{100}\times\dfrac{182}{365}+10億$（円）	

（出所）　野村フィデューシャリー・リサーチ＆コンサルティング

と円変動金利の交換の金利スワップ取引を、円－円スワップと呼ぶことがある。

(4) 金利スワップの評価

　金利スワップでは、取引を行おうとする場合、現時点で取引可能な金利スワップの固定金利レートが業者によって提示される。このレートのことを、スワップ・レートと呼ぶ。その時点のスワップ・レートで金利スワップを開始しようとする場合には、オプションなどと異なり期初に代価を支払う必要は、通常ない[25]。言い換えれば、この時点で金利スワップの現在価値はゼロであり、逆に現在価値がゼロとなるようなレートが、スワップ・レートとして提示されているのである。

　しかし、いったん、金利スワップを約定した（取引を行った）後には、この契約の固定金利に対し、市場の金利は変化していくため、金利スワップの現在価値が変化していくことになる。

　ここでは、このような金利スワップの現在価値の評価の問題を考えることにする。金利スワップの時価評価のモデルには種々のものが考えられるが、ここでは最も単純な方法を例示するにとどめる。

　さてまず、現時点の6カ月TIBOR、1年TIBOR、1.5年のスワップ・レー

---

[24] アセット・スワップにはマッチド・マチュリティ方式、パー・パー方式、受渡代金方式がある。これらは、債券価格に対し金利スワップの想定元本をいくらとするか、それによる期初の相違部分をスワップ取引の期初のキャッシュ・フローに含めて調整するか否か、という点の相違である。

	期初に支払う価格	アセット・スワップの想定元本
マッチド・マチュリティ方式	期初時点の利含み値段	100円
パー・パー方式	100円	100円
受渡代金方式	期初時点の利含み値段	期初時点の利含み値段

[25] 店頭、相対の取引であるので、取引相手の信用リスクが問題となることもある。このため、場合によってはスワップ取引のために担保を要求されることがある。

第4節　デリバティブ取引

ト、2.0年のスワップ・レート……が市場で提示されているものとしよう[26]。期間0.5年ごとのこれらの金利を所与として、任意の金利スワップの現在価値を計算することにする。このためには、金利スワップのターム・ストラクチャー（金利の期間構造）を推定することになる。すなわち、ディスカウント・ファクターの推定である。

まず、0.5年、1.0年のTIBORから、

$$0.5年のディスカウント・ファクター = \cfrac{1}{1 + \cfrac{6カ月TIBOR}{100} \times \cfrac{0.5年の日数}{365}}$$

$$1.0年のディスカウント・ファクター = \cfrac{1}{1 + \cfrac{1年TIBOR}{100} \times \cfrac{1.0年の日数}{365}}$$

として、0.5年と1.0年のディスカウント・ファクターが求められる。

次に、1.5年のスワップ・レートを用いて、1.5年のディスカウント・ファクターを求める。金利スワップのキャッシュ・フローに、省略されている同額の元本交換を加えて考えると、変動金利サイドは変動利付債と同様のキャッシュ・フローであることがわかる（図2−47）。この変動利付債の価格は、実は常に元本100円当りほぼ100円である。金利スワップの現在価値は、この固定金利サイド（固定利付債のキャッシュ・フロー）と、変動金利サイドの現在価値の差となる。したがって、現在のスワップ・レートが金利スワップの現在価値がゼロとなるレートであるということは、固定金利サイドも、元本100円当り100円となっていることを表していることになる。

ここで現在の1.5年のスワップ・レートから計算される、固定金利サイドのキャッシュ・フローすなわち、

$$0.5年 \quad \frac{1.5年スワップ・レート}{100} \times \frac{実日数}{365} \quad （円）$$

---

[26] 通常は、期間2年、3年、……というスワップ・レートは提示されるが、1.5年、2.5年等のレートは提示されていない。このような場合には、たとえば、1年と2年のレートから、1.5年のレートを線形補完して求める（つまり足して2で割る）というのが一つの方法である。

170　　　第2章　債券投資分析の基礎

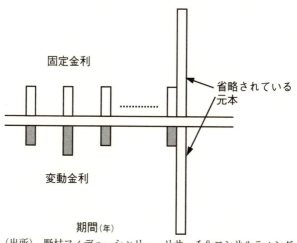

図2-47 金利スワップのキャッシュ・フロー

(出所) 野村フィデューシャリー・リサーチ&コンサルティング

1.0年　$\dfrac{1.5年スワップ・レート}{100} \times \dfrac{実日数}{365}$　(円)

1.5年　$\dfrac{1.5年スワップ・レート}{100} \times \dfrac{実日数}{365} + 100$　(円)

という三つのキャッシュ・フローのうち、0.5年と1.0年のキャッシュ・フローの現在価値は、先のTIBORから求めた、0.5年、1.0年のディスカウント・ファクターによって求められる。これらと、三つめ(1.5年)のキャッシュ・フローに1.5年のディスカウント・ファクター(DF)を掛けたものの和が、100円であるということになる(図2-48)。

ここから、1.5年のディスカウント・ファクターを逆算することができる。

以下同様にして、2.0年のスワップ・レートから2.0年のディスカウント・ファクター、2.5年のスワップ・レートから2.5年のディスカウント・ファクター……と、順に0.5年ごとのディスカウント・ファクターが求められていくことになる。なお、このようなディスカウント・ファクターの求め方をブート・ストラップ法と呼ぶ。

これら0.5年ごとのディスカウント・ファクターを適当に補間して、任意

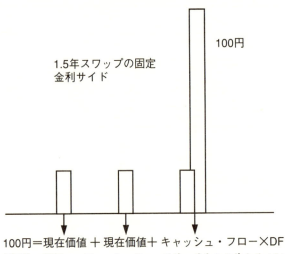

図2−48 1.5年のディスカウント・ファクター

100円＝現在価値 ＋ 現在価値 ＋ キャッシュ・フロー×DF
（出所）　野村フィデューシャリー・リサーチ＆コンサルティング

の年限のディスカウント・ファクターを求めれば、過去に行った金利スワップ取引の固定金利サイドの現在価値を求めることができることになる。ディスカウント・ファクターの補間は、たとえば線形に行う（つまり日数按分する）というのが最も簡単な方法であろう。

　元本込みの固定金利サイドの現在価値を求めれば、元本込みの変動金利サイドの現在価値は、ほぼ常に元本100円当り100円であるから、その差をとることにより、任意の金利スワップの現在価値を求めることができる[27]。

　なお、変動金利サイドが変形である金利スワップの変動金利サイドを評価するのであれば、推定したターム・ストラクチャーから、対応する期間のフォワード・レートを求め、これをTIBORの理論値として代入し、キャッシュフローをディスカウント・ファクターで割り引くことになる[28]。

　このようにして、日々金利スワップ・レートから、ディスカウント・ファ

---

[27] 厳密には次回のTIBORの水準がリセットされた後は、この固定されたレートと、日々の次回の金利交換日までのレートとの差異のため、変動金利サイドの現在価値は100円から若干乖離する。

クターを推定することによって、過去に行った金利スワップ取引の時価評価が可能となる。

(5) オーバーナイト・インデックス・スワップ

金利スワップ取引の一種として、OIS（Overnight Index Swap：オーバーナイト・インデックス・スワップ）と呼ばれるものがある。通常の金利スワップがTIBORと固定金利の交換であるのに対し、OISではオーバーナイトの金利（無担保コール翌日物）の加重平均値と固定金利の交換である点が異なる。ここで無担保コール翌日物のレートは、1日複利の方式で次のように累積計算される。

表2－33　無担保コール翌日物の例

日	XX月1日	XX月2日	XX月3日	XX月6日
曜日	水	木	金	月
無担保コール翌日物	0.054%	0.034%	0.062%	0.049%

（出所）　野村フィデューシャリー・リサーチ＆コンサルティング

数値例として固定金利0.052%と無担保コールの交換、期間6日、想定元本10億円とすると、表2－33の例では変動金利側は、

$$10億円 \times \left(1 + \frac{0.054}{100} \times \frac{1}{365}\right) \times \left(1 + \frac{0.034}{100} \times \frac{1}{365}\right) \times \left(1 + \frac{0.062}{100} \times \frac{3}{365}\right)$$

$$\times \left(1 + \frac{0.049}{100} \times \frac{1}{365}\right) = 8,849円$$

28　金利の先渡取引によって、変動金利を実質的に固定キャッシュ・フローにした、と考えればよい。金利の先渡取引の理論レートは、対応する期間のフォワード・レートとなるからである。ただし、変動金利サイドが、金利に対しオプションのようになっている場合や、適用期間と指標レートの期間が異なる場合（たとえば6カ月ごとに、3年のスワップ・レートを支払う（これをCMS（コンスタント・マテュリティ・スワップ）と呼ぶ）場合）には、このような単純な方法で評価することはできず、金利のデリバティブ・モデルを利用する必要がある。

第4節　デリバティブ取引　　　173

固定金利側は、

$$10億円 \times \left(\frac{0.052}{100} \times \frac{6}{365} \right) = 8,548円$$

となる。ここで変動金利側の計算では週末を挟む分、金曜日のレート0.062%については3日分のウェイトとなっていることに注意されたい。

　OISの期間が1年未満の場合、満期1回のみの差金決済（金利の授受）、OISの期間が1年以上の場合、1年ごとに差金決済（金利の授受）を行うのが標準的な取引である。

　このようなOISを用いて、無担保コールの運用を行うと同時にOIS固定金利の受けの取引を行うことで、国債とは異なる長期運用が可能になる。このため、同一期間の国債利回りとOISレートの差を、実務上、国債の財政リスクに対するリスク・プレミアムとみる向きもある。なおOISレート自体はあくまで長期金利であって、そのなかにはターム・プレミアムが含まれていることには、留意が必要であろう。

　一方、店頭デリバティブ取引において、取引相手の信用リスク軽減のため担保を用いる場合には、OISレートを無リスク金利としてディスカント・ファクター推定に用いることが一般的になっている。OISを基準とするディスカウント・ファクターによって店頭デリバティブの評価を行うことを、OISディスカウンティングと呼ぶ。

❷　通貨スワップ取引

(1)　通貨スワップとは

　金利スワップが、同一通貨の金利の交換であるのに対し、通貨スワップは、異なる通貨の金利の交換である。代表的な例を、表2-34に示す。

　表2-34の条件に対応する通貨スワップのキャッシュ・フローを表2-35に示す。前述の金利スワップでは通常、元本交換を伴わないのに対し、通貨スワップでは通常、元本交換を行うため、この点が異なる（図2-49）。

この例の通貨スワップでは、米ドルのキャッシュ・フローに注目すると、A社はまず元本を支払い、その後米ドル変動金利の利息を受け取り、最後に利息に加えて米ドルの元本返済を受けている。一方、円のキャッシュ・フローに注目すると、A社は、まず円元本を受け取り、その後、円金利を支払い、最後に金利に加えて元本返済を行っている。

全体を合わせると、この取引はA社にとって米ドル変動金利での貸付と、

表 2－34　通貨スワップ取引の例

> 期間：5 年
> 固定金利：円1.5%
> 変動金利：SOFR複利（後決め）
> 金利交換：毎年 4 月・10 月 1 日
> 元本：15億円＝1,000万米ドル
> 固定金利支払者：A社
> 固定金利受取者：X銀行

（出所）　野村フィデューシャリー・リサーチ＆
　　　　コンサルティング

表 2－35　通貨スワップ取引のキャッシュ・フローの例

日　付	A社の支払	A社の受取り
20X0/4/1	1,000万（$）	15億（円）
20X0/10/1	$15億 \times \dfrac{1.5}{100} \times \dfrac{183}{365}$（円）	$1,000万 \times \dfrac{SOFR}{100} \times \dfrac{183}{360}$（$）
20X1/4/1	$15億 \times \dfrac{1.5}{100} \times \dfrac{182}{365}$（円）	$1,000万 \times \dfrac{SOFR}{100} \times \dfrac{182}{360}$（$）
	$\vdots$	$\vdots$
20X4/10/1	$15億 \times \dfrac{1.5}{100} \times \dfrac{183}{365}$（円）	$1,000万 \times \dfrac{SOFR}{100} \times \dfrac{183}{360}$（$）
20X5/4/1	$15億 \times \dfrac{1.5}{100} \times \dfrac{182}{365} + 10億$（円）	$1,000万 \times \dfrac{SOFR}{100} \times \dfrac{182}{360} + 1,000万$（$）

（出所）　野村フィデューシャリー・リサーチ＆コンサルティング

第 4 節　デリバティブ取引

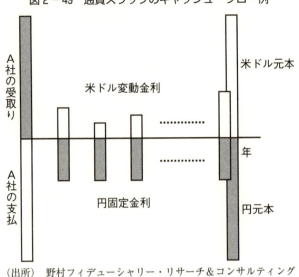

図2−49 通貨スワップのキャッシュ・フロー例

(出所) 野村フィデューシャリー・リサーチ＆コンサルティング

円固定金利での借入れを同時に行っているのと、同様の効果があることになる。

　通貨スワップにはこの例以外にも、元本交換のない形のもの、変動金利同士の交換（これをベーシス・スワップと呼ぶ）のものなど、種々のものが取引されている。そのなかで最も一般的なのは、ここであげたような、固定金利と米ドル変動金利の交換で、元本交換を伴う形のものである。また、この例のように、通貨スワップの取引時の為替レートに基づき、期初、期末とも、同じ為替レートで元本交換が行われる形のものが一般的である。

(2) 通貨スワップの活用

　金利スワップが変動金利の金融商品と、固定金利の金融商品を変換する効果があるのと同様、通貨スワップは通貨の異なる金融商品を変換する機能をもつ。

　たとえば先ほどの例で、A社はこの通貨スワップの取引と同時に、SOFR

ベースの変動金利借入れを行ったとしよう。この場合、通貨スワップからの
SOFRを借入れの利子支払にあてることによって、実質的にA社は円固定金
利での資金調達を行ったのと同じ効果になる。

　また変動金利同士の交換であるベーシス・スワップ取引は、たとえば
SOFRとTONA＋αの交換であり、通常の通貨スワップ取引と同様、円とドル
の元本交換を行う形の取引が標準的である。たとえば米国財務省証券を米
ドルの金利スワップによってアセット・スワップしSOFRベースに変換し、
さらにドル円ベーシス・スワップによって元本を円、変動金利をTONA連
動に変換すれば、為替リスクのない円ベースの変動金利運用が可能になる。
このため、ベーシス・スワップは、国内外の金融機関が他国通貨建債券を自
国通貨建てに変換して投資する目的で、頻繁に利用されている。

　このように、円建ての借入れや債券発行、外貨建ての借入や債券発行、外
貨債投資、円債投資、等と通貨スワップを組み合わせることによって、通貨
の変換を容易に行うことができることになる。

(3)　通貨スワップの評価

　通貨スワップの現在価値評価も、金利スワップの場合と同様、ターム・ス
トラクチャーの推定を行うことによって可能になる。円と米ドルの通貨スワ
ップであれば、円と米ドルのターム・ストラクチャーを用意することにな
る。通貨ごとの現在価値を求め、為替レートを介して、差をとることによっ
て、通貨スワップの現在価値が求められることになる。通常の通貨スワップ
の場合、米ドル側は単純な変動金利であるので、契約開始後は、ほぼ元本100
＄に対し100＄程度になる。

　なお、実際のマーケットでは、金利スワップのスワップ・レートと、通貨
スワップのスワップ・レートは異なっていることが多い。たとえば円－円ス
ワップのスワップ・レートのほうが、円－米ドルの通貨スワップのスワッ
プ・レート（円固定金利）よりも高いといった例である。これらはいずれも
円の金利であるので（変動金利側は元本100に対して現在価値100であることか

第4節　デリバティブ取引　　　　177

ら）、本来は同じレートになるはずであるとも考えられる。

　この点については、TIBORのレートの提示は一般社団法人全国銀行協会によって行われ、SOFRレートの提示は主にニューヨーク連邦準備銀行によって行われるため、米国銀行と本邦銀行の信用リスクの状況や、市場での一般的な資金調達の容易さの相違によって、金利水準が相対的に異なっていることが考えられる。このような差は、ベーシス・スワップのスプレッドαに反映されることになる。このαの差に基づいて、円ドル通貨スワップのスワップ・レート（円金利）と円金利スワップのスワップ・レート（円金利）に差がつくことになる。

　このようなことから、同じ円金利でも、金利スワップの場合と、通貨スワップの場合では、それぞれのレートでターム・ストラクチャーを推定して、使い分けることが必要となる。

コンベクシティに関する補足

　前述のように、債券ポートフォリオの構築において、最終利回りの最大化は、常に最適であるわけではない。これと同じように、コンベクシティの最大化も常に最適であるわけではないと考えられる。ここでは、この点について検討しよう。

　仮想的に、いくつかの年限の割引債が存在し、図A−1のようにいまから1カ月後の割引債価格が図示できたとしよう。すなわち、m個の割引債が存在し、金利が変動した場合のそれぞれの価格がどのように変化するかが図示できたと仮定する。またそれぞれの割引債の現在の価格もわかっていると仮定する。

　次に、これに対してオプションを考える。これは金利rを対象とするオプションであり、1カ月後に満期となって図A−2のような満期価値となる。

　このとき、図A−3(a)のように各rの水準でのオプション価格を順にC_1、C_2、……とする。同様に同じ金利水準のときの割引債価格を、銘柄

178　　　第2章　債券投資分析の基礎

ごとに順にP_{11}、P_{12}、……、P_{1n}、等とする（図A－3(b)）。

さてここで銘柄数mに比べて十分に大きくn（金利水準の数）をとると、回帰、

$$\begin{pmatrix} C_1 \\ C_2 \\ \vdots \\ C_n \end{pmatrix} = \alpha_1 \begin{pmatrix} P_{11} \\ P_{12} \\ \vdots \\ P_{1n} \end{pmatrix} + \cdots + \alpha_m \begin{pmatrix} P_{m1} \\ P_{m2} \\ \vdots \\ P_{mn} \end{pmatrix} + \varepsilon$$

を行うことができ、回帰係数α_1、α_2、α_3、……、α_mを推定することができる。この推定されたα分ずつ、割引債を保有したポートフォリオを考えよ

図A－1　割引債価格（模式図）

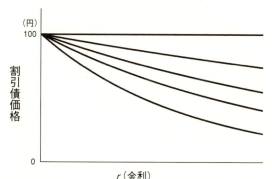

（出所）　野村フィデューシャリー・リサーチ＆コンサルティング

図A－2　オプションの満期価値（模式図）

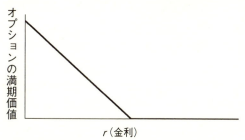

（出所）　野村フィデューシャリー・リサーチ＆コンサルティング

図A－3　各資産の1カ月後の価値（模式図）

(a) オプションの満期価値

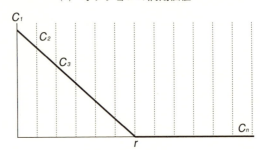

(b) 割引債の価格

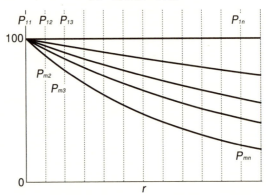

（出所）　野村フィデューシャリー・リサーチ＆コンサルティング

う。オプションと割引債のポートフォリオの1カ月後の価値が近くなるよう回帰によってαが推定されていることから、1カ月後の両者の価値は多少のズレはあるもののほぼ同じようになるはずである（図A－4）。

さて、1カ月後のオプションとこの割引債ポートフォリオの価値がほぼ同じであることから、現在の両者の価値もほぼ等しいはずである。したがって現時点でのオプション価格をC、現時点の各割引債の価格をP_iとすれば、

$$C \approx \sum \alpha_i \times P_i$$

となるはずである。

図A－4　割引債ポートフォリオによるオプションの近似
（模式図）

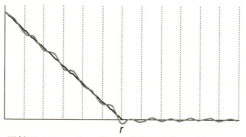

（出所）　野村フィデューシャリー・リサーチ&コンサルティング

さて、ここで疑問が生じる。金利オプションの価格 C は、ボラティリティの関数のはずである。この話のなかで、ボラティリティが上昇すると、オプションの価格が上昇するはずであるというのが、どこからくるのであろうか。

この答えは、割引債の価格がボラティリティの関数であるから、というものである。

たとえば金利のデリバティブモデルの1種である、CIRモデル[29]では、

$$\frac{1}{2}\sigma^2 r F_{rr} + [x(\theta-r) - \lambda r] F_r + F_t - rF = 0$$

がモデルの微分方程式である。このモデルでは金利に関連して価格変動するものの価格 (F) は、すべてこの微分方程式を満足することになる。たとえばこの微分方程式を満期価値100円という境界条件で解くと、割引債価格が得られるのである。

なお、この式には金利のボラティリティ σ が現れている。したがって、割引債価格はボラティリティの関数になっていることになる。

さて、オプションはその損益曲線が曲がっている（下に凸である）ために、オプション・プレミアムがつくのである。債券価格も曲がっている（下に凸である）ことを想起されたい。つまり、債券のコンベクシティには市場で値段がついているはずだということになる。

このため、コンベクシティを最大化した解が常に最適になるわけでは

---

[29] Cox, Ingersoll and Ross（1985b）参照。

ないことがわかる。ストラドルの買いが、常に有利なポジションではないのと同じように、コンベクシティ最大化は、常に有利なポジションであるわけではない。オプションのガンマを正の値にしようとすれば、それに対してコストがかかるはずである。したがって、有利かどうかはわからない。それと同様にコンベクシティを大きくしようという戦略が、常によい戦略であるわけではないのである。コンベクシティを大きくするためには、それ相応のコストを払っているということになるのである。しかも、そのコストはオプションの価格と整合的であるはずである。

コンベクシティを大きくしようとする戦略は、オプションのガンマを大きくしようとするのと同様、将来ボラティリティが上昇すれば有利となるが、ボラティリティが低下すれば不利になると考えられる。

同じデュレーションであれば、長期債と短期債を組み合わせたポートフォリオのほうが、中期債よりもコンベクシティは大きくなる傾向がある。このため、最終利回りとしては中期債のほうが高くなる傾向があり、これがコンベクシティのコストに対応することになる。したがって、利回り曲線は上に凸になる傾向があるとも考えられる（前掲図2－16、2－17参照）。しかしそうであるからといって、中期債のほうが有利であるというわけでは必ずしもない。

なお、直近では短期債の利回り変動が小さいこともあって、逆に利回り曲線が下に凸である状況が続いている。これは現状ではコンベクシティ効果よりも、長期債の価格変動に伴うターム・プレミアムの効果のほうが、大きくなっていることを示しているのかもしれない（前掲図2－15参照）。

182　　第2章　債券投資分析の基礎

第5節

MBS

　MBS（Mortgage Backed Securities：モーゲージ担保証券）は、住宅モーゲージ・ローンなどを証券化したものであり、米国では大きな市場を形成している。

　わが国でも2001年3月から住宅金融公庫による貸付債権担保住宅金融公庫債券が発行された。その後住宅金融公庫は07年4月に廃止され、独立行政法人住宅金融支援機構が設置されている。住宅金融支援機構は引き続き、**貸付債権担保住宅金融支援機構債券**（以下、**機構MBS**と呼ぶ）を発行している。

　MBSは、担保となる住宅ローンで発生した期限前返済が、投資家にそのまま支払われることから、債券としても期限前償還が発生するという特徴がある。日本で機構MBSの担保となる住宅ローンには、

・一定期間後に、ローン金利が上昇する段階金利制度が存在する

・ボーナス払い併用が多く、ボーナス月に元本返済が多くなる（図2－50）

といった特徴がある。さらに機構MBSには、残高が発行額の10％を下回った場合、機構は当該債券を早期償還（クリーン・アップ・コール）できるなど米国のMBSにはない特徴もある。

　期限前償還は、金利が低下した場合に、ローンの借り手にとって借換えが有利になることから、増加する傾向がある。しかしコーラブル債と異なり、債券全体が一度に全額償還されるわけではなく、担保となる住宅ローンで期限前の返済が発生するごとに期限前償還も発生する。そして金利低下によって期限前償還が増加するということは、MBSにはオプション的な性格があるということを意味する。

　本節では、このような機構MBSに特徴的な期限前償還と、このようなオプション的な性質を有する債券のTスプレッドである**OAS**（Option Adjusted Spread）について述べる。

図2-50 機構MBSのスケジュールド・キャッシュ・フローの例

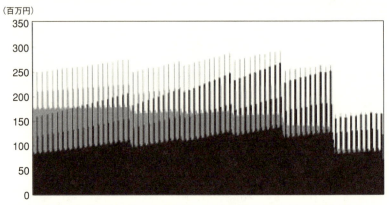

2001年4月　06年4月　11年4月　16年4月　21年4月　26年4月　31年4月
(出所)　住宅金融支援機構より野村フィデューシャリー・リサーチ&コンサルティング作成

I 期限前償還

　機構MBSは、米国のMBSと同様に期限前償還(プリペイメント)があることがその大きな特徴となっている。期限前償還とはその名のとおり、あらかじめ定められた予定償還以上の償還が発生することであり、機構MBSの担保となっている住宅ローンの返済状況に応じて、このような償還が発生することになる。

　期限前償還が債券のキャッシュ・フローに影響することから、本債券の投資判断や本債券を保有した場合のポートフォリオ管理上も、期限前償還についての分析が必要になる。

　ここでは、このような機構MBSのプリペイメントの検討を行うことにする。

❶ プリペイメントの概要

機構MBSのプリペイメントには、借入額の全額を一度に繰上返済されたことで発生する全額期限前償還と借入額の一部のみが繰上返済されたことによる一部期限前償還がある。全額期限前償還の多くはローンの借換えや家の住替えによって発生する一方、一部期限前償還は借り手に余裕資金がたまったところで返済が発生すると考えられる。ここでは、このようなプリペイメントのモデル化の概要について述べることにする。以下の説明では、主に全額期限前償還に限って話を進めるが、実際に使用するモデルでは一部期限前償還のモデル化も必要になろう。

⑴ プリペイメントとエイジ

図2−51は機構MBSの裏付住宅ローンのプリペイメント（SMM[30]：Single Monthly Mortality）の様子を示している。横軸はローン貸付開始からの月数（エイジ）であり、丸は各経過月数でのSMMの平均値である。

この図からまず、プリペイメントのばらつきが非常に大きいことがわかる。

図は、一定の条件によって分類された貸付を、その条件ごとに集計したもの（これをコーホートと呼ぶ）別に月々のプリペイメント・レートを計算したものである。貸付からの経過月数（エイジ）に伴うプリペイメントの変動を大まかにみると、次のような傾向があると考えられる。

---

[30] SMMは、プリペイメントの多さを表す率であり、次のように計算される。

$$\mathrm{SMM}_{i+1} = 1 - \frac{A^{*}_{i+1}}{\tilde{A}_{i+1}}$$

$$= 1 - \frac{A^{*}_{i+1}}{A^{*}_{i}} \times \frac{A_i}{A_{i+1}}$$

ただし、A_i：発行後iカ月の予定ファクター（現存額／発行額）

A_i^{*}：発行後iカ月の実績ファクター

$\tilde{A}_{i+1}$：A_i^{*}から予想される$i+1$カ月の予定ファクター

また、年率換算した値はCPRと呼ばれ、SMMから次のように計算される。

$$\mathrm{CPR}_i = [1 - (1 - \mathrm{SMM}_i)^{12}] \times 100 \quad (\%)$$

第5節　MBS

図2−51　プリペイメントと経過月数

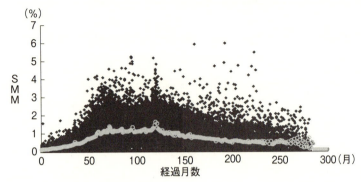

（出所）　住宅金融支援機構、野村フィデューシャリー・リサーチ＆コンサルティング

① 貸付直後にはほとんどなかったプリペイメントが徐々に増加し、5年（60カ月）後のあたりで、いったんピークを迎える。
② その後、10年（120カ月）後のあたりまでほぼ一定で推移し、10年のところでSMMが一時的に増加している。
③ 10年（120カ月）から後は緩やかに減少している。

　このような傾向を定性的に解釈すると、住宅購入してから日が浅い間は、住替えの需要が少ないことや借換えが起こりにくいことが背景にあると考えられる。また、10年付近の一時的な増加は、10年後の段階金利適用付近で繰上返済を行う債務者の存在を示唆していると考えられる。さらに、10年後以降にSMMがゆるやかな減少をたどる理由としては、ローンプール中に存在する金利感応度の高い債務者が早めの借換えなどで時間経過とともに抜けていった結果、金利感応度の低い債務者の割合が高くなることでプリペイメントが抑えられるバーン・アウトと呼ばれる現象を示していると解釈できる。

(2)　プリペイメントと金利変動

　次に図2−52は、同様のデータに基づき、横軸に貸付レートの加重平均金利と5年国債利回り（パー・イールド）の差をとった図である。丸は各金利

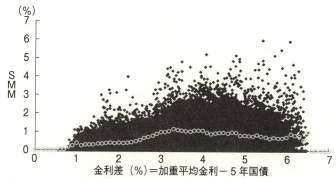

（出所）　住宅金融支援機構、野村フィデューシャリー・リサーチ＆コンサルティング

差でのSMMの平均値である。

　ローンを借り入れた後、金利が低下してくると、その時の金利で借り換えたほうが、月々の支払が減ることになる。このため、金利が低下すると期限前返済が増加するものと考えられる。

　この点については、図2－52でも金利低下（国債の利回り低下であるから、図の右方へ行く）にしたがって、SMMの平均値が増加する傾向がわかる。

　さらに金利差が広がっていくと、プリペイメントがゆるやかに低下しているようにみえる。これは、金利の高い時期に実行された古いローンが前述のバーン・アウトの状態にあるため、SMMが低下しているものと考えられる。

2　期限前償還モデル

　さて、このようなプリペイメントに影響する要因としては、金利変動、エイジ（経過月数）、バーン・アウトの効果に加え、月の効果（データが何月のデータであるかの効果：季節要因）が重要である。

　そこで、ここでは四つの要因によってプリペイメントを説明するモデルを考える。

　図2－53にその推定結果を示す。期限前返済率は、このような三つの要因

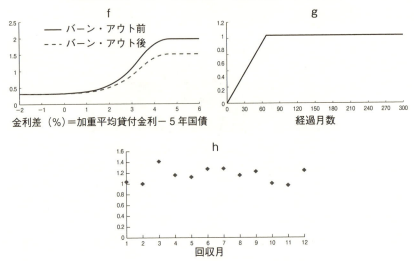

図2－53　期限前償還モデル

期限前返済率（％）＝金利要因 f ×経過月数 g ×季節要因 h

（出所）　野村フィデューシャリー・リサーチ＆コンサルティング

を掛け合わせた形で表現される。

　このうち、月効果については、新学期、引越しシーズンを控えた3月のプリペイメントが多い傾向がみられる。

　また、バーン・アウト効果については「借換えの誘因がより強い状況をより長く経験したコーホートほどバーン・アウトが進んでいる」という考え方に基づいて、加重平均貸付金利と5年国債との差を累積した値を金利要因の関数 f の推計に取り込み、関数 f のシフトとして表現している。

II　OAS

(1)　住宅金融支援機構MBSのキャッシュ・フロー

　さて、これに対しプリペイメントがないと仮定した場合の、機構MBSのスケジュールド・キャッシュ・フローは前掲図2－50であった。

機構MBSのキャッシュ・フローの特徴としては、

① 担保となっている貸付からの元金返済が翌々月に債券に支払われる

② 毎月の残高に対して、年利率の12分の1のクーポンが支払われる

③ 担保となっている貸付はボーナス払い併用であることが多いことから、ボーナス月の翌々月は、スケジュールド・キャッシュ・フロー自体も多い

④ 途中償還によって現存額が当初発行額の10%を下回ったときには、コールすることができる

などがあげられる。

このような、スケジュールド・キャッシュ・フローと期限前償還モデルおよび、金利デリバティブ・モデルを組み合わせることによって、機構MBSの評価が可能となる。

この点について述べる前に、以下ではこの金利デリバティブ・モデルの概要について解説することにする。

(2) 金利デリバティブ・モデルの概要

株式オプション等のモデルであるブラック・ショールズ・モデルでは、株価が確率的に変動している。これに対し金利デリバティブ・モデルにおいては、短期の金利 r が確率的に変動し、たとえば次のように短期金利が平均回帰する1ファクターモデルが利用される。

$$dr(t) = (\theta(t) - \phi r) dt + \sigma d Z(t)$$

このとき、モンテカルロ法によって乱数を発生させ、金利のパス（経路）を発生させると、図2－54のようになろう。

このようなパスを多数発生させ、将来の時点 T において1円支払うというキャッシュ・フローの現在価値を各 r のパスについて計算し平均したものは、

$$E\left(\frac{1}{(1+r_0)(1+r_2)\cdots(1+r_T)}\right)$$

を近似計算していることになる（ここで E は期待値を表す）。

第5節　MBS

図2－54　金利デリバティブ・モデルの概要(1)（模式図）

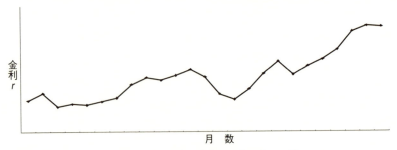

（出所）　野村フィデューシャリー・リサーチ＆コンサルティング

　これがモデル上の満期Tの割引債価格（ディスカウント・ファクター）である。実際の金利デリバティブ・モデルにおいては、このモデル上のディスカウント・ファクターが、実際の各年限のディスカウント・ファクターと一致するようパラメータ（$\theta(t)$、ϕ、σ）を定めている。

　同様にこのような金利のパスによって、利付債のキャッシュ・フローを割り引き、平均すれば、利付債の価格となる（図2－55）。ディスカウント・ファクターを国債の価格と整合するよう推定しておけば、これは、実際の国債価格と一致する。

　さらに、将来時点まで金利のパスを発生させてから、そこを起点に再度多数の金利のパスを発生させ、その時点まで割り引けば、その時点のその金利水準における国債価格が求まることになる（図2－56）。

　この価格が100円になるクーポン水準を逆算すれば、この時点のこの金利水準におけるパー・イールド（国債利回りT）が求まることになる。

　このようなことを各時点で行うことによって、一つの金利パスについて、各時点での5年T（国債利回り）を求めることができる（実際には、モンテカルロ法のなかでモンテカルロ法を繰り返すことは、計算量が膨大になり効率が悪いことから、一般にはやや異なる方法が採用される）。

　さて、このようにして、1本の金利のパスの各時点で5年Tが求められれば、それに対応するMBSのプリペイメント（SMM）が、期限前償還モデルによって求められることになる。この期限前償還モデルは、5年Tと時間の

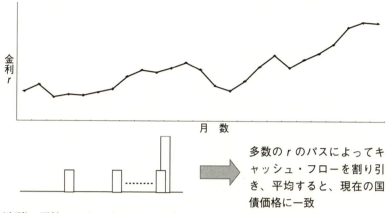

図2-55 金利デリバティブ・モデルの概要(2)（模式図）

多数の r のパスによってキャッシュ・フローを割り引き、平均すると、現在の国債価格に一致

（出所）　野村フィデューシャリー・リサーチ＆コンサルティング

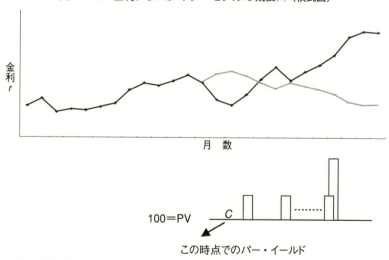

図2-56 金利デリバティブ・モデルの概要(3)（模式図）

100＝PV　　この時点でのパー・イールド

（出所）　野村フィデューシャリー・リサーチ＆コンサルティング

関数であるから、このようなことが可能になるのである。

　各時点でのプリペイメントがわかれば、MBSのキャッシュ・フローがわかる。このキャッシュ・フローを金利のパスで割り引くことを繰り返し、そ

の平均をとれば、MBSの理論価格が求まるかもしれない（図2-57）。

しかしこれでは、MBSがTフラット（Tスプレッドが0）であった場合の「理論価格」でしかない。Tフラットで発行・流通するのであればそれでもよいのであるが、通常はそうではない。

そこで、Tスプレッドがαであると仮定して、前述のような割引計算をすることが考えられる。つまり、

$$E\left(\sum_i \frac{MBSキャッシュ・フロー_i}{(1+r_0+\alpha)\cdots(1+r_i+\alpha)}\right)$$

を計算する。

このとき市場で形成されたMBSの価格に対し、

$$MBSの市場価格 = E\left(\sum_i \frac{MBSキャッシュ・フロー_i}{(1+r_0+\alpha)\cdots(1+r_i+\alpha)}\right)$$

となるαを計算し、これを年2回利回りベースに変換したものを、OAS（Option Adjusted Spread）と呼ぶ。

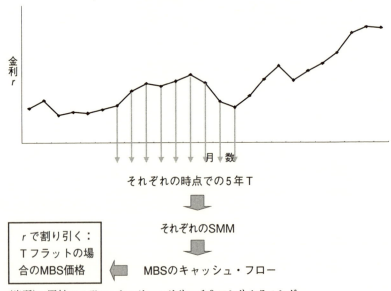

図2-57　金利デリバティブ・モデルの概要

（出所）　野村フィデューシャリー・リサーチ＆コンサルティング

(3) OAS

このようにして求められたOASは、次のような特徴をもつ。

a　Tスプレッドとしての特徴

普通社債におけるTスプレッドと同じイールド・カーブ・モデルを利用して、MBSのOASを算出することで、普通社債と比較したうえでのスプレッド水準を計測することができる。

b　金利デリバティブとしての価値を考慮したスプレッド

デリバティブ・モデルのボラティリティ推定には金利デリバティブの市場価格を利用している。このため、市場で取引される金利デリバティブ価格と整合的なモデルとなっている。

参考までに、このように計算されたOASと、実効デューレーションを図2-58、2-59に示す。ここで実効デューレーションは、①OASを一定として、②スポット・レートがパラレルにシフトした場合、モデル上のMBSの価格変化を求めここから数値的に算出したものである。

図2-58　MBSのOAS

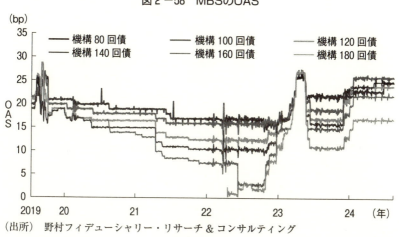

（出所）野村フィデューシャリー・リサーチ＆コンサルティング

第5節　MBS

193

図2−59 MBSの実効デュレーション

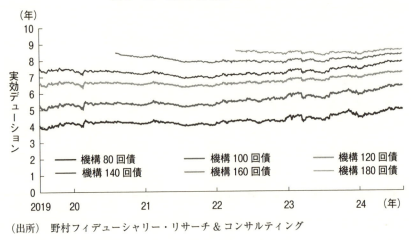

（出所）野村フィデューシャリー・リサーチ＆コンサルティング

第6節

債券とサステナブル投資・ESG投資

Ⅰ　ESG債とSDGs債

　投資において、そのパフォーマンス、成績を測定する評価軸はリターンであるが、これは金銭的、経済的リターンのことを意味してきた。それに加えて「社会的リターン」あるいは社会的インパクトという評価軸がある。これは、投資を通じて社会的な課題を解決し、持続可能な社会の実現にどれだけ寄与したかを評価する観点である。

　経済的リターンの追求と並行して社会的リターンも達成しようとする投資は、ESG（Environment, Social and Governance）投資やSRI（社会責任投資）、サステナブル投資などさまざまな呼称、定義があるが、経済的リターンとそのリスクの二軸にもう一つの評価軸を投資に導入するという点では共通している。

　債券投資におけるESG投資では従来にはない特徴的な金融商品があり、ESG債あるいはSDGs債と総称される。これは元利払いの構造など経済的性質はいままでの債券と変わらないのだが、その発行目的や資金使途に応じて「グリーン・ボンド」「サステナビリティ・ボンド」などとラベルを付けて従来の債券と区別をしている点が特徴的である。

　グリーン・ボンドは、自然環境に対する改善効果をもたらしうる事業活動、プロジェクトに必要な資金を使途として発行される。プロジェクトとしては、再生可能エネルギーの導入、エネルギー効率の改善、温室効果ガスの排出削減、気候変動への適応、環境汚染の抑制、生物資源の持続可能性管理、などがある。海洋環境の改善を目的としたグリーン・ボンドをブルー・ボンドとラベルすることもある。

　ソーシャル・ボンドは、社会的課題の解決、改善を目指すプロジェクトを

対象とする。上下水移動や衛生設備など基本的インフラへの投資、公共的な施設やサービスへの投資、サービスへのアクセシビリティの向上、バリアフリー促進、福祉、医療や教育、貧困の減少などに関するプロジェクトがある。

サステナビリティ・ボンドは、グリーン・ボンドとソーシャル・ボンドの両方、環境課題と社会課題の側面から持続可能な社会の実現に関連するプロジェクトのための資金調達を目的として発行される。

サステナビリティ・リンク・ボンドは、サステナビリティ・ボンドと異なり、資金使途を限定していない。発行体が発行前に設定し公表した目標、KPIが債券の満期までに達成できなければ、元利払いの金額を増やしたり寄付や追加の支出を実施したりすることをあらかじめ約束して発行される。

トランジション・ボンドは、資金使途のプロジェクトはグリーン・プロジェクトと似ているが、プロジェクト自体はグリーン適格な事業ではなく、グリーンに移行（transition）するための資金調達を目的としている。たとえば、重化学産業の企業はすでに化石燃料を大量に消費し温室効果ガスを排出する設備を有しており、ここから脱炭素化を一足飛びに実現するのは現実的ではない。そこで、事業を継続しながら設備を段階的に脱炭素化していく資金を調達する選択肢としてトランジション・ボンドがある。

これらの債券は、資金使途のプロジェクトが目的に適合しているか、そしてそれが実際に実行されているのか発行後も追跡することが必要である。グリーン・ボンドを発行して得た資金が環境課題の解決と関係のないプロジェクトに使われることをグリーンウォッシュと呼ぶが、そのようなことが起きるのは避けなければならない。そこで、発行時には第三者機関による外部評価を受けて、発行後も定期的に進捗をレポーティングする義務を課している債券がほとんどである。この点も他の債券と異なる特色である。

これらのESG債、SDGs債はその趣旨に賛同して購入を希望する投資家が増えることで、そうではない債券と比較して価格が高くなり、発行体にとって有利な条件で発行できるSDGsプレミアムがあるといわれるが、必ずしも実証されてはいない。

Ⅱ　ESG統合

　債券投資とESGのかかわり方は、前節のようなラベルの付いた債券を購入したり、運用パフォーマンスをESG指数に連動させたりすること以外にも、購入や売却あるいはポートフォリオにおけるウェイトを決める意思決定にESGやSDGsの要素・ファクターを取り入れることもある。これはESG統合（ESG integration）とも呼ばれる。

　手法としては、外部の第三者機関が評価したESGスコアが高い発行体の債券を購入したり、逆にESGスコアが低い発行体やたばこ、武器等にかかわる事業を行う企業への債券を購入しないことを言明したりするネガティブ・スクリーニング、ダイベストメントがある。

　さらに従来のクレジット分析に加えてESGの要素を組み入れて発行体を評価することもある。ESGのうちGは企業統治のことだが、債務者である債券発行体の元利返済能力に密接に関係する要素であり、従来、債券投資家が重視していたことである。EやSについても、サプライチェーン上で起きている環境への悪影響を放置していたり、人権問題、児童労働や違法な労働環境など問題が明らかになったりすれば企業のレピュテーションを毀損し、ひいては事業活動への影響を及ぼすことになる。このように、ESGの要素を債券投資に統合することは、経済的リターンにおけるダウンサイド・リスクも低減させることが期待できると考えられる。

　ESG統合は株式など債券以外でも行われているが、債券の場合、発行体との関係が異なる。株式の所有者である株主は、出資者としてその発行体のオーナーの立場を有し、発行体の経営に対してESGにかかわる事業活動を促すエンゲージメント（対話）が可能である。

　一方、債券所有者は利息の支払と債務の返済を請求する権利は有しているものの株主のように経営にかかわることはできない。さらに、債券は株式と異なり満期があり永久に保有はできない。こうした特性から、債券におけるESG統合は株式のようにはいかないとされている。しかし、債務者に対する説明が不十分であれば、その後の債券発行で不利な条件を求められることに

第6節　債券とサステナブル投資・ESG投資　　　197

もつながり、発行体としても債権者である債券保有者、投資家への説明は重要な意義があり、債券投資家の立場であっても、ESG活動の進捗状況に関するレポーティングやプロジェクト遂行を着実に促すエンゲージメントは可能であるといえる。

　さらに債券投資家も、投資活動を通じてどれだけ社会的リターン、アウトカムをもたらしたかを自らの運用報告書等で開示することが求められるようになってきている。ただ、社会的リターンを計測し客観的に可視化することは経済的リターンと比べるとむずかしいところがあり、標準的な方法についても議論が定まっていない。

　社会的リターンと経済的リターンのどちらも追求する、インパクト投資と呼ばれる投資を実践しようとする動きも増えてきている。社会的リターンの追及が必ずしも経済的リターンに寄与するとは限らず、その実効性が現れるまでのラグもある。異なる性質のリターンを両立させるという新たな挑戦が投資家に求められてきている。

第7節

物価連動国債と変動利付債

Ⅰ　物価連動国債

　2004年から、わが国でも**物価連動国債**が発行されている。物価連動債とは、元本やクーポンの支払額が物価変動に応じて変動する債券である。

　わが国の物価連動国債では、全国消費者物価指数（除く生鮮食品）を指数とし、利払日/償還日の3カ月前の指数値を用いて利払額・償還額が計算される。すなわち、発行日の3カ月前の指数値と利払日/償還日の3カ月前の指数値（適用指数と呼ぶ）によって元金額を調整し（調整した元金額を想定元金額と呼ぶ）、それに基づいて、

$$\text{利子額}=\text{利払日の想定元金額}\times\frac{\text{表面利率}}{100}\times\frac{1}{2}$$

　償還額＝償還日の想定元金額

が支払われる[31]。このため消費者物価指数（CPI）が上昇すれば、支払われる利子額も償還額も増加することになる。

　なお、償還金額は償還日の想定元金額であるが、13年度以降に発行された物価連動国債については、償還時の連動係数が1を下回る場合には額面金額となっている（元本保証（フロア）が付されている）。ただし最終利子額は、当該連動係数（1を下回る連動係数）を乗じた想定元金額に基づいて算出される（期中・償還時を問わず、利息に対してはフロアの効果はない）。

　物価連動国債は実質金利で運用できることから、**実質債**とも呼ばれる。これに対し通常の債券を**名目債**と呼ぶことがある。

　このような物価連動国債の利回り（**実質利回り**（real yield））は、通常、次のように計算される。

実質利回り（年1回利払いの場合）

$$P = \sum_{t=1}^{T} \frac{C}{(1+r)^t} + \frac{100}{(1+r)^T} \qquad \cdots\cdots（2-32）$$

ここで、P：債券価格

C：表面利率（%）

T：満期までの年数

r：実質利回り

また、年2回利払いの場合には、

31　物価連動国債の想定元金額の計算方法

①　m月n日の想定元金額＝額面金額×m月n日における連動係数

②　m月n日における連動係数＝m月n日における適用指数÷発行日の属する月の10日における適用指数（小数点第6位（平成28年3月31日以前に発行された物価連動国債については、小数点以下第4位を四捨五入））

③　m月n日の適用指数

・$n = 10$の場合

（$m-3$）月のCPI

・$n > 10$の場合

m月10日に適用されるCPI

＋［（$m+1$）月10日に適用されるCPI－m月10日に適用されるCPI］

$\times \dfrac{n-10}{m月10日から（m+1）月10日までの日数（片端入れ）}$

（小数点以下第4位を四捨五入）

・$n < 10$の場合

（$m-1$）月10日に適用されるCPI

＋［m月10日に適用されるCPI－（$m-1$）月10日に適用されるCPI］

$\times \dfrac{（m-1）月10日からm月n日までの日数（片端入れ）}{（m-1）月10日からm月10日までの日数（片端入れ）}$

（小数点以下第4位を四捨五入）

（注）　CPIは、総務省が作成する全国消費者物価指数のうち、生鮮食品を除く総合指数。

なおここで、リオープンとは、新たに発行する国債の元利払日と表面利率が、すでに発行した国債と同一である場合、原則として、そのすでに発行した国債と同一銘柄の国債として追加発行することをいう。

実質利回り（年2回利払いの場合）

$$P = \sum_{t=1}^{2T} \frac{C/2}{\left(1+\dfrac{r}{2}\right)^t} + \frac{100}{\left(1+\dfrac{r}{2}\right)^{2 \times T}}$$

ここで、P：債券価格

$\quad\quad\quad C$：表面利率（年率%）

$\quad\quad\quad T$：満期までの年数

$\quad\quad\quad r$：実質利回り

である。

　一見してわかるように、式としては通常の名目債の複利最終利回りとまったく同じ式になる。実務上は通常、物価連動国債においてはこのように物価変動による元金額の変動を明示的に考えなくても、実質利回りを計算できることになる。

　この実質利回りと、同年限の名目債の複利最終利回り（名目利回り（nominal yield））との差を、ブレーク・イーブン・インフレ率（BEI：Break-Even Inflation rates）と呼ぶ。すなわち、

ブレーク・イーブン・インフレ率

$$\overline{\pi}^e = y - r$$

ここで、$\overline{\pi}^e$：ブレーク・イーブン・インフレ率

$\quad\quad\quad y$ ：（名目債の複利最終利回り）名目利回り

$\quad\quad\quad r$ ：（実質債の）実質利回り

である。将来の物価上昇率がBEIを上回れば、結果的には実質債が有利、逆に将来の物価上昇率がBEIを下回れば、結果的に名目債が有利になる。一方、BEIは、市場の予想する将来のインフレ率であると考えることもできる[32]。

第7節　物価連動国債と変動利付債　　　201

Ⅱ 変動利付債

　通常の債券は、発行時にあらかじめ定められたクーポン・レート（利率）に基づいて、クーポンの支払が行われる。このような債券を固定利付債（fixed-rate bonds）と呼ぶ。これに対し、**変動利付債**（floating-rate bonds）とは、発行後の金利変動などに応じ、各回のクーポン・レートが変動しそれに基づいてクーポンが支払われる債券をいう。

　わが国の事業債などでも、変動利付債が散見される。

　これに対し、2000年6月から期間15年の変動利付国債が公募入札発行された。これは債券の毎回のクーポンが直前の10年国債の利回りを基準金利[33]として支払われる変動利付の国債である。その利率は、

　　　基準金利（10年国債の金利）－α

と表される（スプレッドαは入札により決定し、その値は満期まで変わらない）。

　この変動利付国債は、08年の発行を最後に新規発行を停止している[34]。た

32　これは、通常用いられるフィッシャー方程式（名目利子率＝実質利子率＋期待インフレ率）からの転用であると考えられる。しかし、より厳密なフィッシャー方程式の表現は、$(1+y)=(1+r)(1+\pi^e)(1+\rho)$（ここで、$y$：名目利子率、$r$：実質利子率、$\pi^e$：期待インフレ率（expected inflation rate）、ρ：インフレに対するリスク・プレミアム）である。このため、
①　リスク・プレミアム（ρ）をゼロと仮定している
②　積で表される$(1+y)=(1+r)(1+\pi^e)$を、和$(y=r+\pi^e)$による近似計算に置き換えている
③　本来は実質利子率と名目利子率（ともにスポット・レート）の間の関係であるはずのものを、実質利回りと名目利回りの計算で代替している
④　実質債における物価指数適用上の、ラグの問題を無視している
等の問題は存在する。しかし実務上は、簡便な近似推定としてこのような方法が用いられるのが現状である。

33　基準金利である10年国債の金利は、変動利付国債の利率決定前直近に行われた10年国債の入札における平均落札価格から引受手数料に相当する額を控除した価額をもとに算出される複利利回り（小数点以下第3位を四捨五入し、0.01％刻み）とする。

34　なお個人向け10年国債も、10年国債の利回りに毎回の利率が連動する変動利付債であり、2003年3月から発行が開始され現在（24年）も毎月発行されている。個人向け国債に関する詳細は、財務省のウェブサイトなどを参照されたい。

だし、財務省は24年12月27日付「令和7年度国債発行計画概要」のなかで
「新たな発行を予定する変動利付国債の基本的な商品性」を公表しており、
新たな変動利付国債の発行準備を進めていることを明らかにしている。

第 3 章

債券のポートフォリオ運用

第 1 節

債券ポートフォリオ

　本節では、ポートフォリオの一般的な考え方と、債券運用に際して考慮しなければならないポイントについてまとめる。

　本節Ⅰでは株式、債券など各種資産に分散投資する場合の効果を検討するため、数式が多くなっているが、数式部分は読み飛ばしてもらってもよい。

▶ Ⅰ　ポートフォリオのリターンとその変動性 ◀

　「卵を一つの籠に入れるな」ということわざがある。万一籠を落とした場合には、すべての卵が割れてしまうからである。卵を複数の籠に入れる必要があるのと同じように、資産運用の際にも一つの資産に集中投資するのではなく、適度に分散させ流動性や収益性の危険を減らすことが必要である。危険を減らすために資産を分散させた状態を、一般にポートフォリオと呼ぶ。

　債券運用においても、ポートフォリオの考え方が重要である。債券は確定利付で、デフォルトがない限り確実にクーポン収入が得られ、満期時に元本が戻る。しかし満期までの間で金利が変動すれば債券価格が変動するリスクがあることは、第2章でも述べたとおりである。ここではまず、ポートフォリオのリターンとその変動性の一般的な考え方について検討してみよう。

❶　各種資産のリターンとその変動性

　ポートフォリオのリターンとその変動性を考察するために、各種資産のリターンの推移（1971年から2023年）を年別にみてみよう（表3－1）。資産の種類は債券、株式の有価証券に加えて、コール、貸出である。債券は残存期間によって価格変動の大きさが異なるため、短期債、中期債、長期債の三つ

206　　　　　第3章　債券のポートフォリオ運用

表3－1　各種資産のリターンの推移

(単位：％)

年	有 価 証 券					コール	国内銀行貸出約定平均金利（総合）
	債券	短期	中期	長期	株式		
1971	13.4	10.4	12.2	17.4	39.3	6.4	7.6
1972	9.2	8.3	8.9	10.0	104.7	4.7	7.1
1973	− 4.2	0.8	− 2.6	− 9.5	− 21.9	7.2	7.2
1974	9.4	9.9	8.7	10.5	− 6.7	12.5	9.1
1975	15.0	14.0	14.6	15.6	18.8	10.7	9.1
1976	11.0	10.9	10.9	11.2	21.4	7.0	8.3
1977	19.3	11.2	16.6	21.4	− 3.1	5.7	7.6
1978	5.3	9.2	5.2	4.5	25.9	4.4	6.3
1979	− 1.3	4.6	1.5	− 2.7	4.2	5.9	6.4
1980	7.4	5.9	7.3	6.7	9.4	10.9	8.3
1981	13.0	10.0	13.4	12.9	17.3	7.4	7.9
1982	9.3	7.9	8.9	10.0	6.0	6.9	7.3
1983	10.1	8.1	9.9	10.9	25.2	6.4	7.1
1984	9.7	7.8	9.6	11.1	26.3	6.1	6.7
1985	8.9	6.9	8.6	11.1	16.1	6.9	6.6
1986	10.5	8.1	11.0	11.9	49.5	5.0	6.0
1987	6.4	5.0	6.3	7.8	11.5	3.7	5.2
1988	5.7	4.3	5.4	7.5	37.3	3.8	5.0
1989	− 0.8	1.5	− 1.3	− 1.8	22.8	5.1	5.3
1990	2.2	5.4	3.0	− 2.2	− 39.4	7.4	6.9
1991	12.0	10.2	12.1	13.6	− 0.4	7.5	7.5
1992	10.1	8.1	10.5	11.1	− 23.0	4.7	6.1
1993	12.5	7.7	13.1	17.0	11.0	3.1	5.0
1994	− 1.4	1.2	− 1.7	− 3.5	9.1	2.2	4.1
1995	12.0	6.2	12.9	16.0	2.1	1.2	3.5
1996	5.2	2.3	5.1	7.6	− 6.1	0.5	2.7
1997	5.7	1.3	4.5	10.5	− 19.4	0.5	2.4
1998	0.4	0.9	0.4	− 0.1	− 6.6	0.4	2.3
1999	5.4	2.7	5.2	7.6	59.7	0.1	2.2
2000	2.1	0.7	2.0	3.2	− 25.0	0.1	2.1
2001	3.3	1.1	3.2	5.2	− 18.9	0.1	2.0
2002	3.3	0.5	2.3	7.2	− 17.5	0.0	1.9
2003	− 0.7	0.3	− 0.2	− 2.3	25.2	0.0	1.8
2004	1.3	0.4	1.5	1.8	11.3	0.0	1.8
2005	0.8	0.0	0.2	2.1	45.2	0.0	1.7
2006	0.2	0.1	0.0	0.4	3.0	0.1	1.7
2007	2.7	1.3	2.7	3.7	− 11.1	0.5	1.9
2008	3.4	1.3	2.4	6.0	− 40.6	0.5	1.9
2009	1.4	1.3	2.5	0.4	7.6	0.1	1.7
2010	2.4	0.4	1.4	4.8	1.0	0.1	1.6
2011	1.9	0.3	0.9	3.6	− 17.0	0.1	1.5

第1節　債券ポートフォリオ

年	有　価　証　券					コール	国内銀行貸出約定平均金利（総合）
	債券	短期	中期	長期	株式		
2012	1.9	0.4	1.5	3.0	20.9	0.1	1.4
2013	2.0	0.2	0.6	4.0	54.4	0.1	1.3
2014	4.2	0.4	1.6	8.0	10.3	0.1	1.2
2015	1.1	0.1	0.2	2.1	12.1	0.1	1.1
2016	3.0	0.1	0.5	5.7	0.3	0.0	1.0
2017	0.2	−0.2	0.0	0.4	22.2	0.0	1.0
2018	1.0	−0.1	0.3	1.7	−16.0	−0.1	0.9
2019	1.6	−0.2	−0.2	3.2	18.1	−0.1	0.9
2020	−0.8	−0.1	−0.2	−1.3	7.4	0.0	0.8
2021	−0.1	−0.1	−0.1	−0.1	12.7	0.0	0.8
2022	−5.2	−0.3	−1.4	−8.9	−2.5	0.0	0.8
2023	0.5	0.2	0.9	0.4	28.3	0.0	0.8
平均	4.8	3.8	4.6	5.6	9.9	2.9	4.0
標準偏差	5.3	4.1	5.1	6.5	25.6	3.5	2.8

(注)　債券：NOMURA-BPI（短期：残存期間3年未満、中期：残存期間3年以上7年未満、長期：残存期間7年以上）。ただし、1982年以前は公社債累積投資収益率（短期債：残存期間2年以内、中期債：残存期間2年超5年以内、長期債：残存期間5年超）。

株式：TOPIX配当込み指数。ただし88年以前はTOPIXから加工。

コール：無担コール翌日物の月中平均の平均。84年以前はコール無条件の月中平均の平均。

国内銀行貸出約定平均金利：期中平均値。ただし、93年9月以前は全国銀行貸出約定平均金利の期中平均値。

（出所）　日本銀行、東京証券取引所、野村フィデューシャリー・リサーチ＆コンサルティング

に分けている。債券と株式のリターンはクーポン・配当金と、価格変動による損益を加えたトータル・リターンである。

コールのリターンの最高は第1次石油危機後（1974年）の12.5％、最低はゼロ金利政策導入および量的緩和政策導入により実質ゼロ金利となった2018年から19年のマイナス0.1％であった。最高と最低の差は約12％である。債券のリターンは価格変動が加わるため、コールのリターンよりも変動幅が大きい。短期債の場合、最高が1975年の14.0％、最低が2022年のマイナス0.3％で、最高と最低の差が約14％と、コールよりもやや大きい。

中期債、長期債をみると、変動幅はさらに大きくなる。中期債の変動幅は

図3-1 各種資産のリターンの度数分布

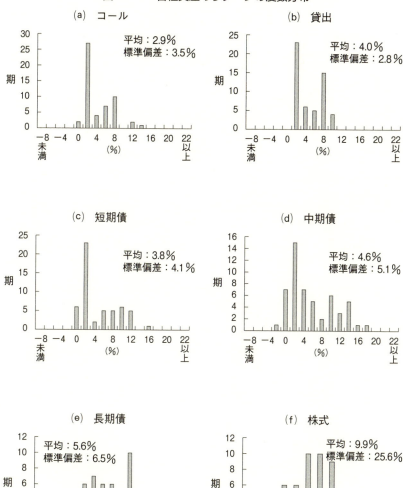

(注) 株式については横軸が他の5倍になっていることに注意。
(出所) 野村フィデューシャリー・リサーチ&コンサルティング

第1節 債券ポートフォリオ

約19%、長期債は約31%で、短期、中期、長期の順にリターンの変動幅が大きい。これらのリターンを度数分布で表すと、図3－1にみるように、短期債は中・長期債に比べて山が高く裾野が狭い分布になっている。短期債のリターンのばらつき度合いが中・長期債に比べて小さいことが図からもわかる。

　株式のリターンはさらに変動幅が大きい。最高は1972年の104.7%、最低は2008年のマイナス40.6%で、その差は145%もあり、期間（53年）中17年がマイナスのリターンであった。一方、リターンの平均は9.9%で、債券よりも高くなっている。

　運用資産のリターンの変動性の大きさをとらえる尺度として、一定期間のリターンの標準偏差[1]を用いることがある。この尺度でみると、コールが3.5%、短期債が4.1%、中期債5.1%、長期債6.5%、株式25.6%の順にリターンの変動性が大きくなる。

　これらの資産のリターンとその変動性は、図3－2のようになり、平均リ

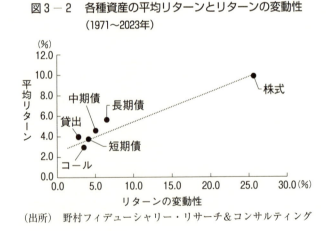

図3－2　各種資産の平均リターンとリターンの変動性
（1971～2023年）

（出所）野村フィデューシャリー・リサーチ＆コンサルティング

1　標準偏差は分布の散らばり度合いを表す尺度で、投資尺度として用いる場合、リターンの変動性を表す。

$$標準偏差 = \sqrt{\frac{\sum (R_i - \overline{R})^2}{n-1}}$$

　　n：観測値の数　　R_i：i期のリターン　　$\overline{R}$：リターンの平均値

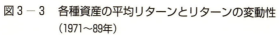

図3－3　各種資産の平均リターンとリターンの変動性
（1971～89年）

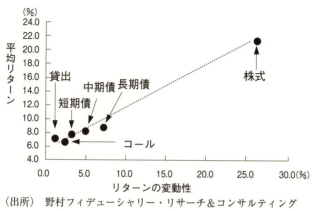

（出所）　野村フィデューシャリー・リサーチ＆コンサルティング

ターンの高い資産は、リターンの変動性も大きいという傾向がみられる。

　なお、図3－2ではバブル崩壊後の低金利、株価低迷のために、債券のリターンが高めに、株式のリターンが低めに現れていると考えられる。通常は、図3－3（1971年から89年の結果）のように、短期債と株式をつないだ線の下側に、債券のリターンが現れると考えられている。この点については後述する。

❷　資産分散のリターンの変動性低減効果

　各種の資産を組み入れたポートフォリオのリターンとその変動性の関係をみてみよう。二つの資産を組み合わせた場合について、簡単なケースを図3－4に示す。図中のケース1はリターンがまったく同じ動きをする資産A、Bの場合で、これらを組み合わせたMポートフォリオのリターンは個別資産と同じ動きをする。

　ケース2はまったく反対の動きをする資産C、Dを組み合わせた場合であり、その結果Nポートフォリオでは安定したリターンが得られている。この図3－4からわかるように、リターンの変動パターンの異なる資産を組み合

図3-4　資産分散によるリスク低下の原理

ケース1：変動性の低減効果のない場合（A、Bのリターンの相関係数が1）

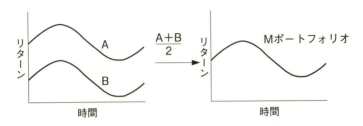

ケース2：変動性の低減効果のある場合（C、Dのリターンの相関係数が−1）

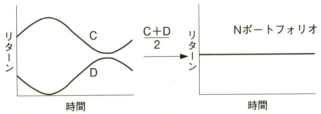

（出所）　野村フィデューシャリー・リサーチ＆コンサルティング

わせたポートフォリオでは、個別の資産を保有するよりもリターンの変動性を低減する効果がある。

　実際の投資では、将来の投資環境を予想して資産選択を行うが、リスク分散の観点からは、単一資産に集中して投資するよりも複数資産に分散投資することが望ましいことになる。

(1)　リターンの変動性の低減効果の実際

　ポートフォリオのリターンの変動性の低減効果を、実際の例でみてみよう（図3−5）。

　長期債100％のポートフォリオに対し、長期債の組入比率を10％ずつ低下させ、そのかわりに他の有価証券を組み入れることを考えよう。長期債の比率が100％から0％までの11のポートフォリオのリターンとその変動性を比

図3－5　長期債組入比率とリターン・リターンの変動性

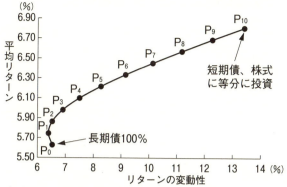

（注）　P₀：長期債100％のポートフォリオ
　　　P₁：長期債90％、残りを短期債、株式に等分に投資
　　　⋮
　　　P₁₀：短期債、株式に等分に投資
（出所）　野村フィデューシャリー・リサーチ＆コンサルティング

較している。組み入れる有価証券としては、短期債と株式にそれぞれ等分に投資するポートフォリオとしている。

　図3－5は、P₀（長期債100％）からP₁₀（長期債0％）までのポートフォリオのリターンとその変動性を、前出の表3－1の期間（53年間）で分析した結果である。長期債を90％にし、他の有価証券を組み入れたP₁は、長期債のみで運用するP₀よりもリターンが高く、かつその変動性は小さくなっている。この点から考えれば、P₀よりもP₁のポートフォリオのほうが望ましいことがわかる。一方、P₂以降はリターンが高くなる反面、その変動性も大きくなり、リターンとその変動性のトレード・オフの関係が生じる。

　このように、単一の資産を保有するよりも、資産の種類を分散させることによって、ポートフォリオ全体のリターンの変動性を低減しながら、リターンを高めたり、同じリターンでその変動性を低下させたりする可能性があることがわかる。

(2) リターンの変動性の低減効果の数理

ポートフォリオに各種の資産を組み入れることで、リターンの変動性が低下することは、次の式で表すことができる。

$$\text{ポートフォリオのリターン} = \sum_{i=1}^{n} W_i R_i \qquad \cdots\cdots (3-1)$$

$$\text{ポートフォリオのリターンの変動性} = \sqrt{\sum_{i=1}^{n} \sum_{j=1}^{n} W_i W_j \sigma_i \sigma_j \rho_{ij}} \cdots\cdots (3-2)$$

n　：資産の数

W_i：資産 i の構成比率

R_i：資産 i の期待リターン

σ_i　：資産 i のリターンの変動性（標準偏差）

ρ_{ij}：資産 i と資産 j のリターンの相関係数

この式で表しているのは、ポートフォリオの期待リターンは、各資産の期待リターンを、その構成比率で加重平均したものであり（（3－1）式）、リターンの変動性は各資産のリターンの相関関係によって減少する（（3－2）式）ということである。

二つの資産間のリターンの相関関係は、相関係数[2]で表す。

2資産のリターンが、

まったく同じ動きをする場合は相関係数＝1

無関係の場合は相関係数＝0

まったく逆の動きをする場合は相関係数＝－1

となる。

2　相関係数は、2変数の関係度合いを示す尺度。

$$\rho_{XY} = \frac{\sum (X_i - \overline{X})(Y_i - \overline{Y})}{\sqrt{\sum (X_i - \overline{X})^2 \sum (Y_i - \overline{Y})^2}}$$

ρ_{XY}　：変数X、Yの相関係数

$\overline{X}$、$\overline{Y}$：変数X、Yの平均

図3－6　資産配分によるリターンとその変動性

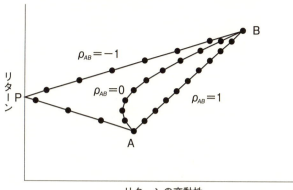

（出所）　野村フィデューシャリー・リサーチ＆コンサルティング

　資産の組合せによるリターンの変動性の低減効果と相関係数の関係を模式図で表すと図3－6のようになる。A、B両資産のリターンの変動がまったく同じ（相関係数が1）であれば、二つの資産を組み合わせたポートフォリオのリターンの変動性はA、Bを結ぶ直線上を推移する。また、まったく逆に変動する場合（相関係数がマイナス1）は、リターンの変動性がゼロになる組合せ（P）が存在する。相関係数は1とマイナス1の間の値であり、ポートフォリオのリターンの変動性は、A、P、Bに囲まれた範囲にある。相関係数がマイナス1に近いほど、リターンとその変動性の曲線は左方向に湾曲し、リターンの変動性の低減効果が大きくなる。

❸　各資産の相関係数

　表3－2に1971年から2023年の各資産のリターンの相関係数を示す。前述のように、相関係数が1に近ければ二つの資産に投資した場合の分散投資の効果は小さく、マイナス1に近ければ分散投資の効果は大きい。相関係数がマイナス1に近い資産をポートフォリオに組み入れると、リターンの変動性が小さくなることが期待される。

第1節　債券ポートフォリオ

表 3 - 2　資産間の相関係数（1971〜2023年）

	債券総合	短期債	中期債	長期債	株　式	コール	国内銀行貸出約定平均金利
債券総合	1.000	0.881	0.978	0.963	0.188	0.594	0.685
短期債	0.881	1.000	0.919	0.747	0.211	0.831	0.903
中期債	0.978	0.919	1.000	0.911	0.182	0.641	0.735
長期債	0.963	0.747	0.911	1.000	0.183	0.415	0.510
株　式	0.188	0.211	0.182	0.183	1.000	0.067	0.131
コール	0.594	0.831	0.641	0.415	0.067	1.000	0.962
国内銀行貸出約定平均金利	0.685	0.685	0.735	0.510	0.131	0.962	1.000

（出所）　野村フィデューシャリー・リサーチ＆コンサルティング

表 3 - 3　資産間の相関係数（1971〜89年）

	債券総合	短期債	中期債	長期債	株　式	コール	国内銀行貸出約定平均金利
債券総合	1.000	0.880	0.989	0.983	0.203	0.214	0.487
短期債	0.880	1.000	0.901	0.841	0.180	0.359	0.651
中期債	0.989	0.901	1.000	0.965	0.208	0.234	0.515
長期債	0.983	0.841	0.965	1.000	0.266	0.138	0.384
株　式	0.203	0.180	0.208	0.266	1.000	− 0.407	− 0.224
コール	0.214	0.359	0.234	0.138	− 0.407	1.000	0.869
国内銀行貸出約定平均金利	0.487	0.651	0.515	0.384	− 0.224	0.869	1.000

（出所）　野村フィデューシャリー・リサーチ＆コンサルティング

　表 3 - 2 から、コールと株式、貸出と株式、債券と株式等の相関係数が小さく、資産の分散を行うのに適していたと考えられる。

　なお、本節 I ❶ のようにバブル崩壊前と崩壊後では異なる傾向となっている可能性もある。このため、表 3 - 3 に、バブル崩壊前までの期間における、相関係数の推定結果を示す。

　この推定結果は、表 3 - 2 とほぼ同様の傾向を示している。しかし、株式とコール、株式と貸出の相関係数がより小さく、マイナスの値となっている点が異なっている。この期間は株価の上昇が顕著であったこともあり、金融機関にとって株式の保有は、分散投資としての意義が現在よりも、より大きかったことを示しているとも考えられる。

④ ポートフォリオ選択

(1) ポートフォリオの選択基準

　どの資産をどのような比率でポートフォリオに組み入れるか（資産配分：アセット・ミックス）を、ポートフォリオに期待するリターンの水準とその変動性の許容範囲から決めるというのが一つの方法である。無限にある資産の組合せから、各資産の期待リターンとリターンの変動性、リターン間の相関を考慮して資産配分を行う必要がある。

　選択対象資産が多数ある場合の、資産配分によって得られるポートフォリオのリターンとその変動性の関係は模式的には図3－7のように表される[3]。ここで、曲線で囲まれた部分が資産配分によって実現可能なポートフォリオであり、このうちどこに実際のポートフォリオが位置するかは、各資産の組入比率によって決まる。

　図中の太線で表した曲線は、他のポートフォリオと比較して、

① 　リターンの変動性が同じで、より高い期待リターンである組合せが存在しない

② 　期待リターンが同じで、よりリターンの変動性が小さい組合せが存在しない

という意味で、合理的な資産配分である。このような資産配分を効率的フロンティア（エフィシェント・フロンティア：efficient frontier）と呼ぶ。

　期待リターンとリターンの変動性、資産のリターン間の相関係数が与えられれば、QP等の最適化手法によって、エフィシェント・フロンティアを計算することができる[4]。

3　図3－7は、個々の資産の保有比率が負（マイナス）にならないという制約をつけた場合の模式図。

4　QP（Quadratic Programming：二次計画法）は目的関数が2次式で、制約条件が1次式の場合の非線形計画法。リターンの変動性（標準偏差）が2次式であるため、QPが用いられる。なお実際には、表計算ソフトのソルバー等の最適化法を用いて計算することも可能である。

第1節　債券ポートフォリオ　　217

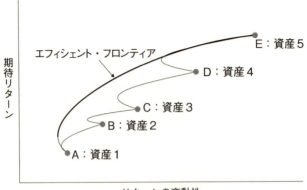

図3-7 エフィシェント・フロンティア

(出所) 野村フィデューシャリー・リサーチ&コンサルティング

(2) 二次計画法（QP）による資産配分の選択

　運用対象としてコール、短期債、中期債、長期債、株式を選び、ポートフォリオの期待リターンの水準ごとに、リターンの変動性が最小となる資産の組合せを検討する。まず、各資産の期待リターンとリターンの変動性について、次に示す1971年から2023年までの実績値を前提とする。

	期待リターン	リターンの変動性	相関係数				
			短期債	中期債	長期債	株式	コール
短期債	3.75	4.1	1.00	0.92	0.75	0.21	0.83
中期債	4.58	5.1	0.92	1.00	0.91	0.18	0.64
長期債	5.63	6.5	0.75	0.91	1.00	0.18	0.42
株式	9.86	25.6	0.21	0.18	0.18	1.00	0.07
コール	2.94	3.5	0.83	0.64	0.42	0.07	1.00

　最適化法によって得られた結果は表3-4のようになる。表は各期待リターンの水準ごとの資産構成比とリターンの変動性を示している。

　この結果からは、期待リターンの水準が低い場合には、コールや短期債を保有し、期待リターンの水準が高くなるにしたがい、株式の比率を高めると

表3－4　資産配分選択の結果（1971〜2023年の実績値による）

（単位：％）

資　　産　　構　　成					期待リターン	リターンの変動性
短期債	中期債	長期債	株　　式	コール		
0.0	0.0	31.1	3.3	65.6	4.0	3.9
0.0	0.0	60.0	6.5	33.5	5.0	5.1
0.0	0.0	88.9	9.7	1.4	6.0	6.7
0.0	0.0	67.5	32.5	0.0	7.0	10.1
0.0	0.0	43.9	56.1	0.0	8.0	15.2
0.0	0.0	20.3	79.7	0.0	9.0	20.7

（出所）　野村フィデューシャリー・リサーチ＆コンサルティング

　ともに、コールや短期債を減らし、中期債、長期債を組み入れることになる。
　しかし、この結果はバブル崩壊後の株式相場の低迷、金利低下という要因によってバイアスがかかっていることも考えられる。そこで次に1971年からバブル崩壊前の89年までの期間の実績値に基づく、最適化を行ってみよう。前提は次の値である。

	期待リターン	リターンの変動性	相　　関　　係　　数				
			短期債	中期債	長期債	株　　式	コール
短期債	7.6	3.2	1.00	0.90	0.84	0.18	0.36
中期債	8.2	4.9	0.90	1.00	0.97	0.21	0.23
長期債	8.8	7.0	0.84	0.97	1.00	0.27	0.14
株　式	21.3	25.6	0.18	0.21	0.27	1.00	−0.41
コール	6.6	2.4	0.36	0.23	0.14	−0.41	1.00

　この結果（表3－5）によると、コールと株式、短期債などの組合せによる資産構成が選択され、長期債は選ばれないことになる。一般に債券は株式と比較して、リターンの変動性に対する、（コールなどの短期金融商品からの）期待超過リターンが低いと考えられている。このため、コールと株式からなるポートフォリオのほうが、債券を組み入れるよりも、同じリターンの変動性で期待リターンが高いことになる。このことから、単純にQPなどの最適

第1節　債券ポートフォリオ　　　219

表3－5　資産配分選択の結果（1971〜89年の実績値による）

（単位：%）

資　産　構　成					期待 リターン	リターン の変動性
短期債	中期債	長期債	株　式	コール		
11.4	0.0	0.0	1.9	86.6	7.0	2.1
17.4	0.0	0.0	8.3	74.3	8.0	2.5
4.4	13.6	0.0	14.6	67.4	9.0	3.8
0.0	23.3	0.0	20.7	56.0	10.0	5.4
0.0	30.6	0.0	26.8	42.6	11.0	7.0
0.0	37.9	0.0	32.8	29.3	12.0	8.8
0.0	45.2	0.0	38.8	16.0	13.0	10.5
0.0	52.5	0.0	44.9	2.6	14.0	12.3
0.0	47.8	0.0	52.2	0.0	15.0	14.0

（出所）　野村フィデューシャリー・リサーチ＆コンサルティング

化法で資産を選択すると、債券が選択されなくなることが多い。

　これは、資産のみに注目して最適化法を利用しているためであり、債券投資においては、負債との対比を考えることが重要である。この点については次の項で検討する。

　なお、このような二次計画法などによる最適化は、実際には各種資産の将来の期待リターンの予測に基づいて行われることが多い。期待リターンなどの予測は困難であり、正確な予測を続けることは実際には不可能であろう。実績値を用いても予測値を用いても、その将来予測の精度はそれほど高いものではないと考えられる。そのような値に基づいて二次計画法などの最適化法を用いて「厳密」に最適化を行った場合、前提の変更によって結果が大きく変動し、不安定になるという実際上の問題がある点には注意が必要である。

Ⅱ 債券ポートフォリオと金利変動リスク

❶ 金利変動と債券ポートフォリオ

　債券ポートフォリオのリターンは、金利の変動によって大きな影響を受ける。金利変動リスクは債券ポートフォリオを考えるうえで重要な要素の一つである。

　債券の金利感応度は、その残存年数によって異なることは第2章で述べた。短期債に比べて長期債のほうが金利変動に伴う価格変動が大きく、リターンの変動性も大きい。しかし、長期債に投資することがすべての投資家にとって、短期債に投資するより「金利変動リスク」が大きくなると考えることは正しくない。

　これを簡単な例でみてみよう。

　図3－8は10年債を購入した場合と5年債を購入した場合それぞれの5年後の元利合計金額を示している。ここでは、債券を購入後、直ちに利回りが変化し（図中の横軸に示す水準）、その後そのままで推移したとしている。

　この図から、投資開始から5年経過した時点では、5年債に投資した場合に比べて、10年債に投資した場合のほうが、金利変動による元利合計金額の変動が大きいことがわかる。

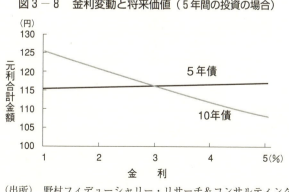

図3－8　金利変動と将来価値（5年間の投資の場合）

（出所）　野村フィデューシャリー・リサーチ＆コンサルティング

債券購入後5年の時点では、5年債は償還を迎えており、5年債購入のケースでは保有債券の価格変動の影響は受けない。投資期間中に受け取ったクーポンの再投資の成果が金利変動によって異なること（再投資リスク）により、金利が上昇するほど元利合計金額が若干増加する。

　一方、10年債に投資したケースでは、再投資リスクに加え、保有債券の価格が変動することによって、5年目時点での元利合計金額が、金利水準に応じて大きく変動する。

　図3－9は同様のケースで、5年債投資と1年債のロール・オーバー（毎年1年債が償還するたびに、その時点での1年債を購入する）による場合との比較である。

　1年債のロール・オーバーの場合、金利変動によって2年目以降に購入する債券の購入利回りが変動する。このため、金利上昇した場合には、利回りの高い債券に投資することになり、投資終了時点での元利合計金額が大きくなる反面、金利低下の場合には、5年債投資よりも低いリターンとなる。

　5年の投資期間で、安定的に運用したいと考えた場合、5年債への投資が最も金利変動リスクが小さく、それよりも長い残存期間の債券に投資しても、短い残存期間の債券に投資しても、将来の元利合計金額の変動が大きくなることがわかる。

　一般に短期債のほうが長期債よりも価格変動が小さく「金利変動リスク」

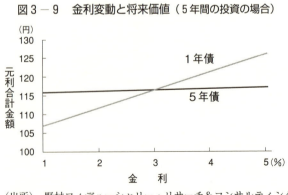

図3－9　金利変動と将来価値（5年間の投資の場合）

（出所）　野村フィデューシャリー・リサーチ＆コンサルティング

が小さいと考えられがちであるが、運用の目的や投資期間によっては、一概にそうとはいえないことがこの例からわかる。債券のポートフォリオ運用においては、その資金の性格や負債の状況、運用目的に関して注意を払わなければ、本当の意味でのリスクはわからないのである。

❷ 債券ポートフォリオと負債

　債券の投資家は主に、銀行などの金融機関や、生保、年金などの機関投資家である。金融機関や機関投資家は通常、将来の支払をあらかじめ約束した負債を有している。預金や生命保険契約、年金の支払などである。これらのキャッシュ・フローは債券と類似しており、仮にこれらを時価評価した場合には、債券の価格変動と類似した価格変動になると考えられる。

　資産サイドにのみ注目すれば、債券は投資対象としての意義が疑わしい面がある。本節Ⅰで述べたとおり、リターンの変動性と期待リターンの関係でみれば、株式と短期金融商品を組み合わせたポートフォリオは、債券と比較して、同じリターンの変動性で、高い期待リターンとなると考えられる（図3−10）。

　しかし、金融機関や機関投資家にとっての真のリスクは、資産サイドのみで把握されるものではない。資産と負債を時価評価した場合の、差としての自己資本や剰余金などの変動性の大きさが本来のリスクであるはずである（図3−11）。

　リスクをこのようにとらえると、各種資産のリスクと（負債に対する）期待超過リターンは、図3−12のようになると考えられる。

　負債との対比で考えれば、短期金融商品は債券よりもリスクの大きい資産であると考えられる。このような投資家にとって、債券と株式を組み合わせたポートフォリオは、短期金融商品と株式を組み合わせたものより、リスクが小さく期待リターンが高くなる可能性がある。

　金融機関のように資産の流動性に考慮する必要性が高く、負債の期間が短い場合には、短期の債券を中心に保有するとリスクが小さいと考えられる。

第1節　債券ポートフォリオ　　223

図3-10 資産のリターンの変動性と期待リターン（模式図）

（出所）野村フィデューシャリー・リサーチ＆コンサルティング

図3-11 資産と負債（模式図）

（出所）野村フィデューシャリー・リサーチ＆コンサルティング

図3-12 リスクと超過リターン（模式図）

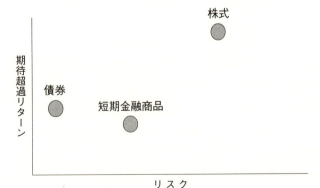

（出所）野村フィデューシャリー・リサーチ＆コンサルティング

一方、年金や生保は、金融機関と比較して流動性に考慮する必要性が少なく、負債の期間が長い。このような場合には流動性に劣るものの利回りが高い政保債など、国債以外の債券も含めて長期・超長期の債券に投資することが望ましいと考えられる。

また、単に負債とマッチングさせるだけでは、逆鞘になってしまった場合には、中長期的にはリスクの非常に大きい運用になる点にも留意が必要である。負債からみた要求利回りが国債よりも高い場合に、国債にのみに投資していたのでは、要求利回りを達成することは困難であろう。保有債券の個々の信用リスクや流動性リスクが小さいことが、全体としてのリスクも小さいことを表しているわけでは、必ずしもないのである。

このように債券のポートフォリオ運用では、個々の投資家が自らの負債との対比などによって、投資する債券の選択を行うことになる。望ましい債券ポートフォリオは、個々の投資家ごとに異なっているのである。

❸ 債券ポートフォリオの金利感応度

金融機関などの債券運用では、有価証券利回り（毎期の利息収入）と債券ポートフォリオの評価差額（評価損益：価格変動）とに分けて考えることがある。ここでは、このような観点からみた債券ポートフォリオについて、その金利感応度について検討しよう。

ポートフォリオの満期構成について短期債購入型（残存期間3年の債券を購入し保有し続ける）、中期債購入型（残存期間7年の債券を購入し保有し続ける）、長期債購入型（残存期間10年の債券を購入し保有し続ける）の3タイプについてシミュレーション分析する。

分析結果を図3−13に示す。有価証券利回りの変動を投資タイプ別にみると、短期債購入型が最も大きく変動していることがわかる。短期債に投資する場合、償還する比率が大きいため、債券ポートフォリオの回転率が高まり、市場の金利変動の影響を受けやすいのである。

一方、長期債購入型は利回り変動が短期債よりも小さいことに加え、保有

第1節　債券ポートフォリオ　　225

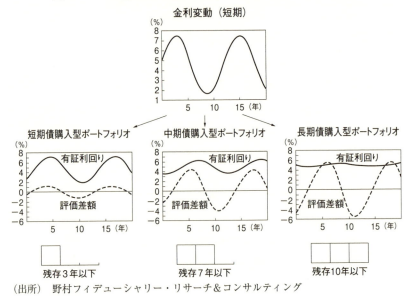

図3-13 金利変動が有価証券利回りと評価差額に与える影響

（出所）野村フィデューシャリー・リサーチ&コンサルティング

期間が長いことから、ポートフォリオの有価証券利回りが過去10年間の市場金利の移動平均のように推移することになり、有価証券利回りが安定する傾向がある。

評価差額の変動は長期債購入型が最も大きい。ポートフォリオの平均残存年数が3タイプのなかで最も長くなり、デュレーションも長くなるためである。このポートフォリオは金利低下局面では大きなキャピタル・ゲインを生む反面、金利上昇期には多額の評価損を生じることになる。一方、短期債購入型の評価差額の変動幅は小さい。

有価証券利回りの安定を重視すれば、評価差額が変動的になり、評価差額の安定を重視すれば、有価証券利回りが金利変動の影響を受けやすくなるという、トレード・オフの関係がある。

図3-13は会計上、債券が満期保有目的の債券に分類されたという前提で分析されている。会計上、その他有価証券に分類した場合、評価差額が有価証券平残に反映されることになる。このことによって（受取利息が変化しな

くても）平残の変動を通じて、金利変動が有価証券利回りに影響することになる。しかしこの場合でも、一般には、長期債購入型のほうが有価証券利回りは安定するという傾向がある。

しかしこのことについても、負債への支払利息との対比で有価証券利回りを検討する必要があり、有価証券利回りだけをみて安定していればよい、というわけではないことには注意が必要である。

Ⅲ　債券運用の基本体系

これまでみてきたように、債券ポートフォリオのリスクといっても、そのとらえ方は何種類もあり、また資産サイドにのみ注目するのではなく、その資金の性格や運用目的、負債との比較でみなければならないことがわかる。

債券投資の目的を整理すると次のようになる。

① 収益性の追求……トータル・リターン（利息収入とキャピタル・ゲイン）

② 流動性の確保……資金ポジション対策

③ 金利変動リスクのコントロール

④ その他……担保・貸し債券としての利用、財務会計上の目標達成（期間収益の確保、売却損益計上、自己資本規制への対応）等

これらの目的には、互いに相いれない面がある。たとえば、流動性の確保を重視する場合には国債への投資が望ましいが、収益性の追求を犠牲にしなければならないというトレード・オフにあるためである。

債券運用担当者にとっては、あくまでも収益性の追求、すなわちトータル・リターンの向上が主目的であり、他の目的はむしろ制約条件であると考えるべきであろう。一方、経営者からみればそれぞれの目標の重要度は、資金の量や性格、運用時期や経営環境などによって変化するものである。したがって、債券ポートフォリオの戦略的位置づけを明確にするためには、経営者の立場から、債券ポートフォリオに要求される収益性、流動性の管理目標（流動性カバレッジ・レシオ）を設定し、組織的意思決定と評価体制のもとで運用する体系をつくることが重要である。

第1節　債券ポートフォリオ

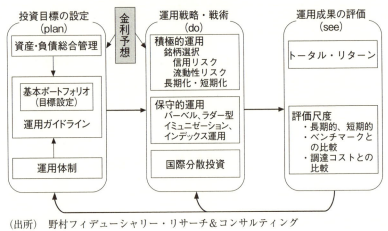

図3−14 債券運用の基本フェーズ

(出所) 野村フィデューシャリー・リサーチ＆コンサルティング

このためには図3−14に示すような、計画・運用・評価（plan do see）のサイクルでの運用体制が必要となる。以下では、債券ポートフォリオ運用における計画、運用、評価の各フェーズについて、詳しくみていくことにする。

❶ 計画フェーズ

計画フェーズでは、投資目標の設定が行われる。このためには資金の性格を明確にする必要がある。ポートフォリオに必要な収益性、流動性、金利感応度といった要因は、資金の性格や負債との関連で考える必要がある。本節Ⅱ❶のように、期間5年の投資のためには、残存期間5年程度の債券に投資することが、当初予定した利回りが確定するという意味では最も安定的である。この意味でポートフォリオとしてリスクが小さく、資金性格に合致していることになる。これは期間5年で安定的な運用をするという目的にかなった運用である。一方、同じ期間5年でも、その運用利回りを事前に確定させるのではなく、市場金利の変動に追随する運用利回りの獲得を目的とするのであれば、短期債への投資が目的に合致したものとなる。

このような資金の性格や負債の状況、運用目的、運用期間等を総合的に判断して最も安定的であると考えられるポートフォリオを**基本ポートフォリオ**と呼ぶ。基本ポートフォリオは、資金の性格や負債の状況からみて、長期的、安定的に運用成果を期待できるポートフォリオであり、長期的観点から経営的判断のもとに決定されるべきものである。

実際の運用では、運用担当者に基本ポートフォリオからどれだけ乖離することを許すかという、ガイドラインを設定することが必要となる。また、このガイドラインに示された範囲で、実際の運用が行われているかどうかをチェックするリスク管理の体制も必要である。

日々の債券ポートフォリオの運用においては、基本ポートフォリオから大きく乖離しない範囲で、運用担当者の判断によってポートフォリオの特性を変更していくことが求められる。ガイドラインは結果的に運用者が判断を誤った場合の危険も考慮し、基本ポートフォリオからの乖離に一定の枠をはめ、その範囲内では運用者の裁量に任せるためのものである。このことによって、戦略的・長期的な意思決定（基本ポートフォリオの決定）と、実際の運用の場での戦術的・短期的な判断とを分離評価することができる。

ガイドラインは、投資家の体力（自己資本や基金の剰余金の規模）からみてどの程度のリスクをとることが可能であるか、また運用者の能力、運用体制、実際の運用によって基本ポートフォリオをどの程度上回る成果を期待するのか、などの総合的な判断のもとで決定されるべきものである。

リスク管理部門は、実際の運用がこのガイドラインの範囲で行われているかどうかをチェックすることになる。

❷ 運用フェーズ

運用フェーズでは、投資目標に基づいて実際の運用を行う。このために、債券運用戦略・戦術を決定する。債券運用戦略・戦術は大別して**積極的運用**（active portfolio management）と、**保守的運用**（passive portfolio management）とに分けられることがある。

第1節　債券ポートフォリオ　　229

① 積極的運用……金利予想や信用リスク分析などに基づき積極的にリスクをとることによってリターンを高めようとする運用
② 保守的運用……特定のリスクを極力減らす運用

積極的運用とは、金利予想に基づいて、債券ポートフォリオの長期化・短期化を行ったり、利回り格差の将来変動の予想に基づいて銘柄入替えを活発に行ったりすることによって収益を高めようとする運用である。

この積極的運用の枠組みを図3－15に示す。現在の金利水準、市場の一般的な信用リスクや流動性リスクに関する状況から、戦略的に目標とする満期（デュレーション）と信用リスク・流動性リスクの水準を設定する。

戦術的な判断としては、利回り曲線の予想から目標水準に対して、デュレーションや平均満期をどのような満期構成で実現するか、信用リスク、流動性リスクをどのセクターで実現するかを検討し、個別銘柄を選択することに

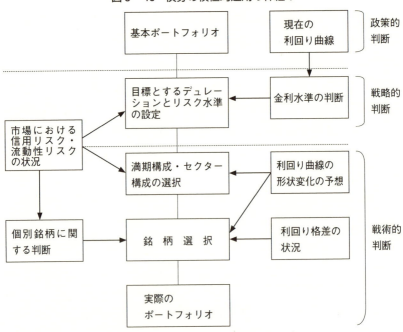

図3－15　債券の積極的運用の枠組み

（出所）野村フィデューシャリー・リサーチ＆コンサルティング

よって、実際のポートフォリオ構成を選択する。

　保守的運用は、金利予想や投資判断を行わず、投資による特定のリスクを減らす運用である。この古典的な運用手法として、債券ポートフォリオの満期構成を毎年均等に保有するラダー型の運用がある。また、キャッシュ・フロー・マッチングは、ポートフォリオのキャッシュ・フローを負債と一致させることにより、金利変動リスクをヘッジしようとする運用であり、イミュニゼーション運用はポートフォリオのデュレーションをコントロールすることによって金利変動リスクをヘッジしようとする運用である。インデックス運用は、債券ポートフォリオのリターンを、ベンチマークとするインデックスのリターンに近づけようとする運用である。これらは、いずれも保守的運用の代表的手法として知られている。

　もっとも、株式運用の場合と異なり、債券運用ではどの運用手法も完全に保守的（パッシブ）とは言い切れない面がある。株式運用においては、市場残高に応じた時価総額加重平均のインデックスをベンチマークとして、インデックス運用を行うことは、個別銘柄のリスクを分散させたリスクの小さい運用であり、保守的運用の代表と考えられている。

　しかし債券の場合、市場残高に応じた債券ポートフォリオであれば金利変動リスクが小さいというわけではない。金利変動リスクが小さいとは、負債の状況等から考えて金利が変動しても負債からのズレが生じにくいことであろう。負債の状況とは関係なく市場残高加重のインデックスをベンチマークとすることは、負債とのズレのリスクをとっている運用であると考えられる。

　さらに、ベンチマークを基本ポートフォリオに類似したインデックスとしてインデックス運用をする場合にも問題はある。債券のインデックス運用においては株式の場合と異なり、個々の銘柄の流動性の問題などから、インデックスに含まれるすべての銘柄を保有することは現実的ではない。インデックス運用においても、投資可能な銘柄のうち、どの銘柄を実際に保有するのかという選択を行う必要がある。したがってこの場合にも、必然的に戦略的・戦術的投資判断を伴うことになる。この点は、キャッシュ・フロー・マ

第1節　債券ポートフォリオ　　　　231

ッチング等の、他の「保守的」運用においても同様である。銘柄選択が運用担当者に任されている以上、信用リスク、流動性リスクの水準は、運用担当者が「積極的」に決定せざるをえない。これは、このようなリスクを極力減らし、国債のみに投資すると判断した場合にも当てはまることである。国債のみに投資するというのは、資産の信用リスク・流動性リスクを積極的に減らそうという投資判断を行った結果であろう。しかし仮に、国債のみに投資することで負債に対して逆鞘とならざるをえない場合には、中長期的にきわめてリスクの大きい債券運用となる。

債券運用においては、どのような運用手法を採用しても、程度の差こそあれ、運用担当者には戦略的・戦術的投資判断が求められる。逆にこれこそが、債券運用担当者を他者と差別化する源泉の一つなのである。

債券運用には純粋な意味での保守的運用は存在しないのかもしれない。しかし以下では便宜的に、金利予想や利回り格差（スプレッド）に基づく積極的運用以外の運用を、保守的運用と呼ぶことにする。

さて現実には、ポートフォリオ全体が一つの運用手法で運用されることはまれである。たとえば、ポートフォリオの核になる部分（コア・ファンドと呼ぶ）はインデックス運用を行い、残りの部分（サテライト・ファンドと呼ぶ）を金利予想に基づく積極的運用を行う場合や、コア・ファンドでは流動性の劣る債券を中心に投資することで、利回りアップをねらう場合などである。特に運用資金が巨額になると、ポートフォリオ全体を積極的に運用することは、債券市場の流動性からみて困難であり、コア・ファンド部分と積極的運用部分とに分けて運用する方法がとられることも多い。

❸ 評価フェーズ

評価フェーズでは、投資戦略・戦術に基づいて運用した成果の評価が行われる。

わが国の年金資金運用においては、運用目標となるベンチマークを定め、実際の運用がそこからどの程度乖離していたのか、そのことによってベンチ

232　　　第3章　債券のポートフォリオ運用

マークを上回る成果をあげることができたのか否かを評価することが一般的になっている。しかし、ややもすればベンチマークとの比較に一喜一憂し、その後の運用成果の向上に必ずしも結びついていないという面も散見される。

　一方、金融機関においては、財務面の評価に偏りがちであるという面がみられる。本来はALM委員会の定める当面の基本ポートフォリオから運用担当者の裁量によって乖離した効果を測定し、実際の運用成果を基本ポートフォリオすなわちALM委員会の責任に帰すべき部分と、運用担当者の責任に帰すべき部分に分けて評価することを通じて、運用担当者を評価し、今後の運用成果向上に結びつけることが肝要であろう。

　さらには、このような評価を継続的に行うための体制の確立が必要となる。また、投資に対する報告体制、責任の所在、権限範囲の明確化のほか、投資戦略やガイドラインの明文化なども必要となろう。

第1節　債券ポートフォリオ

第2節

債券ポートフォリオの運用方法

　債券ポートフォリオの運用方法について述べる前に、わが国に先行した米国における債券運用の歴史を概観しておくことにする（図3－16）。

　米国における債券運用の歴史のなかで、積極的運用が盛んになったのは、金利が変動的になった1970年代のことである。それ以前は、米国においても購入した債券を償還まで保有し続けるバイ＆ホールドが主流であった。安定的な金利のなか、債券の価格変動が小さく、運用による工夫の余地が少なかったことがその背景にある。この時代の運用方法の代表は、ラダー型、バーベル型運用のように、債券ポートフォリオの満期構成を一定に維持するという素朴なものであった。債券ポートフォリオの運用目的が主に流動性の確保に置かれたため、保有債券の償還期日を管理する運用方法が用いられたのである。

　73年の第1次石油危機を契機として、金利が上昇すると同時に変動的になった。このため、金利変動をとらえた債券の積極的運用が注目されるようになった。やがて、債券の先物取引が導入され運用手段の多様化が進展することになった。

　80年代に入ると、当時の10％を超える高金利を背景に、その時点での高金利で資産を長期にわたって安定的に運用しようという投資家のニーズが顕著となった。このためこの時期は、キャッシュ・フロー・マッチングやイミュニゼーションといった運用手法が注目されるようになった。

　債券のインデックス運用が台頭したのは、85年ごろからである。70年代から浸透した積極的運用の成果が、インデックスと比較して必ずしもかんばしいものではなかったことがその背景にある。実際、投資マネージャーにとってもアクティブ運用（積極的運用）によって、インデックスを上回るリターンをあげ続けることはきわめて困難であったのである。

234　　　　　　第3章　債券のポートフォリオ運用

図3－16　米国長期金利と債券運用

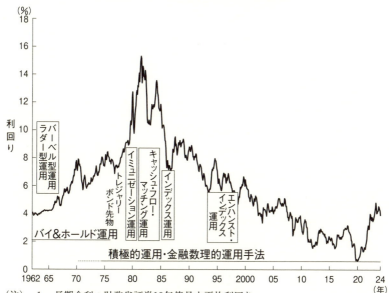

(注)　1．長期金利：財務省証券10年債月中平均利回り。
　　　2．各運用手法の位置する時期は、登場時期のイメージを示すためのもので必ずしも正確ではない。
(出所)　FRB、野村フィデューシャリー・リサーチ＆コンサルティング

　90年代後半には、オプション理論の浸透に伴い、ポートフォリオのトータル・リターンを、オプションの損益曲線のように、運用目標に応じてコントロールする手法がもてはやされた。この手法をポートフォリオ・インシュアランスと呼ぶ。ポートフォリオ・インシュアランスでは、目標とするオプションのデルタにポートフォリオの価格変動性を合わせるよう、先物などを利用してリバランスを繰り返すことになる。

　その後90年代に入ると、80年代後半から発達してきたジャンクボンド（低格付債）市場を背景に、エンハンスト・インデックス運用が拡大した。これは、通常の債券インデックスをベンチマークにして、ジャンクボンドや流動性の劣る債券などインデックスに含まれない債券に投資することによって、インデックスを上回るリターンをあげようとするものである。

　近年ではさらなる金利低下のなか、投資対象をさらに広げ投資対象の制限

を排除したアン・コンストレインド（un-constrained）と呼ばれる投資や、各種のファクター（モメンタム（直近数カ月のリターンの高低に応じて投資額を上下させる）、バリュー（相対価値）、アノマリー（季節性等）、ボラティリティ・セリング（オプションの売り）等）を用いて異なる通貨への投資額をダイナミックに変更する金利複合戦略などにより、ベンチマークを上回るリターンをあげようとする試みも行われるようになってきている。

このように、債券の運用方法も金利の情勢や市場の発展など、取り巻く環境によって変化しているのである。

以下ではこのような債券ポートフォリオ運用の戦略・戦術を、

① 積極的運用……債券運用上のリスクを積極的にとることによって収益を高めようとする運用
② 保守的運用……債券運用上のリスクを極力抑えた運用

の二つに分けて述べることにする。

Ⅰ　債券の積極的運用

債券の積極的運用には、金利予想に基づいて長・短債券を入れ替える運用や、残存期間の同じ銘柄間の格差（スプレッド）の変動を利用して割安・割高銘柄を入れ替えることによって、金利変動リスクの水準を変えずに運用成果を高める運用があげられる。ここでは積極的運用として、次の二つについてまとめることにする。

① 金利予想に基づく運用
② 利回り格差に基づく運用

❶　金利予想に基づく運用

金利低下を予想すれば、ポートフォリオの長期化を図り、金利上昇を予想すれば短期化する運用方法である。図3−17は長期金利の推移および、同期間中の債券残存期間別のパフォーマンスを示している。債券のパフォーマン

236　　　　　第3章　債券のポートフォリオ運用

図3-17 金利変動と債券のパフォーマンス

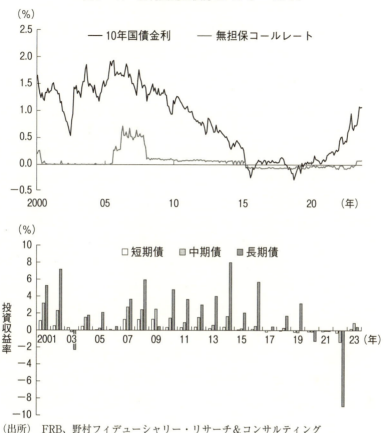

(出所) FRB、野村フィデューシャリー・リサーチ&コンサルティング

スは、金利低下局面では高リターン、金利上昇局面では低リターンとなり、その傾向は長期債ほど顕著であることがわかる。もし金利予想が的確であれば、予想に応じた長期化・短期化によって、高収益が期待できよう。

この場合、債券ポートフォリオの管理指標としてデュレーションを用いることが有効である。デュレーションは金利が変動した場合に、債券ポートフォリオの現在価値がどの程度変化するかを表す指標であり、

第2節 債券ポートフォリオの運用方法 237

> ポートフォリオの現在価値の変化率
> ≒ −（ポートフォリオの平均修正デュレーション）×金利変動幅

という関係がある（第2章第3節）。

　債券ポートフォリオの長期化、短期化を現物債券の入替えによって行うかわりに、債券先物を用いることがある。金利低下を予想する場合には、ポートフォリオを長期化するかわりに債券先物の買建てを行う。逆に金利上昇を予想する場合には、先物の売建てを行うことによって短期化した場合と同様の効果をねらうのである。

　このような金利予想に基づく運用では、次の点に注意が必要である。

① 　金利予想の限界……金利を常に的確に予想し続けることは困難であり、判断を誤ることも多い。したがって、運用ガイドラインの設定においては、金利予想を間違った場合にどれだけのリスクを受けるのか、それが耐えられるリスクであるのかを事前に検討しておく必要がある。たとえば、損失が発生した場合のストップ・ロスのルール設定や、ポートフォリオの平均デュレーションの変更範囲を設定すること、ポートフォリオの価格変動性（VaR：バリュー・アット・リスク）の範囲制限などが必要となろう。

② 　金利の上昇・下降局面での投資判断……長短金利は、通常は長期金利のほうが短期金利よりも高いが、金利のピーク時には短期金利が長期金利よりも高くなることが多い。このため、保有するポートフォリオの最終利回りを高めることだけから判断すると、投資判断を誤る場合がある。すなわち、金利ピーク時に利回りが相対的に高い短期債に投資することになってしまう。

　図3−18は、1990年9月（金利がピークから低下し始めた時期）と89年1月（金利がボトムから上昇し始めた時期）の利回り曲線の形である。金利のピークから低下局面の初期では長短金利が逆転した「右下り」、それ以外の時期は「右上り」になることが多い。この図に示すように、金利がピークから低下し始めた時期には利回りが相対的に低い長期債にシフトし、金利がボトムから上昇し始めた時期には利回りが相対的に低い短期債にシフトすることによ

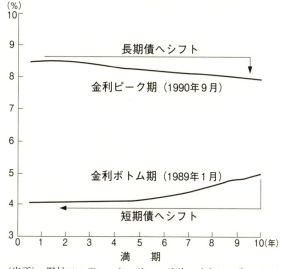

図3－18　金利ピーク・ボトム期の利回り曲線

（出所）　野村フィデューシャリー・リサーチ＆コンサルティング

って、短期的にはクーポン収入の減少によって収益性が悪くなるが、キャピタル・ゲインを含めた長期的な収益性を高めることができる可能性がある。

　もっとも、特に短期化はターム・プレミアムの少ないほうへのシフトであるから、これが成功するのは、市場の予想を上回る金利上昇を市場に先がけて予想し、的中した場合に限られるという面はある。たとえば89年は、金利上昇に転じた時期であるが、これは日銀がバブル退治のため金融引締めに転じたことによる。この日銀の金融政策の変更と、その後の引締めの強さをこの時点で予想することは、実際にはきわめて困難であったと考えられる。

　金利上昇を予想して短期化もしくは債券の空売り（ショート）を行うことは、通常、キャリー（クーポン収入－資金調達コスト）の低い投資となることから、ごく短期間で金利上昇によるリターンを得られなければ、結果として長期債投資に劣るリターンとなってしまう可能性が高いことにも留意が必要である。

② 利回り格差に基づく運用

債券の銘柄格差は、長短金利差によるものや、一時的な市場の不均衡によるものを除くと、

① 銘柄の流動性の違いによる格差

② 銘柄の信用力の違いによる格差

があることは第2章で述べた。このような格差は、わが国の一般的な信用状況や個別発行体の信用力の変化などによって変動する。このような格差の変動をとらえ相対的に割安な銘柄に入れ替え、スプレッドが縮小するのを待って割高になったところで再度入れ替えることによって、収益向上を図ろうとするものである。このためには、わが国の経済情勢に関する予測や、個別発行体の信用力に関する分析、個別銘柄のスプレッドの変動の観測などが必要になる。

一般に、流動性や信用力に劣る債券は、国債などと比較して取引時にかかるコストが大きい。このため、このような入替えを大規模かつ頻繁に繰り返す運用は、現実的ではないばかりでなく、実際に収益をあげることも困難であるという面もある。実際の運用には取引可能な額（ロット）を考慮しつつ、回転率が過度にならないよう配慮する必要があろう。

イールド・カーブの形状変化を積極的に利用しようとする債券運用も、一種の銘柄格差に基づく運用と考えることもできよう。たとえば、現在のイールド・カーブから、一定期間後のイールド・カーブを予想する。これに基づいて個々の銘柄の予想リターンを計算し、有利と考えられる銘柄に入れ替えていく運用である。イールド・カーブの将来のスティープニング（長短金利差が拡大し利回り曲線が「立ってくる」こと）やフラットニング（長短金利差が縮小し利回り曲線が「寝てくる」こと）などを予想して、銘柄入替えを行うことが考えられる。この場合、ポートフォリオのデュレーションを大きく変化させない範囲で銘柄入替えを行い、金利変動リスクの水準をあまり変化させないことが基本となる。

240 第3章 債券のポートフォリオ運用

Ⅱ 債券の保守的運用

　保守的運用は、予測や判断を行わず、一定の機械的なルールにしたがって、とりたくないリスクを捨象することに主眼を置いた運用である。株式運用においては、市場残高に応じて計算されたインデックスを目標に運用するインデックス運用が、保守的運用の代表例とされる。しかし債券運用の場合、第1節Ⅱ❷のように厳密な意味での保守的運用は存在しないのかもしれない。ここでは便宜上、債券特有の運用方法であるラダー、バーベル、ブレット型運用とキャッシュ・フロー・マッチングやイミュニゼーション、および債券のインデックス運用を保守的運用と分類している。以下では、この保守的運用の各運用方法について述べることにする。

❶ ラダー、バーベル、ブレット型運用

　ラダー型運用は、短期債から長期債まで均等に保有し、常にラダー（はしご）の形の満期構成を維持する運用である。保有する債券のうち満期償還を迎えたものから、償還金を長期債へ再投資して、一定の満期構成を維持する（図3−19(a)）。この運用方法の利点としては、次の点があげられる。

① 償還の近い短期債を一定比率保有することによって、流動性ニーズに対応できる。

② 長期的・平均的にみれば、短期債よりも最終利回りが高く収益性の高い長期債に絶えず再投資することによって収益ニーズに対応できる。

③ 常に長期債を購入し満期構成を一定に保つ分散の効果によって、金利変動に対する有価証券利回り変動を平準化することになる。

　バーベル型運用は、ダンベル型運用とも呼ばれ、短期債と長期債を保有し、中期債を保有しない運用である。満期を迎えた短期債の償還金を新たな短期債に投資し、一定以下の残存年数となった長期債を売却して新たな長期債に投資する（図3−19(b)）。

　これに対し、ブレット型運用は、中期債のみを保有する運用である。一定

図3-19 ラダー、バーベル、ブレット型運用の例

(a) ラダー型(10年を最長期とした場合)

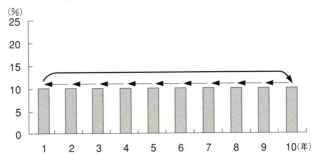

(b) バーベル型(短期債60%、長期債40%の場合)

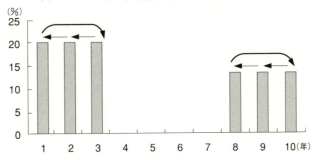

(c) ブレット型

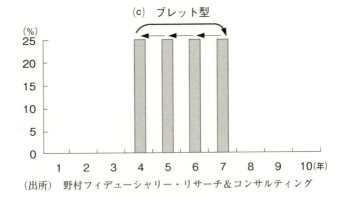

(出所) 野村フィデューシャリー・リサーチ&コンサルティング

以下の残存年数となった中期債を売却して新たな中期債に投資する（図3－19(c)）。

このなかではデュレーションにあまり差がなければ、バーベル型の債券ポートフォリオが通常、最もコンベクシティが大きくなる傾向がある。次いでラダー型、ブレット型の順にコンベクシティが小さくなるのが通常である。満期を集中して債券を保有するほうが、満期を分散するよりもポートフォリオのコンベクシティが小さくなるためである。

コンベクシティが大きいということは、必ずしも投資上有利になるというものではない。この点はオプションの投資戦略に類似している。たとえばストラドルの買いはガンマを正にし、対象証券価格が大きく変動した場合には利益が得られるが、対象証券価格があまり変動しなければ損失となる。

ポートフォリオのコンベクシティも大きくすれば、将来の利回り変動が大きければ有利となるが、利回り変動が小さければ、逆に、コンベクシティの小さいポートフォリオのほうが有利となる。測定することは困難であるが、コンベクシティを大きくするにはオプション価格のようなコストがかかり、それが債券価格に織り込まれていると考えられることは、第2章で述べたとおりである。

ポートフォリオの最終利回り最大化を図ることが、常に最適であるわけではないのと同様、コンベクシティの最大化を図ることも、常に最適であるわけではないという点には注意が必要である。

なお、イールド・カーブの将来予想などに基づき、ラダー、バーベル、ブレットのうち有利と思われるポートフォリオに近づけるため入替えを行っていく運用は、一種の積極的運用であると考えられる。

② キャッシュ・フロー・マッチングとイミュニゼーション

将来のあらかじめ確定しているキャッシュ・フローに合わせて債券を運用し、将来支払うキャッシュ・フローを保有債券によって確実に得ようとする運用をキャッシュ・フロー・マッチング（もしくはデディケーション）と呼

ぶ。これは債券特有の運用であり、資産と負債をマッチングさせる運用である。債券には、債務不履行の場合を除けば将来のキャッシュ・フローが確定しているという大きな特徴がある。このような債券の特徴を利用した運用方法がキャッシュ・フロー・マッチングである。

また債券のもう一つの特徴として、銘柄間の価格変動関係が安定している（長期債ほど価格変動が大きく、金利上昇時には価格低下、金利下降時には価格上昇する）という点があげられる。この性質を利用して、負債と債券ポートフォリオの現在価値の変動性を一致させることで、債券運用の成果によって将来の負債の支払のリスクを低減しようとする運用の例としてイミュニゼーションがあげられる。

キャッシュ・フロー・マッチングやイミュニゼーションは次のような性格をもつ資金の運用方法として、特に有効である。

① 資金調達期間と調達コストが確定している資金の運用において、金利変動リスクを避け目標時点までの運用利回りを現時点で確定させたい場合
② 高金利期に運用資産を一定期間高利回りに確定させたい場合

(1) キャッシュ・フロー・マッチング

キャッシュ・フロー・マッチングは、複数の債券のクーポンと償還金を組

図3－20　債券のキャッシュ・フロー

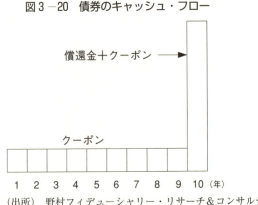

(出所)　野村フィデューシャリー・リサーチ＆コンサルティング

み合わせて、将来の負債のキャッシュ・フローと同じものを構築しようとするものである。

利付債券のキャッシュ・フローは、図3－20のような逆L字型をしている。このような債券のキャッシュ・フローを組み合わせることによって、さまざまなキャッシュ・フローを合成することができる。たとえば、図3－21(a)のような将来のキャッシュ・フローに対して、図3－21(b)に示すような1年債から5年債を組み合わせたポートフォリオを保有することにより、各年の支払額を保有債券からの受取キャッシュ・フローによって確保することができる。

キャッシュ・フロー・マッチングでは、キャッシュ・フローが確定しているという債券の性質を利用している。このため、運用対象銘柄は途中償還リスクのないものでなければならないという点には注意が必要である。

キャッシュ・フロー・マッチングは、米国においては、財務省証券のストリップス債の出現により再び活発に行われるようになった。ストリップス債を用いるとキャッシュ・フロー・マッチングを容易に行うことができるためである。わが国においても、今後ストリップス債がこのような形で活用されることが期待される。

図3－21 キャッシュ・フロー・マッチングの例

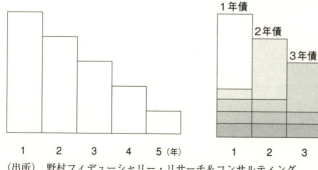

(出所) 野村フィデューシャリー・リサーチ＆コンサルティング

(2) イミュニゼーション運用

　イミュニゼーション運用は、デュレーションに注目した運用である。ポートフォリオの平均デュレーションを投資期間と一致するよう随時リバランスすることによって、運用利回りの変動を回避する。

　これは、仮想的な割引債からなる負債を考え、資産であるポートフォリオと負債の時価評価額の変動を一致させようとするものであると考えられる。負債である割引債の残存期間が投資期間であり、これは割引債の（マコーレイの）デュレーションと一致する。デュレーションは利回り変動に対して現在価値がどの程度変動するかを表すものであるから、これを資産と負債で一致させることは、両者の時価評価額変動の大きさをほぼ同じとすることになる。現在価値でみた資産と負債の額が大きくずれないように保ちながら投資を行っていくことによって、結果として投資期間終了時に目標の支払額が確保されることが期待される。

　このようなイミュニゼーション運用の例をみてみよう。ここでは、高金利期の1990年3月末に、7.5%国債（53回債、93年1月償還）と5.1%国債（89回債、96年6月償還）の2銘柄によってイミュニゼーション運用を開始した場合を考える。目標投資期間を3年とし、ポートフォリオのデュレーションを目標期間と一致させるよう半年ごとにリバランスを行う。

　投資開始時には、投資元本100億円に対し、ポートフォリオの平均デュレーションが3年の、次のような債券ポートフォリオを設定する。

	価　　格(円) （複利利回り）(%)	価格＋ 経過利子（円）	額　　面 （百万円）	投資金額 （百万円）	デュレー ション
7.5%国債	100.94 (7.134)	102.37	8,128	8,338	2.547年
5.1%国債	89.48 (7.386)	90.89	1,829	1,662	5.271年
合　　計				10,000	3.000年

　まず、金利上昇（毎半年0.5%ずつ上昇）、金利横ばい（期間中一定）、金利低下（毎半年0.5%ずつ低下）という三つの仮想的なケースについて3年間の

リバランスの結果と元利合計金額の推移を表3－6に示す。

たとえば、金利上昇のケース（表3－6(a)）では、100億円の投下元本は、0.5年後には、時価金額（債券の評価額と未収利息の合計）98.74億円、半年間の受取クーポン3.52億円、期間中に受け取ったクーポンの再投資収入0.05億円の合計102.31億円になる。次に、この合計金額を残りの投資期間2.5年に合わせてデュレーションが2.5年になるように、2銘柄保有比率を組み替えて投資する。クーポン収入やクーポンの再投資収入も含めた資金で債券を購入し、再投資を続ける。こうした投資を3年間繰り返すと、このケースでは3年後の元利合計金額が123.27億円となる。

この三つのケースについてそれぞれの元利合計金額の推移を、図3－22に示す。

ケースごとに期間中の元利合計金額は異なっているが、目標運用期間終了時点では、どのケースもほぼ同じ元利合計金額となっている。金利横ばいのケースと比較して、金利上昇のケースでは、金利上昇による債券価格低下のため、投資開始当初ではパフォーマンスが低い反面、その後に高利回りの債券を購入することになり、投資期間が経過するとともにパフォーマンスが向上する。逆に金利低下のケースでは、保有債券価格の上昇によって当初は高い運用利回りとなるが、その後購入する債券の利回りが低いため、徐々にリターンが低下する。

さて、90年3月以降、この債券2銘柄の実際の複利最終利回りは、図3－23のように推移した。

この実際の債券利回りをもとに、イミュニゼーション運用を行った結果を表3－7に示す。

この表3－7は、前出の3ケースにかわって、その後の実際の債券価格の推移に基づいて計算した結果である。ここではクーポンの再投資（償還金の再投資を含む）は、次のリバランスまでの間、無担保コール翌日物で運用したものとしている。実際に運用を行った場合にも3年後には元利合計金額は123億円程度となり、ほぼ事前に予想した金額どおりとなることから、イミュニゼーション運用が有効であることがわかる。

第2節　債券ポートフォリオの運用方法　　　247

表3－6　イミュニゼーション運用の例

(a)　金利上昇のケース（毎半年0.5％上昇）

年	リバランス時の価格		元　利　金				リバランス後のポートフォリオ		
	7.5%国債 （円）	5.1%国債 （円）	時価金額 （百万円）	クーポン収入 （百万円）	再投資収入 （百万円）	合　計 （百万円）	デュレー ション(年)	7.5%国債の保有 額面（百万円）	5.1%国債の保有 額面（百万円）
0.0	100.94	89.48	10,000			10,000	3.00	8,144	1,829
0.5	99.68	88.01	9,874	352	5	10,231	2.50	8,772	1,519
1.0	98.97	86.93	10,149	368	6	10,522	2.00	9,360	1,273
1.5	98.58	86.18	10,480	383	6	10,870	1.50	9,935	1,060
2.0	98.75	85.81	10,881	400	7	11,288	1.00	10,452	933
2.5	99.32	85.81	11,349	416	8	11,772	0.50	10,939	855
3.0	—	86.21	11,688	432	207	12,327	—	—	—

(b)　金利横ばいのケース

年	リバランス時の価格		元　利　金				リバランス後のポートフォリオ		
	7.5%国債 （円）	5.1%国債 （円）	時価金額 （百万円）	クーポン収入 （百万円）	再投資収入 （百万円）	合　計 （百万円）	デュレー ション(年)	7.5%国債の保有 額面（百万円）	5.1%国債の保有 額面（百万円）
0.0	100.94	89.48	10,000			10,000	3.00	8,144	1,829
0.5	100.72	90.15	9,999	352	5	10,356	2.50	8,797	1,491
1.0	100.63	90.87	10,354	368	5	10,727	2.00	9,398	1,230
1.5	100.41	91.59	10,719	384	5	11,109	1.50	9,981	1,010
2.0	100.28	92.35	11,101	400	6	11,507	1.00	10,502	878
2.5	100.06	93.14	11,494	416	6	11,916	0.50	10,996	793
3.0	—	93.97	11,753	433	154	12,339	—	—	—

(c)　金利低下のケース（毎半年0.5％低下）

年	リバランス時の価格		元　利　金				リバランス後のポートフォリオ		
	7.5%国債 （円）	5.1%国債 （円）	時価金額 （百万円）	クーポン収入 （百万円）	再投資収入 （百万円）	合　計 （百万円）	デュレー ション(年)	7.5%国債の保有 額面（百万円）	5.1%国債の保有 額面（百万円）
0.0	100.94	89.48	10,000			10,000	3.00	8,144	1,829
0.5	101.78	92.35	10,125	352	5	10,482	2.50	8,822	1,463
1.0	102.32	95.03	10,565	368	5	10,938	2.00	9,437	1,188
1.5	102.28	97.41	10,966	384	5	11,355	1.50	10,027	963
2.0	101.84	99.50	11,330	401	4	11,734	1.00	10,553	825
2.5	100.82	101.24	11,643	417	4	12,064	0.50	11,055	735
3.0	—	102.60	11,820	433	99	12,352	—	—	—

（注）　再投資収入には、7.5%国債の償還金の再投資による収入が含まれる。
（出所）　野村フィデューシャリー・リサーチ＆コンサルティング

図3-22 イミュニゼーション運用による元利合計金額の推移

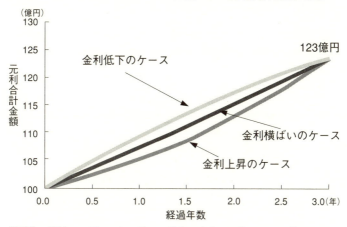

(出所) 野村フィデューシャリー・リサーチ＆コンサルティング

図3-23 国債の利回り推移

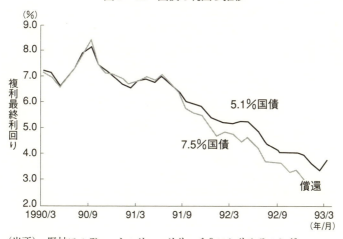

(出所) 野村フィデューシャリー・リサーチ＆コンサルティング

さて、この場合の元利合計金額の推移を、図3-24に示す。

事前に想定した3ケースと比較して、実際には当初金利上昇後、金利低下が続いたため、当初は金利上昇のケースを下回るパフォーマンスであったが、その後金利低下のケースを上回るパフォーマンスとなり、3年後には結

第2節　債券ポートフォリオの運用方法　　249

表3－7　イミュニゼーション運用の実際

年	リバランス時の価格		元利金				リバランス後のポートフォリオ		
	7.5%国債（円）	5.1%国債（円）	時価金額（百万円）	クーポン収入（百万円）	再投資収入（百万円）	合計（百万円）	デュレーション（年）	7.5%国債の保有額面（百万円）	5.1%国債の保有額面（百万円）
0.0	100.94	89.48	10,000			10,000	3.00	8,144	1,829
0.5	98.00	86.25	9,705	352	6	10,063	2.50	8,762	1,536
1.0	101.13	92.63	10,431	368	6	10,805	2.00	9,425	1,211
1.5	102.10	96.33	10,946	384	6	11,336	1.50	10,025	973
2.0	102.12	99.69	11,368	401	5	11,773	1.00	10,560	826
2.5	101.13	103.53	11,703	417	4	12,123	0.50	11,077	722
3.0	—	104.06	11,838	434	72	12,344	—	—	—

（注）　再投資収入には、7.5%国債の償還金の再投資による収入が含まれる。
（出所）　野村フィデューシャリー・リサーチ＆コンサルティング

図3－24　イミュニゼーション運用による元利合計金額の推移

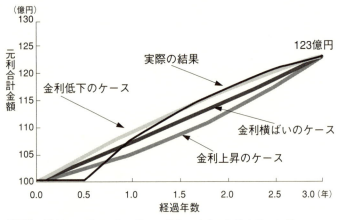

（出所）　野村フィデューシャリー・リサーチ＆コンサルティング

果的には事前に期待した程度の元利合計額となっていることがわかる。

　このようにイミュニゼーション運用は、2銘柄のみによってデュレーションを一致させるという、非常に単純な場合においても、実際上、かなり有効であるということがわかる。このためデュレーションは債券ポートフォリオの管理指標として、最も重要なものの一つであると考えられるのである。

❸ 債券のインデックス運用

米国において、株式のインデックス運用が盛んになったのが1970年代であるのに対し、債券のインデックス運用が台頭したのは、80年代中ごろ以降である。インデックス運用台頭の背景には、積極的運用の成果がベンチマーク・インデックスを下回るケースが多かったことがあげられる。

(1) 債券のインデックス運用の実際

インデックス運用におけるポートフォリオの構築法として一般には、

① フルキャップ法（full capitalization method）……インデックス採用全銘柄をそれぞれの時価総額に比例して組み入れる方法

② 層化抽出法（stratified sampling method）……セクターごとに任意抽出した銘柄を組み入れる方法

③ 最適化法（optimization method）……なんらかの最適化問題を解いて銘柄選択を行う方法

があげられる。債券のインデックス運用においては、採用銘柄数が膨大であり、流動性の乏しい銘柄も多いことから、全銘柄を組み入れるフルキャップ法は現実的ではない。

また、債券の場合、デュレーションなどを仲介にして、多くの銘柄がかなり類似した価格変動をすることから、銘柄間の代替が容易であり、ポートフォリオに多くの銘柄を組み入れることが必要ではないという面もある。このため実際には、最適化法などの方法が用いられる。

最適化法では、銘柄選択のために最適化手法を用いるというだけであり、結果としての銘柄選択が「最適」であるというわけでは必ずしもないという点には注意が必要である。最適化法の定式化もいくつかの方法が考えられる。

通常、最適化法では、ポートフォリオとベンチマーク・インデックスの価格変動を近づけるよう、最適化の制約条件を設定する。

第2節　債券ポートフォリオの運用方法　　251

このためまず、ポートフォリオの特性を表す指標の選択が重要となる。たとえば、

・ポートフォリオの平均修正デュレーション
・ポートフォリオの平均コンベクシティ
・残存期間別、銘柄種別などのセクターの分布
・各セクター内での平均デュレーションや平均コンベクシティ

などが、その例としてあげられる。

ポートフォリオとベンチマーク・インデックスとで、これらの指標を一致させる、もしくは一定の許容限度内に収めることによって、両者の価格変動特性を近づけようとするのである。この場合、一致させようとする指標を増やすほど、選択される銘柄数が増加する傾向がある。

採用銘柄数を増やすことは、銘柄分散や満期構成、セクター構成なども分散されることからトラッキング・エラーの低下が期待される。反面、ベンチマーク・インデックス自体が月次でリバランスされている場合、ベンチマークの構成変更のたびに各種指標を再度一致させるための、細かな入替えを行うことになり、取引コスト考慮後では、かえってトラッキング・エラーが大きくなってしまうという点には注意が必要である。

債券のインデックス運用シミュレーションをみてみよう。ここでは、ベンチマーク・インデックスとしてNOMURA-BPI総合を採用し、国債のポートフォリオを構築している。毎月末にポートフォリオをリバランスし、パフォーマンスをベンチマーク・インデックスと比較する。

ここでは、ポートフォリオとベンチマーク・インデックスの各種ポートフォリオ指標の差を一定範囲内にするという制約条件のもと、ポートフォリオの複利最終利回り等を最大化するよう銘柄選択を行うことによって、おおよそ30銘柄程度からなるポートフォリオを毎月選択している（表3－8（注））。

このようにして選択されたポートフォリオのパフォーマンスを図3－25に示す。このポートフォリオでは、現金の保有を許している。なお、現金の利回りは0％とした。

表3－8　インデックス運用ポートフォリオの例

No.	銘柄名	クーポン	償還年月日	保有額面（億円）
1	第56回利付国債（20年）	2.0	2022.06.20	3.00
2	第58回利付国債（20年）	1.9	2022.09.20	1.99
3	第59回利付国債（20年）	1.7	2022.12.20	1.08
4	第61回利付国債（20年）	1.0	2023.03.20	0.96
5	第62回利付国債（20年）	0.8	2023.06.20	1.23
6	第67回利付国債（20年）	1.9	2024.03.20	0.83
7	第70回利付国債（20年）	2.4	2024.06.20	2.40
8	第81回利付国債（20年）	2.0	2025.09.20	0.37
9	第83回利付国債（20年）	2.1	2025.12.20	0.39
10	第85回利付国債（20年）	2.1	2026.03.20	2.73
11	第93回利付国債（20年）	2.0	2027.03.20	2.79
12	第97回利付国債（20年）	2.2	2027.09.20	0.23
13	第99回利付国債（20年）	2.1	2027.12.20	0.15
14	第100回利付国債（20年）	2.2	2028.03.20	3.00
15	第105回利付国債（20年）	2.1	2028.09.20	1.10
16	第113回利付国債（20年）	2.1	2029.09.20	0.28
17	第123回利付国債（20年）	2.1	2030.12.20	1.52
18	第125回利付国債（20年）	2.2	2031.03.20	3.00
19	第128回利付国債（20年）	1.9	2031.06.20	0.66
20	第130回利付国債（20年）	1.8	2031.09.20	0.66
21	第146回利付国債（20年）	1.7	2033.09.20	0.32
22	第34回利付国債（30年）	2.2	2041.03.20	3.00
23	第35回利付国債（30年）	2.0	2041.09.20	3.00
24	第36回利付国債（30年）	2.0	2042.03.20	3.00
25	第37回利付国債（30年）	1.9	2042.09.20	3.00
26	第38回利付国債（30年）	1.8	2043.03.20	0.51
27	第39回利付国債（30年）	1.9	2043.06.20	3.00
28	第40回利付国債（30年）	1.8	2043.09.20	0.44
29	現金	0.0	なし	2.54
	合　　計			47.18

（注）　2021年3月のポートフォリオ。ただし、このシミュレーションでは小数の保有額面
を許しており、額面1億円単位で保有・入替えを行う現実の運用に直接対応するもの
ではない。

（出所）　野村フィデューシャリー・リサーチ＆コンサルティング

図3－25　債券のインデックス運用の例

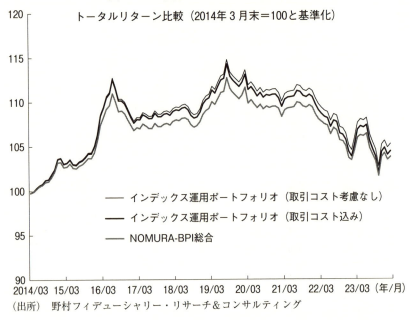

トータルリターン比較（2014年3月末＝100と基準化）

――― インデックス運用ポートフォリオ（取引コスト考慮なし）
――― インデックス運用ポートフォリオ（取引コスト込み）
――― NOMURA-BPI総合

（出所）　野村フィデューシャリー・リサーチ＆コンサルティング

　毎月のリバランスに伴う取引コストを考慮したポートフォリオのリターンとベンチマークのリターンを月次で比較したのが図3－26である。30銘柄弱のポートフォリオによって標準偏差でみたトラッキング・エラーが月率9bp程度（年率換算で30bp程度）と、比較的高いトラッキング精度が得られていることがわかる。

　一般に株式のインデックス運用と比較して、債券のインデックス運用では、かなり少数の銘柄からなるポートフォリオでもトラッキング・エラーを相当程度小さくできるという特徴がある。これは、株式の場合のリスク・モデルなど、統計的な方法と比較して、債券におけるデュレーションやコンベクシティ、残存期間や銘柄種別などが、個別銘柄のリターンを説明する説明力がきわめて高いことからきている。言い換えれば、債券の場合、株式の場合と異なりこれらによって説明しきれない個別銘柄固有の価格変動がきわめて小さいのである。

図3−26 債券のインデックス運用のトラッキング・エラーの例

(a) 月次投資収益率

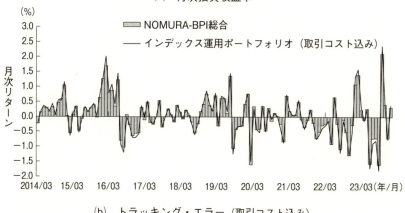

(b) トラッキング・エラー（取引コスト込み）

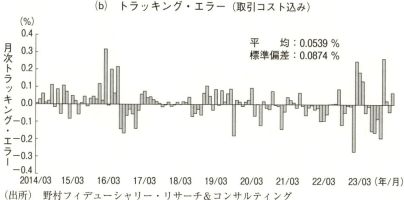

（出所）野村フィデューシャリー・リサーチ＆コンサルティング

　このため、債券のインデックス運用では年率数10bp程度にトラッキング・エラーを抑える運用を行うことは比較的容易である。しかしそれ以上、限界的なトラッキング・エラーを低減させようとすることは困難であり、パフォーマンスを低下させる要因ともなりかねない。前出の図3−25では、取引コスト考慮前では、ポートフォリオの累積リターンはベンチマークのそれをアウト・パフォームしていることに対し、取引コスト考慮後では、ほぼ取引コスト相当分ベンチマークに近づいていることがわかる。
　一般に株式の場合、ポートフォリオに組み入れる銘柄数を増加させ、ベン

表3－9　債券インデックス運用のリバランスの例

No.	銘柄名	クーポン	償還年月日	当月ポートフォリオ 保有額面(億円)	入　替　え	
					売却	購入
1	第56回利付国債(20年)	2.0	2022.06.20	3.00		
2	第58回利付国債(20年)	1.9	2022.09.20	1.99	0.11	
3	第59回利付国債(20年)	1.7	2022.12.20	1.08		0.04
4	第61回利付国債(20年)	1.0	2023.03.20	0.96	0.07	
5	第62回利付国債(20年)	0.8	2023.06.20	1.23		0.06
6	第64回利付国債(20年)	1.9	2023.09.20			0.14
7	第67回利付国債(20年)	1.9	2024.03.20	0.83		
8	第70回利付国債(20年)	2.4	2024.06.20	2.40		0.60
9	第72回利付国債(20年)	2.1	2024.09.20			0.02
10	第73回利付国債(20年)	2.0	2024.12.20			1.06
11	第81回利付国債(20年)	2.0	2025.09.20	0.37	0.37	
12	第83回利付国債(20年)	2.1	2025.12.20	0.39	0.06	
13	第85回利付国債(20年)	2.1	2026.03.20	2.73	0.89	
14	第93回利付国債(20年)	2.0	2027.03.20	2.79		0.18
15	第97回利付国債(20年)	2.2	2027.09.20	0.23		
16	第99回利付国債(20年)	2.1	2027.12.20	0.15		
17	第100回利付国債(20年)	2.2	2028.03.20	3.00	0.39	
18	第102回利付国債(20年)	2.4	2028.06.20			0.15
19	第105回利付国債(20年)	2.1	2028.09.20	1.10		0.15
20	第113回利付国債(20年)	2.1	2029.09.20	0.28	0.28	
21	第123回利付国債(20年)	2.1	2030.12.20	1.52	0.61	
22	第125回利付国債(20年)	2.2	2031.03.20	3.00	0.16	
23	第128回利付国債(20年)	1.9	2031.06.20	0.66		1.43
24	第130回利付国債(20年)	1.8	2031.06.20	0.66	0.56	
25	第145回利付国債(20年)	1.7	2033.06.20			0.65
26	第146回利付国債(20年)	1.7	2033.09.20	0.32		0.02
27	第147回利付国債(20年)	1.6	2033.12.20			0.16
28	第34回利付国債(30年)	2.2	2041.03.20	3.00	3.00	
29	第35回利付国債(30年)	2.0	2041.09.20	3.00		
30	第36回利付国債(30年)	2.0	2042.03.20	3.00		
31	第37回利付国債(30年)	1.9	2042.09.20	3.00		
32	第38回利付国債(30年)	1.8	2043.03.20	0.51		2.49
33	第39回利付国債(30年)	1.9	2043.06.20	3.00		
34	第40回利付国債(30年)	1.8	2043.09.20	0.44		0.03
35	現金	0.0	なし	2.54	0.17	

（注）　2021年3月ポートフォリオから4月ポートフォリオへのリバランス。
（出所）　野村フィデューシャリー・リサーチ＆コンサルティング

チマーク・インデックスの銘柄構成に近づけるほど、トラッキング・エラーが小さくなると考えられる。これに対し、債券のインデックス運用では、一定のトラッキング・エラーの範囲までは銘柄数の増加によってエラーが低下するが、それ以降は一致させるポートフォリオ指標を増加させ銘柄数を増やすことよりも、ポートフォリオのリバランスを極力減らし、取引コストを抑制することが重要となる。

なお、この点についてシミュレーションでは、毎月のリバランスを極力減らすよう工夫している（表3－9）。

債券のインデックス運用においては、必要以上にポートフォリオ構成をベンチマークに近づけることなくある程度の乖離を許容したうえで、リバランスを極力抑えて取引コストを低減させたり、流動性や信用力などのリスクをとることによって中長期的な投資収益の向上を図ったりする点に、運用担当者の運用能力の相違が現れると考えられる。

インデックス運用においては、そのベンチマークとなるインデックスとしてどのような指数を採用するかという点が重要なポイントとなる。

債券ポートフォリオ運用において重要な役割を果たす「基本ポートフォリオ」が設定されている場合には、これを指数によって表したものをベンチマーク・インデックスとすることが有効であろう。

投資家ごとの基本ポートフォリオは、資金の性格、負債の状況、運用上の制約条件などによって異なる。債券の場合、株式とは異なり、現存する債券銘柄を市場残高でウェイトしたインデックスが、すべての投資家に一律に有効であるわけではないのである。この点については、たとえばNOMURA-BPIのセクター別インデックスを組み合わせて、カスタマイズしたベンチマーク・インデックスを用いることが考えられる。また年金基金などが外部に運用委託を行う場合に、個々の受託運用機関に別々のセクター（たとえば国債と事業債の長期セクター等）のインデックスをベンチマークとして与え、基金全体のポートフォリオの調整は、それぞれ委託運用金額を変更することによって行う方法も考えられよう。

第2節　債券ポートフォリオの運用方法

⑵　インデックス運用の留意点

　債券のインデックス運用においては、過度にベンチマークとの連動性を高めようとすることは、取引コストの増大を招きポートフォリオの収益性を損なうという点については前述した。ここではインデックス運用においても、一般にはベンチマークとの連動性を高めることがポートフォリオの収益性向上にはつながらないことを別の観点から確認する。

　いま、次のような問題を考える。

ポートフォリオのリターンの変動性最小化

　ポートフォリオのリターンの変動性 $= \sqrt{\sum\limits_{i=1}^{n}\sum\limits_{j=1}^{n}W_i W_j \sigma_i \sigma_j \rho_{ij}}$　→　最小化

　条件：ポートフォリオの期待リターン $= \sum\limits_{i=1}^{n}W_i R_i = \mu$

　構成比率の合計 $= \sum\limits_{i=1}^{n}W_i = 1$

ここで、n　：銘柄の数

　　　　W_i：銘柄 i の構成比率

　　　　R_i：銘柄 i の期待リターン

　　　　σ_i：銘柄 i のリターンの変動性（標準偏差）

　すなわち、同じ期待リターンであれば、ポートフォリオのリターンの変動性を小さくしようとする銘柄選択の問題である。さらに、ベンチマークとの連動性を高めようとする以下の問題を考える。

> **ベンチマークからの乖離最小化**
>
> ポートフォリオのリターンのベンチマークからの乖離 → 最小化
>
> 条件：ポートフォリオの期待超過リターン
>
> $$= \sum_{i=1}^{n} W_i R_i - \text{ベンチマークの期待リターン} = \alpha$$
>
> 構成比率の合計 $= \sum_{i=1}^{n} W_i = 1$
>
> ここで、n ：銘柄の数
>
> W_i：銘柄 i の構成比率
>
> R_i：銘柄 i の期待リターン
>
> σ_i：銘柄 i のリターンの変動性（標準偏差）

さて、当然のことであるが、定式化が異なるのであるから、この二つの問題の解は、一般には一致しない。ここでリターンの変動性を最小化する問題の解は、同じ期待リターンで変動性の最小のものを選択するのであるから、いわゆるエフィシェント・フロンティアである（図3−27(a)）。

一方、ベンチマークからの乖離最小化の解がこれとは異なるということは、この場合、一般にはエフィシェント・フロンティアとは異なるものを選択することになるということを意味する（図3−27(b)）。

ベンチマークからの乖離を小さくしようとする運用を行うことは、一般的にポートフォリオの収益性向上につながらないことには注意が必要である。収益性向上を目指したポートフォリオと、ベンチマークとの連動性向上を目指したポートフォリオは一般には異なるものになる。

債券投資において合理的な投資行動を考えれば、有効なポートフォリオの検討は、投資対象が何であるかという情報によって行われるはずである（図3−28(a)）。

投資対象が同じであれば、どのようなベンチマークが与えられたとしても、また、ベンチマークが変更されたとしても、そのことによってエフィシェント・フロンティアが変更されることはない。エフィシェント・フロンティアを規定しているのは、投資対象が何であるかという点のみである。

第2節　債券ポートフォリオの運用方法

図3-27 ポートフォリオの期待リターンとその変動性(模式図)

(a) リターンの変動性の最小化

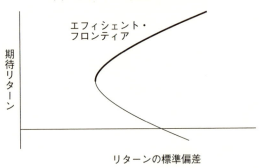

(b) ベンチマークからの乖離最小化

(出所) 野村フィデューシャリー・リサーチ&コンサルティング

　ベンチマークを与えられた投資家は、これらのポートフォリオの候補のなかからベンチマークとの比較において図3-28(b)のAのポートフォリオ(ベンチマークと価格変動性の等しいポートフォリオ)を選択するかもしれない。また、ベンチマークからの乖離をある程度許容されている投資家は、図のBのポートフォリオを選択するかもしれない。このようなポートフォリオ選択の基点を与えるのがベンチマークであると考えられる。

　仮にある特定の銘柄がベンチマークに組み入れられた、もしくは組入対象から外れた、という場合にも、合理的な投資家にとっては、有効と考えられるポートフォリオの候補には、なんら変更は生じないはずである。言い換え

図3-28 ポートフォリオ選択とベンチマーク（模式図）

(a) ポートフォリオの候補の選択

(b) ポートフォリオ選択

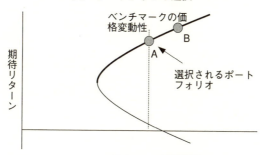

（出所）　野村フィデューシャリー・リサーチ＆コンサルティング

れば、ベンチマークにおける銘柄入替えは合理的な投資家にとっては、ポートフォリオの銘柄選択にはなんら影響しないはずである。

　この点は株式投資の場合とは異なり、債券投資の場合にはきわめて重要なポイントである。株式の場合、個々の銘柄の価格変動が大きく異なることも多い。このため、新しくベンチマークに組み入れられた銘柄と、組入対象から外れた銘柄の価格変動の相違が、ポートフォリオのリターンのベンチマークからの乖離を大きくすることが無視できない面もある。しかし債券の場合、個々の銘柄の価格変動には相関性が高く、銘柄間の代替が株式の場合よりもはるかに容易である。債券のベンチマークにおける銘柄の入替え自体

第2節　債券ポートフォリオの運用方法　　　261

が、候補ポートフォリオの銘柄構成に影響するとは考えられない。

　これらの点は、債券と株式の投資対象としての特性の相違からきていると考えられる。債券の場合、株式と比較してベンチマークをトラックすること自体は非常に容易である。銘柄間の価格変動の相違が小さく、銘柄間の代替がききやすいことがその背景にある。一方、債券には、資産のリターンに比較して取引コストの大きさが無視できないという特徴がある。このため債券投資においては、いたずらにトラッキング・エラーを小さくしようとするのではなく、リバランスを極力抑えることによって取引コストをいかに低減させるかが、きわめて重要な投資判断となるのである。

　一般的には、トラッキングが容易な債券のインデックス運用であるが、1980年代の米国において、インデックスのトラクタビリティ（トラックの容易さ）が問題となったことがある。このときの問題点は、次のようなものであった。

① 米国の事業債では、コーラブル債が一般的である。しかし当時はまだOASモデルに基づく実効デュレーションが一般的ではなかったことなどから、金利変動によるコーラブル債のデュレーションの変化がとらえきれなかったことによって、トラックが困難となった。

② MBSは、住宅ローンを担保とする資産担保証券で、担保ローンの元本期限前返済が、そのまま証券の投資家に支払われる。金利変動などによって期限前返済が変動し、デュレーションが変化することになる。このときMBSは個々の銘柄（プールと呼ぶ）間の個別性が強く、また流動性の高いプールとそうでないものの差も大きいことから、市場で取引されるプールだけでは、トラックが困難になるという面があった。

　しかしわが国では、コーラブル債の発行はまれであり、事業債は全額満期償還の債券がほとんどである。また、住宅金融支援機構の資産担保証券は、定期的に公募発行されており、米国のようなプール間の相違の問題はほとんどない。わが国の現状では、このような問題は少ないであろうと考えられる。

④ 利回りアップのための入替え

ベンチマークとなるインデックスに対し、債券ポートフォリオのデュレーションを一致させながら、セクター比率などを意図的に乖離させたり、ジャンク債（格付のきわめて低い債券）など、インデックスに含まれない債券にも投資したりすることによって、利回りアップをねらうインデックス運用をエンハンスト・インデックス運用と呼ぶ。エンハンスト・インデックス運用に限らず債券のポートフォリオ運用においては、利回りアップを図ることが一つの運用目標となる。

利回りアップの入替えには、

① 複利最終利回りアップの入替え

② Ｔスプレッド・アップの入替え

③ 実効利回りアップの入替え

④ 期待リターン・アップの入替え

などがある。

複利最終利回りやＴスプレッドのアップのために信用リスクや流動性のリスクをとる場合には、これらのリスク水準の増加に注意し対応が必要となる。たとえば米国のジャンク債投資の場合のように、多くの銘柄に分散投資することによってリスクを低減し、低格付債の高い利回り（Ｔスプレッド）を享受しようとする運用もある。この場合には、クレジット・リスクの評価がポイントであるが、それに加えて銘柄分散を図るとともに、予想を超えた危機的状況に備えるため、ポートフォリオ全体に占めるリスク性商品の割合を一定以下に抑えるなど、総額の管理も必要であろう。

ポートフォリオの複利最終利回りやＴスプレッドを高めることは、前述のように必ずしも常に有利であるわけではない。しかし、満期保有目的の債券の場合で利息法によってアキュムレーションやアモチゼーション（本節Ⅲ参照）を行っている場合には、ポートフォリオの複利最終利回りと毎期の運用リターンがほぼ一致する。このような観点からは、ポートフォリオの複利最終利回りを高めることに意義がないわけではない。また、Ｔスプレッドにつ

第2節　債券ポートフォリオの運用方法　　263

いても、長い目でみれば平均的には、同程度のデュレーションの国債をＴスプレッド分アウト・パフォームすることが期待される。

　実効利回りアップの入替えは、再投資レートを想定したうえで、クーポンの再投資まで含めて判断しようとするものである。投資期間が確定しているファンドの運用の場合、投資期間終了時までの実効利回りをあげることが、ファンドのリターン・アップにつながる。このような場合、実効利回りアップが一つの運用目標になる。一般的に、想定した再投資レートが高い場合には高クーポン債への投資、低い場合には低クーポン債や割引債への投資によって実効利回りを高くすることができる。

　期待リターン・アップの入替えは、債券ポートフォリオの期待リターンを高めるよう銘柄選択を行うものである。ただし実際に個々の銘柄の期待リターンを計測することは困難であることから、その代理指標として、複利最終利回りにローリング・イールドを加えたものを用いることも多い。ここでローリング・イールドとは投資期間の期初と期末で利回り曲線が不変（各年限のパー・イールドが現在と１カ月後で同じであると仮定する等）であった場合のリターンとして計測するものである。

▶ Ⅲ　ポートフォリオのデュレーションと金額デュレーション ◀

　ここでは資産・負債総合管理（ALM）やライアビリティ・ドリブン・インベストメント（LDI）に用いられる、各種指標を紹介することにする。なお、本節Ⅲと本節Ⅳはかなり技術的（テクニカル）な事柄を説明しており、その性格上数式が多くなっている。このため、このような側面を当面必要とされない読者は、本節Ⅲと本節Ⅳを読み飛ばしてもらってもよい。

　さて、実務においてはポートフォリオの修正デュレーションを、通常、

$$D = \sum_{j=1}^{m} w_j \times D^j(y^j)$$

としたものを用いている。これは各銘柄 j の修正デュレーション $D^j(y^j)$ を

銘柄 j のウェイト w_j で加重したものである（y^j は銘柄 j の複利最終利回り。ここでは修正デュレーションを表す添え字 m を省略する）。同様に、ポートフォリオのコンベクシティも、

$$Cv = \sum_{j=1}^{m} w_j \times Cv^j (y^j)$$

としている（$Cv^j (y^j)$ は銘柄 j のコンベクシティ）。これらによって、ポートフォリオの現在価値 W の変化は、各銘柄が一律に Δy だけ利回り変化したと仮定した場合、

$$\frac{\Delta W}{W} \fallingdotseq -D \times \Delta y + \frac{1}{2} \times Cv \times (\Delta y)^2$$

と表される。ここでポートフォリオの現在価値 W は、銘柄 j を $100 \times q_j$ 円の額面分保有したポートフォリオに対し、

$$W = \sum_{j=1}^{m} q_j \times P^j (y^j)$$

と表される（$P^j (y^j)$ は銘柄 j の利含み値段（経過利子込みの値段））。

　一方、各債券への投資金額 $Q^j = q_j \times P^j (y^j)$ と修正デュレーション D^j を掛け合わせたものを金額デュレーション（dollar duration：ダラー・デュレーション）と呼ぶ。すなわち、個々の銘柄 j に対し、

$$D_s{}^j = Q^j \times D^j$$

である。金額デュレーションは、利回り変化 Δy に対する債券の投資金額の変動額を表すものである。すなわち、

$$\Delta Q^j \fallingdotseq -D_s{}^j \times \Delta y$$

となる。

　特に負債との対比でリスク管理を行うような場合には（資産と負債で総金額が異なることから）、価格変動比率に対応する修正デュレーションよりも、金額を表す金額デュレーションのほうが、利用しやすい場合もある。

第2節　債券ポートフォリオの運用方法　　265

このためには金額デュレーションについてもポートフォリオで合計した値、すなわちポートフォリオの金額デュレーションを用いることになる。ここで、すべての銘柄の最終利回りが、一律に Δy だけ変化すると仮定した場合には、ポートフォリオの金額デュレーションは、

$$D_\$ = \sum_{j=1}^{m} Q^j \times D^j(y^j) = \sum_{j=1}^{m} q^j \times P^j(y^j) \times D^j(y^j)$$

となる。すなわち個々の銘柄の修正デュレーションを、その銘柄への投資金額によって加重和したものである。この金額デュレーションに対して、ポートフォリオの現在価値の変化は、

$$\Delta W \fallingdotseq -D_\$ \times \Delta y$$

と近似される。

コンベクシティについても同様に、各銘柄への投資金額によって加重和することで、ポートフォリオの金額コンベクシティ

$$Cv_\$ = \sum_{j=1}^{m} Q^j \times Cv^j(y^j) = \sum_{j=1}^{m} q_j \times P^j(y^j) \times Cv^j(y^j)$$

が定義される。この金額コンベクシティの項まで含めると、

$$\Delta W \fallingdotseq -D_\$ \times \Delta y + \frac{1}{2} \times Cv_\$ \times (\Delta y)^2$$

と近似される。

▶ Ⅳ　キーレート・デュレーションとバリュー・アット・リスク ◀

債券ポートフォリオのデュレーションは、各債券の最終利回りが同じ幅 Δy だけシフト（パラレル・シフト）するという前提で導かれていた。債券ポートフォリオでは、最終利回りが個々の債券に対して計算されるためこのような扱いも可能ではあるが、負債に関しては同様の扱いが困難な面もある。

また、そもそも短期の金利と超長期の金利が、同じ幅変動するという非常に単純化された場合のみを扱うだけで十分なのであろうか、という疑問もあ

る。

　これに対して、キーレート・デュレーションの方法では複数のキー（鍵）となる金利をあらかじめ選択し、その各金利（キーレート）がそれぞれ独立に変動した場合の、債券価格や債券ポートフォリオの現在価値、負債の現在価値、の変化の程度を調べようというものである。

　キーレート・デュレーションでは、どのような金利をキーレートとするのか等によって、種々の方法が考えられるが、ここではスポット・レートを用いる場合を例に説明する。

　たとえば、キーレートを1年、3年、5年、7年、10年、20年、30年の各スポット・レートとしよう。このとき、キーレート・デュレーションは、そのキーレートがそれぞれ微小幅変化した場合の、債券など金融商品の現在価値変動率を表す。具体的には以下のような手順で、キーレート・デュレーションが計算される。

① まず、国債や金利スワップ・レート、OISレートなど基準とするものから、ディスカウント・ファクターを推定する。

② ディスカウント・ファクターからスポット・レート$r(t)$を期間tの関数として求める。実際上は、tについて営業日ごと、もしくは月次等の必要な時間間隔で、対応する$r(t)$の値を求められるようにしておく。

③ 個別の債券（国債だけでなくディスカウント・ファクター推定に使った銘柄以外の銘柄等も含む）の利含み値段（経過利子込みの値段）Pに対して、

$$P = \sum_{i=1}^{n} \frac{C_{t_i}}{(1 + (r(t_i) + \alpha)/2)^{2 \times t_i}}$$

となるスプレッドαを銘柄ごとに求める（ここでt_iは、キャッシュ・フローC_{t_i}が発生する時点を表す）。

④ 推定したスプレッドαを所与として、スポット・レート$r(t)$が、図3－29に示す、各$\Delta r_k(t)$（$k = 1, 3, 5, 7, 10, 20, 30$）だけ変化したときの債券価格の変動率から、キーレート・デュレーションを求める。つまり、価格変化幅、

第2節　債券ポートフォリオの運用方法　　　267

図3−29 キーレートのシフトの例

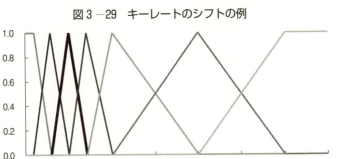

(注) bpは、0.01％＝0.0001を表す。
(出所) 野村フィデューシャリー・リサーチ＆コンサルティング

$$\Delta_k P = \sum_{i=1}^{n} \frac{C_{t_i}}{(1+(r(t_j)+\Delta r_k(t)+\alpha)/2)^{2 \times t_i}} - \sum_{i=1}^{n} \frac{C_{t_i}}{(1+(r(t_j)+\alpha)/2)^{2 \times t_i}}$$

とスポット・レート変動前の価格Pに基づいて、

$$KRD_k = -\frac{\Delta_k P}{P} \times \frac{1}{0.0001}$$

としてキーレート・デュレーションを求める（ここで$0.0001 = 1\,\mathrm{bp} = 0.01\%$は$\Delta r_k(t)$によるスポット・レートの変化幅である。つまり修正デュレーションの定義にしたがって、債券価格の変化率を金利変化幅で除していることを表す）。

個々の債券のキーレート・デュレーションをその債券のウェイトw_jで加重すればポートフォリオのキーレート・デュレーション、その債券への投資額Q_jで加重すれば、金額デュレーションに対応する指標が得られる。ここでは後者をポートフォリオのキーレート金額デュレーションと呼ぶことにする。ポートフォリオのキーレート金額デュレーション$KRDD$は、銘柄jのキーレートkに対するキーレート・デュレーションKRD_k^jから、

$$KRDD_k = \sum_{j=1}^{m} Q_j \times KRD_k^j \quad (k = 1, 3, 5, 7, 10, 20, 30)$$

となる。このとき、キーレート k が 1 bp上昇したときのポートフォリオの現在価値変動額は、

$$\Delta W \fallingdotseq -KRDD_k$$

と近似される（キーレート k の任意の変化幅 Δr に対応する現在価値変動額は、これを $\Delta r \times 10000$ 倍した額になる）。

　負債サイドでも同様に、同じディスカウント・ファクターやスポット・レートから、各種負債のスプレッドを、

$$P = \sum_{i=1}^{n} \frac{C_{t_i}}{(1 + (r(t_i) + \alpha)/2)^{2 \times t_i}}$$

として求め、これを所与としてキーレート・デュレーションを求めることができる。

　このようにして、資産サイド、負債サイドのキーレート金額デュレーションを求め、その差をとることによって、各キーレート k の変動に対する資産・負債の差としての現在価値変化を知ることができることになる。

　この資産・負債のキーレート金額デュレーション $KRDD_k$ （$k = 1, 3, 5, 7,$ $10, 20, 30$）から次のベクトル z を定義する（' は、ベクトルの転置を表す）。

$$z' = (KRDD_1 \quad KRDD_3 \quad \cdots \quad KRDD_{30})$$

　さらに、キーレートの変動幅から推定した分散共分散行列を V とすれば、資産負債の変動の大きさ（分散）は、

$$z'Vz$$

であり、標準偏差は

$$\sqrt{z'Vz}$$

となる。これが、資産負債の管理の手法の一つである前述のバリュー・アット・リスク（VaR：Value at Risk）を計算する一つの方法となる。たとえば正規分布を仮定すれば、$\alpha = 1\%$ に対応するバリュー・アット・リスク

第2節　債券ポートフォリオの運用方法　　　269

(Pr（損失額≧VaR）＝αとなるVaR）は、VaR≒2.326×$\sqrt{z'Vz}$として求められる[5]。ただしVaRにはその限界も指摘されるところであり、その利用においてはストレス・テストとの併用やバック・テストを行うことなどが必須であることは、前述のとおりである。

なお、キーレート・デュレーションの計算で仮定したキーレートのシフトΔr_k（図3－29）は、kについて合計すると、

$$\Delta r_1(t) + \Delta r_3(t) + \cdots + \Delta r_{30}(t) = 1\,\text{bp}$$

とtによらず常に1bpとなるように設定されている。このため、債券銘柄のキーレート・デュレーション$KRDD_k$をkについて合計したもの

$$D_S = KRDD_1 + KRDD_3 + \cdots + KRDD_{30}$$

は、スポット・レートが一律に微小変化Δrした場合の債券価格の変化率を表す修正デュレーションとなる。

$$\frac{\Delta P}{P} = -D_S \times \Delta r$$

このD_Sをスポット・レート基準のデュレーション（spot rate based duration）と呼ぶ。なお、これと区別するために前述の修正デュレーションを、最終利回り基準のデュレーション（yield based duration）と呼ぶことがある。

また、スポット・レート基準のデュレーションを直接求める場合には、スポット・レートを求めたのち、スポット・レートの微小変動（たとえば1bpの上昇）による価格変化、

$$P = \sum_{i=1}^{n} \frac{C_{t_i}}{(1+(r(t_i)+\alpha)/2)^{2 \times t_i}}$$

$$P_+ = \sum_{i=1}^{n} \frac{C_{t_i}}{(1+(r(t_i)+\alpha+0.0001)/2)^{2 \times t_i}}$$

から、

5　ここで、2.326は標準正規分布の上側1％点。この値は標準正規分布表やエクセルのNORM. S. INVなどの関数で求めることができる。

$$D_S = -\frac{P_+ - P}{P \times 0.0001}$$

のように数値的に求めることになる。

　同様にスポット・レート基準のコンベクシティも、スポット・レートを用いて数値的に求めることができる。上記に加えさらに、

$$P_- = \sum_{i=1}^{n} \frac{C_{t_i}}{(1+(r(t_i)+\alpha-0.0001)/2)^{2 \times t_i}}$$

として、

$$Cv_S = \frac{P_+ + P_- - 2 \times P}{P \times 0.0001^2}$$

とするのが一つの方法である。

第3節

外国債券投資

　外国債券投資においては、金利変動に加えて、為替レート変動による円ベースでのリターンへの影響にも考慮する必要がある。本節では、国内投資家が外国債券投資を行う場合の収益と収益変動のリスクについて検討し、投資上の示唆をまとめる。

❶ 外国債券へ投資する意義

　図3-30は日本、米国、英国、ドイツ、中国の名目10年国債利回りの推移を示している。日本については、1990年代初頭のバブル崩壊を機に長期金利が急低下し、その後も緩和的な金融政策を背景に低下方向で推移した。2016年9月に日銀がイールドカーブ・コントロール政策を導入（24年3月に撤廃）したことで、長期金利は22年ごろまで0％近辺に抑えられていた。対して海

図3-30　各国の名目10年国債利回り推移

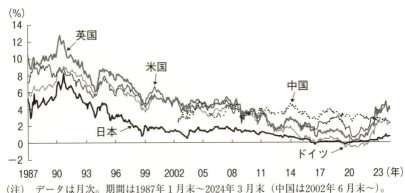

（注）　データは月次。期間は1987年1月末～2024年3月末（中国は2002年6月末～）。
（出所）　Refinitivのデータより野村フィデューシャリー・リサーチ＆コンサルティング作成

外では、相対的に高い政策金利や物価上昇率、経済成長率を反映し、日本より金利水準が概して高い状況が続いている。

また、日銀の量的・質的緩和政策（13年4月）の導入以前、国内金利は海外金利の動きにおおむね連動していたが、日銀が緩和政策を強化するにつれて連動性が弱まっている。22年以降は、イールドカーブ・コントロール政策の修正を受けて内外の連動が認められるものの、海外ほどの金利上昇は生じていない。

金利水準の差は、実際の国債投資のパフォーマンスに差をもたらす。図3－31には為替変動を含まない現地通貨建てトータル・リターンの累積投資収益指数を示しているが（中国はデータ期間の都合上割愛）、日本と海外で大きなパフォーマンス格差があることがわかる。1990年ごろから金利が低下傾向であった点は各国で一致している一方、金利水準を反映するクーポン収入によってもリターンに違いが生まれている。

過去のパフォーマンスは将来を予見するものではないが、投資家が外国債券へ投資する意義としては、「金融政策や景気動向の異なる国への分散投資」「金利水準が安定的に高く、高い期待リターンが見込める資産への投資」ということができよう。

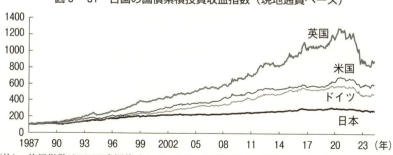

図3－31　各国の国債累積投資収益指数（現地通貨ベース）

（注）　使用指数はFTSE米国債インデックス、FTSEドイツ国債インデックス、FTSE英国債インデックス、FTSE日本国債インデックス。データは月次。1986年12月末を100として2024年3月末までのトータル・リターンを積上げ。
（出所）　FTSE Russell、Refinitivのデータより野村フィデューシャリー・リサーチ＆コンサルティング作成

❷ 外国債券のリスク、リターンの要因分解

外国債券のリターンは債券要因のリターン（現地通貨ベースのリターン）と為替要因のリターンに分解することができる。

外国債券のリターン
　≒債券要因のリターン＋為替要因のリターン

図3-32に米国、ドイツ、英国、日本の債券のリターンを為替要因と債券要因に分解した結果を示している。これをみると、国によって若干の差はみられるものの、長期的にみれば外国債券のリターンのほとんどは債券要因であり、為替要因はわずかにしか寄与していないことがわかる。

外国債券のリスクは為替要因、債券要因に加えて、両者の分散効果に分解することができる。

外国債券のリスク
　＝債券要因のリスク＋為替要因のリスク＋分散効果

図3-33に米国、ドイツ、英国、日本の債券のリスクを為替要因と債券要

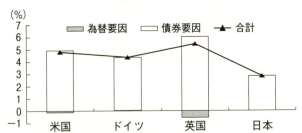

図3-32　外国債券のリターンの要因分解

(注)　使用指数はFTSE米国債インデックス、FTSEドイツ国債インデックス、FTSE英国債インデックス、FTSE日本国債インデックス。データは月次。1987年1月から2024年3月までの月次リターンを年率換算することで算出。
(出所)　FTSE Russell、Refinitivのデータより野村フィデューシャリー・リサーチ＆コンサルティング作成

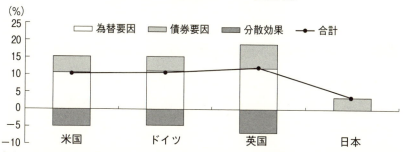

図3-33 外国債券のリスクの要因分解

(注) 使用指数はFTSE米国債インデックス、FTSEドイツ国債インデックス、FTSE英国債インデックス、FTSE日本国債インデックス。データは月次。1987年1月から2024年3月までの月次リターンを用いて計算したリスクを年率換算することで算出。
(出所) FTSE Russell、Refinitivのデータより野村フィデューシャリー・リサーチ&コンサルティング作成

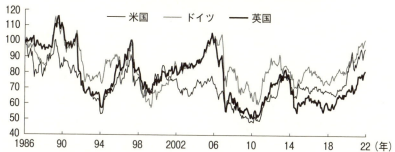

図3-34 各国の国債累積投資収益指数(為替要因)

(注) 使用指数はFTSE米国債インデックス、FTSEドイツ国債インデックス、FTSE英国債インデックス、FTSE日本国債インデックス。データは月次。1986年12月末を100として2024年3月末までの為替要因のリターンを積上げ。
(出所) FTSE Russell、Refinitivのデータより野村フィデューシャリー・リサーチ&コンサルティング作成

因に分解した結果を示している。この図からは外国債券のリスクの大半は為替要因であることがわかる。外国債券の債券要因のリスクは為替と債券の分散効果によって打ち消されており、おおむね外国債券のリスクは為替要因のリスクと一致している。

図3-34に米国、ドイツ、英国の為替の累積リターンを示している。このように為替要因のリターンは期間によって大きく変動する点に留意する必要

がある。

❸ 為替の期待リターンの考え方

本節❷では、外国債券のリスク、リターンの要因分解を行い、外国債券投資において為替の影響が大きいことを説明した。本節❸では、その為替の期待リターンについて代表的な理論を紹介した後に、実際の外国債券（円建て）の過去のリターン推移についてみていく。

為替の期待リターンに関する主な考え方として、ここでは以下の三つを紹介する。

① 為替の期待リターンは国内外の金利差に等しい……この考え方は、「為替相場は内外金利差を打ち消す（高金利通貨ほど減価し、低金利通貨ほど増価する）ように動く」という金利平価説に基づくものである。この説のもとでは、資産を自国通貨建てで運用する場合と外国通貨建てで運用する場合の（予想）リターンは等しくなる。

② 為替の期待リターンはゼロに等しい……この考え方は、為替相場はランダムウォークに従うため、長期的な為替の期待リターンはゼロとなるというものである。この考え方のもとでは、長期的には円建ての外国債券と現地通貨建ての外国債券のリターンは等しくなるという結論が導かれる。

③ 為替の期待リターンはプラスとなる（海外金利＞国内金利の場合）……この考え方は、高金利通貨のほうが選好されるとする「フォワード・ディスカウント・バイアス」の存在を前提とするもので、高金利通貨のほうが減価すると考える①とは対照的である。この考え方に基づくと、（海外金利＞国内金利の場合）円建ての外国債券のリターン＞現地通貨建ての外国債券のリターンという大小関係が成立することになる。

図3−35は、過去30年間の円建てと現地通貨建ての外国債券の累積リターン推移を示したものであり、図の網掛け部分は日米の短期金利差が2％を超過していた期間を表している。長期的な観点からみると、円建て外国債券の累積リターンが現地通貨建て外国債券の累積リターンとおおむね同程度にな

276　　　　　第3章　債券のポートフォリオ運用

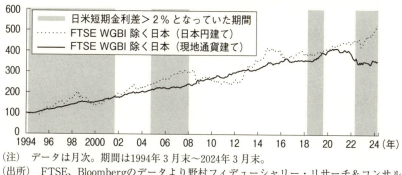

図3-35 外国債券（日本円建て・現地通貨建て）のリターン

（注）データは月次。期間は1994年3月末～2024年3月末。
（出所）FTSE、Bloombergのデータより野村フィデューシャリー・リサーチ＆コンサルティング作成

っていることが読み取れる。一方で、短期的な挙動に注目すると、日米金利差が拡大していた時期と、「円建てリターン＞現地通貨建てリターン」となっている時期はおおむね一致していることがわかる。過去30年間の実績からは、為替リターンは長期的には②の「為替リターンはゼロに等しい」という考え方と整合的であり、短期的には③のフォワード・ディスカウント・バイアスが存在するという考え方と整合的であるといえる。

ただし、あくまでこれは過去30年間の実績値でみた場合の話であり、過去のデータは将来のリターンを予測するものではない。実際に、期間を変えて1985年から93年に着目すると、期初1ドル235円（年平均）だった対ドル為替レートは同年のプラザ合意などを受けて上昇を続け、期末に1ドル111円（同）となっている。この期間においては、マクロ経済的な構造変化が起こったとみるべきであり、②の「為替リターンはゼロに等しい」という考え方とはそぐわないといえるだろう。

また、ここで紹介した三つの考え方以外にも、「ある国の通貨建ての資金での購買力が、他の国でも等しい水準となるように為替レートが決定される」という購買力平価説など、為替レートに関する理論は数多くある。その他にも、国家の経常収支や政治的リスクなど、さまざまな為替レート決定要因が複雑に絡み合っている。

❹ 為替ヘッジ付外国債券のリターン・リスク

　為替リスクのヘッジを行う為替ヘッジ付外国債券投資のリターン（円ベース）は、債券要因のリターン（現地通貨ベース）と為替ヘッジ要因のリターン（円ベース）に分けることができる。

為替ヘッジ付外国債券のリターン（円ベース）
　＝債券要因のリターン（現地通貨ベース）＋為替ヘッジ要因のリターン（円ベース）

　短期（3カ月など）の先渡為替のロール・オーバーにより為替ヘッジを行う場合、為替ヘッジ要因のリターン（円ベース）は、内外短期金利差（円の短期金利－外貨の短期金利）と、通貨需給の逼迫などに起因するベーシスに分けることができる。

為替ヘッジ要因のリターン（円ベース）
　＝（円の短期金利－外貨の短期金利）＋ベーシス

　図3－36は、対米ドルの為替ヘッジ要因のリターン（円ベース）の推移で

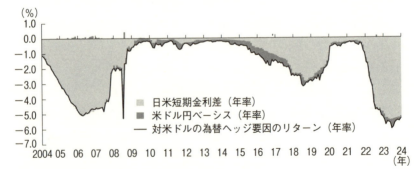

図3－36　対米ドルの為替ヘッジ要因のリターン（円ベース）の推移

（注）　データは月次。期間は2004年3月末～2024年3月末。
（出所）　Bloombergのデータより野村フィデューシャリー・リサーチ＆コンサルティング作成

ある。為替ヘッジ要因のリターンの大部分は日米短期金利差で説明され、各国中央銀行の政策金利の影響を如実に受けていることがわかる。

為替ヘッジ付外国債券の累積リターンを確認する（図3-37）。為替ヘッジあり（点線）と現地通貨ベース（実線）の差が、為替ヘッジ要因のリターンに起因する。過去30年では、国内金利は外国金利よりも相対的に低位で推移したため、為替ヘッジ要因のリターンはマイナスの状況が多かった。この内外金利差に起因する負のキャリーが積み上がり、現地通貨ベース（実線）

図3-37 為替ヘッジ付外国債券の累積投資収益率

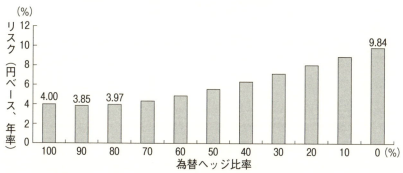

（注） データは月次で使用し、1994年3月末の値を100として2024年3月末まで計算。
（出所） FTSEのデータより野村フィデューシャリー・リサーチ＆コンサルティング作成

図3-38 為替ヘッジ比率と外国債券のリスク

（注） 外国債券として、FTSE WGBI除く日本の指数データを使用。1994年4月～2024年3月の月次リターンをもとにリスク（標準偏差）を算出。
（出所） FTSEのデータより野村フィデューシャリー・リサーチ＆コンサルティング作成

の累積リターンに対する為替ヘッジあり（点線）の劣後幅は拡大傾向にある。

　国内投資家においては為替ヘッジをつけることで、リスク低減を図るケースもある。図3－38では、直近30年間における為替ヘッジ比率の調整による外国債券のリスクの変化を確認した。リスクは4％弱（為替ヘッジ比率：80～100％）から10％弱（為替ヘッジ比率：0％）のレンジで変化しており、為替ヘッジ比率が90％のときにリスク最小となった。この理由として、本節❷で述べたように一般に債券要因のリスクよりも為替要因のリスクのほうが大きく、かつ両者のリターンの逆相関性[6]による分散効果の影響があげられる。

6　外国債券指数（FTSE　WGBI除く日本）について、過去30年間（1994年4月～2024年3月）の債券要因の月次リターン（現地通貨ベース）と為替要因の月次リターン（円ベース）の相関係数は－0.27と推計される。

280　　　　　第3章　債券のポートフォリオ運用

第4節

資産・負債総合管理と
債券ポートフォリオ

▶ I 金利変動と金融機関の資産・負債 ◀

　金融機関の資産・負債の多くは、金利変動によって影響を受ける。金利変動が激しく、金利予想が困難な状況において、金融機関が安定的な収益と健全な経営を確保するためには、資産と負債の金利変動に関する影響の管理、すなわち**資産・負債総合管理**（ALM：Asset Liability Management）が重要となる。

　わが国の金融機関が、資産・負債総合管理の導入を開始したのは1970年代のことである。石油ショックを機に、金利の変動性が高まったこと、国債や地方債の引受けによって、金融機関の預証率が高まり、資産が長期化し負債との年限のミスマッチが増大（デュレーション・ギャップの拡大）したことによって金利変動リスクが増したことなどがその背景にある。

　金利変動時の金融機関（銀行など）の利鞘（金額としての純金利収入（ネット・インタレスト・インカム：NII））は、金融機関が保有する預金・貸出などの資産・負債の満期（金利改定期）の構成に影響を受ける。図3－39は金融機関の資産・負債と利鞘の変動との関係を示している。資産・負債の金利改定頻度が一致している場合（図3－39(a)、(b)）には、受取利息と支払利息のそれぞれの変動が相殺し合い、金利変動による利鞘の変動は小さい。一方、貸出など資産の満期構成が預金などの負債の満期構成に比較して相対的に短い場合（図3－39(c)）には、資産の金利改定頻度が、負債のそれを上回ることになる。このため金利上昇期には、受取利息の上昇の速さが支払利息上昇の速度を上回り、利鞘が拡大する反面、金利低下期には受取利息の低下速度が支払利息の低下速度を上回り、利鞘が縮小する。

第4節　資産・負債総合管理と債券ポートフォリオ　　*281*

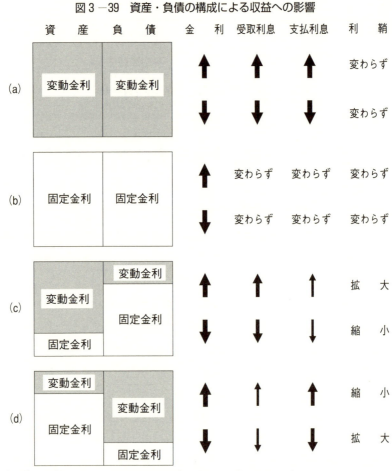

図3-39 資産・負債の構成による収益への影響

（出所）野村フィデューシャリー・リサーチ&コンサルティング

逆に、預金・貸出の金利改定期の構成が短期調達・長期運用に偏っている場合（図3-39(d)）には、金利上昇期に利鞘縮小、金利低下期に利鞘拡大傾向となる。つまり、資産と負債の金利改定頻度の相違に応じて、それぞれの利回り変動に時間的なズレが生じ、利鞘が変動するのである。

通常は、長期金利のほうが短期金利よりも高いため、金融機関の資産・負債は図3-39(d)のような、短期調達・長期運用に近い形となっていることが

多い。これによって、長短金利差を利用して利鞘を得ようとするのが、金融機関の一般的な形である。しかしこの場合には、金利上昇期に利鞘の低下を被ることとなる。この資産・負債のデュレーションミスマッチによるリスクと、利鞘獲得はトレード・オフの関係にある。このトレード・オフのなかのどのような状況を選択するかという点と、金利上昇期もしくは金利低下期における資産構成の変更が金融機関のALMの主要なテーマとなる。

　金融機関の利鞘（ここでは、資産の利回りと負債の利回りの差）を変動させる要因を模式化すると、図3－40のようになる。通常、日銀は無担保コール翌日物を操作目標としている[7]。このコール・レートの変動は市場の期待等に影響し、各種金利の変動にも影響を及ぼすと考えられる。これら各種金利（諸短資レート、債券発行・流通レート、貸出レート、預金金利など）が対応す

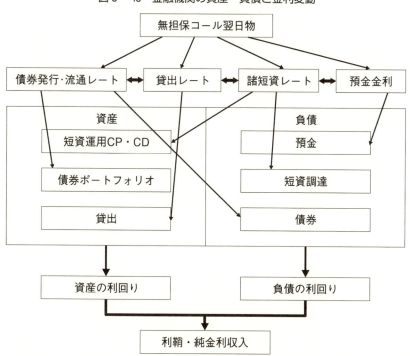

図3－40　金融機関の資産・負債と金利変動

（出所）野村フィデューシャリー・リサーチ＆コンサルティング

第4節　資産・負債総合管理と債券ポートフォリオ

る資産・負債の利回りに影響する。利鞘の変動は、このような資産と負債の利回りの変動の結果として生じるのである。このような、資産・負債の利回りを規定するものとしては、資産・負債の種別構成に加え、各種別の期間構成、金利改定の基準となる金利（どのレートに連動して金利の設定が行われるか）などがあげられる。

　金融機関の利鞘は、中央銀行による金融政策などの変化からくる各種金利の変動と、金融機関自体の資産・負債の内容によって決まるのである。

　有価証券ポートフォリオや金利スワップなどの金利デリバティブは、金融機関の資産のうちで、特に運用者の意思によって、比較的短期間でその構成を変更することが可能であることから、資産・負債総合管理のうえで重要な役割をもっている。

Ⅱ　銀行の資産・負債総合管理

　銀行などの金融機関においては、預金という短期の負債に対し、貸出や債券を中心とした有価証券ポートフォリオなどの資産を相対的に長期化しておくことによって、長短金利差分の利鞘を得ることをねらった運用を行うことが基本である。ただし金利上昇が予想される局面では、年限の短い債券や金利スワップの払いなどを用いて金利リスクの抑制を図ることによって、利鞘の低下を抑えることが必要となる。

　銀行には主に銀行勘定とトレーディング勘定とがあるが、特に銀行勘定においては基本的に負債と資産の期間のズレを管理することが重要であり、ア

7　2001年3月から、日本銀行は操作目標を従来の無担保コール・レート・オーバーナイト物から日銀当座預金残高に変更した。これを量的緩和政策と呼ぶことがある。これは06年3月に解除されたが、13年4月以降は、操作目標を無担保コール・レート・オーバーナイト物からマネタリーベース（「日銀当座預金」＋「日銀券（いわゆる紙幣）発行高」＋「貨幣（いわゆる硬貨）流通高」）へ変更した。これに伴い無担保コール・レート・オーバーナイト物も変動し、特に16年1月に導入が決定したマイナス金利付き量的・質的金融緩和以降は、無担保コール・レート・オーバーナイト物がマイナス金利となる状況が続いている。

セットマネジメント会社などの機関投資家の資金運用におけるベンチマーク・インデックスというような、ベースとなる一定のポートフォリオが存在するわけではない。予想される金利変動に対して、自行の資金ポジションを負債に対してどの程度期間をミスマッチさせ利鞘を獲得しようとするか、また、金利変動の予想が外れた場合に被る損失が、自行の体力（たとえば自己資本）から考えて許容できる範囲であるかどうかが重要な問題である。このような検証プロセスを経て、金融機関の債券の基本ポートフォリオが決定される。

❶ バーゼル規制とバーゼルⅢ最終化

　銀行は預金を扱うという性質上、あらゆる経済活動の基盤として、健全な運営をするよう規制が課される存在である。この銀行における財務上の健全性確保を目的に構築されたバーゼル規制は、銀行に対して一定水準以上の自己資本比率を求めることを主軸としている。

　日本を含む多くの国で銀行規制として採用されており、銀行のリスク管理を通じた金融システムの安定化や国際的に活動する銀行の公平な競争環境の整備等が目的である。規制上の自己資本比率は保有する資産のリスク量に紐づくリスク・アセットに対する自己資本として計算され、会計上計算される自己資本比率（＝純資産／総資産）とは異なる点には留意が必要である（図3－41）。

　ここではリスク・アセットのなかでも主要な信用リスク・アセットについてふれる。信用リスク・アセットは「与信相当額×リスク・ウェイト」として算出される。リスク・ウェイトは与信先の信用リスクに応じてあらかじめ定められた掛け目を乗じて求めることとなり、信用リスクの大きい先ほど、この掛け目の水準が高く設定されている。すなわち、掛け目の高い先への投資が多くなると自己資本比率の分母の値が大きくなり、規制上の自己資本比率が低くなることを意味する。規制上の意味づけとして、信用リスクの高い先への与信が大きくなればなるほどそれに見合った自己資本を用意しなけれ

図 3 −41　バーゼル規制における自己資本比率

$$
自己資本比率 = \frac{自己資本}{信用リスク \;+\; 市場リスク \;+\; オペレーショナル・リスク}
$$

（出所）　野村證券

　ばならないということをもって銀行の健全性を保とうとする仕組みとなっている。なお、日本では銀行は国際統一基準行と国内基準行とに区分され、それぞれに求められる規制水準や内容がやや異なるが詳細は専門書を参照されたい。

　バーゼル規制はこれまで金融危機等を経験するたびに改定されており、現時点ではバーゼルⅢまで制定されている。1988年に初めてバーゼルⅠが策定され前述した自己資本比率規制の枠組みが導入され、主に信用リスクを把握するようになった。そして、2004年には三つの柱からなるバーゼルⅡに改良された。これまでの信用リスクの把握をする枠組みを第1の柱とし、第2の柱では第1の柱ではとらえられない信用リスク以外のリスク（主には金利リスクや信用集中リスク）の把握が求められた。第3の柱では銀行の健全性をディスクロージャー誌などを通じて外部に公表することが求められている。その後、08年の世界金融危機後、さらなる規制の強化が必要となり13年にバーゼルⅢが策定、17年にバーゼルⅢ最終化案の合意がなされた（図3−42）。

　なお、日本におけるバーゼルⅢ最終化は、国際統一基準金融機関および内部モデルを用いる国内基準金融機関については24年3月31日から、それ以外の国内基準金融機関については25年3月31日から適用となっている。このように銀行にはバーゼル規制を遵守するなかでの運営が求められており、有価証券ポートフォリオにおいても規制内容をふまえて制限のあるなかでの運営が必要となっている。

　さて、信用リスク以外のリスクに着目した第2の柱について話を戻す。たとえば、日本国債は信用リスクの観点ではリスク・アセットがゼロとして扱

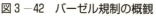

(出所) 野村證券

われているが、一方で年限に応じた金利リスクが存在する。このような資産、ないしはリスクを第2の柱では取り扱うべく、金利リスクに関する規制として「銀行勘定の金利リスク規制（IRRBB規制：Interest Rate Risk in the Banking Book)」が導入されている。

　銀行は、一般に預金で短期調達し、貸出および有価証券で長期運用するが、この銀行の有価証券ポートフォリオ構築・維持において根幹ともいえる金利ギャップ管理をIRRBB規制ではモニタリングする。同規制では六つの金利ショックシナリオ（①上方パラレルシフト、②下方パラレルシフト、③スティープ化、④フラット化、⑤短期金利上昇、⑥短期金利低下）が用意されており、経済価値アプローチとして銀行勘定での各シナリオにおける資産・負債の時価変動差（ΔEVE：Economic Value of Equity）や収益アプローチとして①および②の金利ショックシナリオにおけるネット・インタレスト・インカムの現在価値の変動（ΔNII：Net Interest Income）の計測が求められている。二つのアプローチのうち経済価値アプローチのΔEVE計測にあたっては重要性テストという形で基準値が設けられている。重要性テストは自己資本に対する銀行勘定の金利リスクΔEVEの比率であり、国際統一基準行では15％以下、国内基準行では20％以下と定められている。基準値を超過すると即座に早期是正措置がとられるものではなく、オフサイトモニタリングの追加分析を通じてその是非が判断される。

❷ ALM委員会とリスクアペタイト・フレームワーク

　このようなバーゼル規制や自行の収益目標達成、リスクテイクのあり方を念頭に、銀行には自行のALM運営の分析・提言を行う**ALM委員会**がある。銀行組織におけるALM委員会はその重要性の高さから経営会議に直結するような位置づけで運営されている。一般にALM委員会では負債と資産との間で発生する金利リスクや価格変動リスク、信用リスク、流動性リスクなどといったリスクを俯瞰しており、これらは銀行運営における根幹を担うため、定期的に開催され、報告・モニタリングに加えて自行のリスク管理方針に沿った運営に向けた提言などが行われている。

　金融機関におけるリスク管理の枠組みはリスクをとることを抑制するだけではない。2019年に金融庁より公表された「金融システムの安定を目標とする検査・監督の考え方と進め方（健全性政策基本方針）」において、金融機関に求められる健全性の考え方が示された（図3−43）。

　具体的には、財務会計や資本規制の観点から現時点での資産の質や資本の十分性に問題がなくても、将来にわたり資本基盤を確保するのに必要な収益を持続できないことが見込まれる金融機関は中長期的な健全性を保てないといった内容が盛り込まれており、現時点におけるリスクの把握だけではなく、将来を見据えた運営が求められるようになった。そこで重要となるのがリスクアペタイト・フレームワーク（以下、RAF）である。

　RAFとは、自行のビジネスモデルの個別性をふまえたうえで、事業計画達成のために進んで受け入れるべきリスクの種類と総量を「リスクアペタイト」として表現し、これを資本配分や収益最大化を含むリスクテイク方針全般に関する社内の共通言語として用いる経営管理の枠組みをいう。すなわち、事業戦略や財務計画を策定・実施するにあたり必要なリスクアペタイトの設定、またそのモニタリングや分析を行うことがリスク管理の高度化の一環として求められている。

図3−43 金融機関に求められる健全性の考え方
本基本方針のポイント

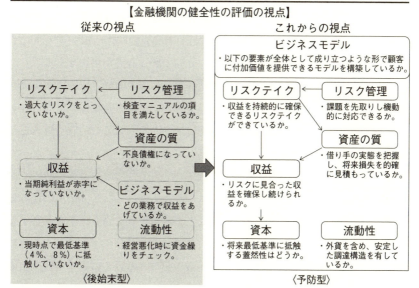

(出所) 金融庁

❸ バリュー・アット・リスクによるリスク量の定量化

ここで、リスク・アセットの測定精緻化に重点が置かれたバーゼルⅡにおいて導入されたバリュー・アット・リスク（以下、VaR）についてふれておきたい。

VaRは予想最大損失額を表しており、過去の一定期間のデータ（ボラティリティ）に基づき、将来の一定期間（保有期間）のうちに一定の確率（信頼水準）の範囲内で被る可能性のある最大損失額を統計的に測定した値である。現在では銀行以外の金融機関のリスク管理において広く導入されている。

VaR計測にあたっては、国通貨ごとの年限別の金利や株価、為替レートの過去のボラティリティ（標準偏差）と日々変化するそれらの相関関係に基づいて、日々のポジションから計測されることとなる。たとえば、信頼区間99％、保有期間20営業日、観測期間5年のVaRが1億円を示した場合、過去

5年間のマーケットデータに基づき、現状のポジションを20日間保有したとき99%の確率で発生する最大損失額が1億円と解釈される。言い換えれば残り1%の確率でVaR（1億円）以上の損失が発生する可能性がある（これをテール・リスクという）。VaRを用いることで市場変動に伴う損失を定量化できるため自行のリスクを集約してみることのできる有効な手法である。しかし、VaRは損失額という形でリスクを把握するものであり、VaR自体が金利や為替レート変動などに伴う自行の収益変動がどちら方向に向いているのかを示しているわけではない点には注意が必要である。このため収益管理を行う目的では、シナリオ分析を並行して行っていく必要がある。

　また、VaRは一定の仮定のもとで計算されていることにも注意が必要である。VaRはヒストリカルな価格変動に基づき、または分散共分散法による正規分布の想定に基づき標準偏差・相関などが推定されており、それが必ずしも将来の正確な予想とはなっていない可能性がある。特にマーケットの急変時には、流動性の急低下等によりVaRから予想される以上の損失が発生する可能性も考えられる。このようなテール・リスクはVaR管理では把握できない。そのため、後ほど紹介する感応度分析やストレス・テスト、リバース・ストレス・テストを組み合わせてリスク管理を行っていく必要がある。また、VaRの利用にはバック・テスティングも重要である。

④　ストレス・テストとリバース・ストレス・テスト

　VaRを利用することの限界を補うために以下にあげる方法の併用が考えられる。

① 　感応度分析：金利や株価、ボラティリティなどがそれぞれ一定幅変動した場合のポジション損益の変動を確認する方法

② 　ストレス・テスト（シナリオ分析）：極端な株価下落や金利上昇、クレジット・スプレッドの拡大等きわめて危機的なストレスシナリオを想定した場合の損失額を見積もる方法

③ 　リバース・ストレス・テスト：経営として避けなければならない損失等

の限界からそれが実現するであろう市場シナリオを特定する方法

これらのリスク管理手法を複合的に分析し現状を把握することで、事前のポジション調整やリスクシナリオが顕在化した際にとるべき投資行動を事前に検討しておくことができるようになる。

❺ 銀行の有価証券運用

ここまで、債券運用を念頭に銀行に課される規制や銀行経営におけるALMの概要を説明してきたが、銀行における有価証券運用の現状を最後に概観する。

前述のとおり、一般に、銀行は預金での短期調達、貸出および有価証券での長期運用を基本とし長短金利差から収益を得ている。イールド・カーブが低下し、フラットニングしている局面では、長短金利差が小さく、資産のデュレーションを拡大する形で収益を得ることになる。各金融機関の円貨の資産と負債との間のデュレーション・ギャップを図3−44に示しているが、大手行はこのギャップが0.5～1.0程度で推移しているなか、地域銀行や信用金庫といった地域金融機関のギャップは拡大している。これは長期固定金利貸出の増加や有価証券でのデュレーションの長期化が背景にある。2013年以降の日銀によるマイナス金利政策の導入やイールドカーブ・コントロールによって金融政策による金利低下、また特に地域金融機関においては貸出金需要の低下に伴う競争環境の激化などに由来する貸出金利への低下圧力から、銀行が収益を確保するためにはデュレーション・ギャップを拡大する形でのALM運営を行ってきたと考えられる。

有価証券ポートフォリオの変化をみると、図3−45で示すように、13年4月から足元までにかけて、国債からより高いリターンが見込まれる外国証券や投資信託への活用が進み、また、債券では同じくリターンを求める動きから年限の長い債券や社債中心にクレジット・リスクをとる形で利回りの向上を図ってきた。投資信託を活用することで、これまでよりもさまざまなリスクテイクを行うことができるようになり、ポートフォリオの分散効果を高め

第4節　資産・負債総合管理と債券ポートフォリオ　　　291

図3-44 国内金融機関における円貨の資産と負債との間のデュレーション・ギャップ

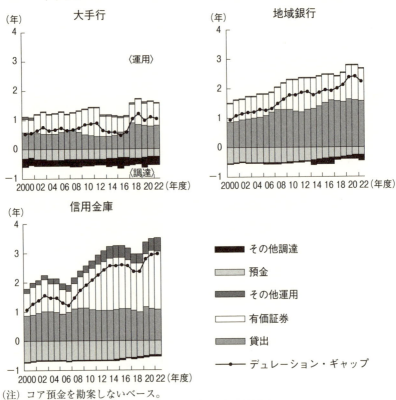

(注) コア預金を勘案しないベース。
(出所) 日本銀行「金融システムレポート（2023年10月号）」

ながらのポートフォリオ構築が進んでいった。

　また、長らく円金利が低下してきた市場環境のなか、23年にはイールドカーブ・コントロールの柔軟化、24年にはマイナス金利の撤廃、利上げという金融政策の正常化の過程において、金利スワップの払いを活用したアセットスワップや変動債への取組みが拡大している。加えて、デリバティブを活用したショート戦略やベアファンドへの取組みもみられる。さらには、国債や株式といった伝統的資産との相関が小さく、安定した高いパフォーマンスが見込まれる私募REITやプライベートデット、プライベートエクイティとい

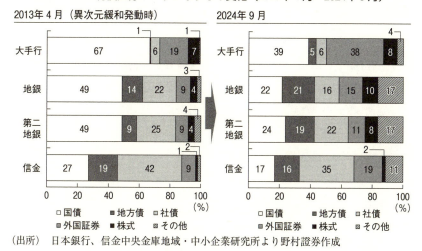

図3-45 有価証券ポートフォリオの変化（2013年4月・2024年9月）

（出所）日本銀行、信金中央金庫地域・中小企業研究所より野村證券作成

ったプライベート資産や特定のルールに基づきオプション等のデリバティブを活用したQIS（定量的投資戦略：Quantitative Investment Strategies）への投資も拡大している。

Ⅲ 生命保険会社の資産・負債総合管理

　生命保険会社にとっての負債は主に保険契約であり、その性質上、銀行と比較して負債の期間が長く、負債の経済価値が金利の影響を受けやすいという特徴がある。このため、銀行で行われているALMの手法を直接、生保に導入することは適当ではない面が多い。また従来は、わが国の生保においては、負債とは切り離して資産運用を考えても、それほど問題とはならないということも多かったのである。

　しかし、会計制度や自己資本規制の変更が行われていくなかで、近年、わが国生保においても資産と負債を総合的に管理することの必要性がいっそう高まっている。ここでは、このような生保の負債の構造を説明するとともに、負債との関係でみた生保資金運用の特徴について検討することにする。

第4節　資産・負債総合管理と債券ポートフォリオ

❶ 生命保険契約

生命保険の代表的な例としては、

① 生存保険……一定期間終了時に、被保険者が生存していた場合に限って保険金が支払われる

② 定期保険……契約期間中に、被保険者が死亡した場合に限って保険金が支払われる

③ 養老保険……契約期間中に、被保険者が死亡するか、もしくは、期間終了時に被保険者が生存している場合に、保険金が支払われる

④ 年金……被保険者が生存している間、毎年（毎月）年金が支払われる

があげられる。

このうち基本形となるのは、生存保険と定期保険であり、養老保険や年金などは、これらの組合せであると考えられる。実際に販売されている生命保険商品の多くは、より複雑な仕組みとなっているが、基本的にはここにあげた生命保険の組合せによって構成されている。

図3−46に、これら各種保険契約の、想定される将来のキャッシュ・フローの例を示す。いずれの例でも、生保は毎年（毎月）保険料を受け取り、その保険料をもとに、保険契約に応じて保険金を支払うことになる。一般に、生命保険の保険料（正確には純保険料）は、このような想定される将来のキャッシュ・フローを予定利率[8]で割り引いた現在価値が、生保の受取側と支払側で等しくなるように算出されている。生命保険会社は、予定利率を上回る運用を行うことによって、保険金支払に必要な資金を確保しようとするのである。

なお、これらの図は、解約がない場合を想定したキャッシュ・フローを図示している。解約がある場合には、資金運用期間は若干短くなる。

---

[8] 予定利率は、保険料計算の基礎となる率の一つ。生命保険会社が受け取った保険料（純保険料）を、予定利率以上の運用利回りで運用すれば、保険金支払に必要な資金を得られるように、保険料が設定される。実際に契約者が支払う保険料は、このような純保険料に、保険会社の経費分としての付加保険料を加えて算出されている。

294　　　　　第3章　債券のポートフォリオ運用

図3-46 生命保険のキャッシュ・フロー例

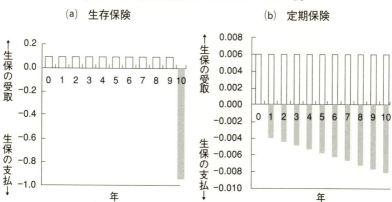

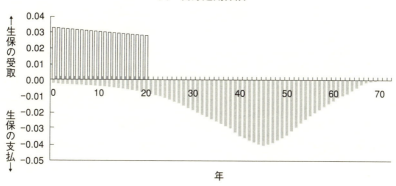

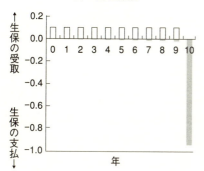
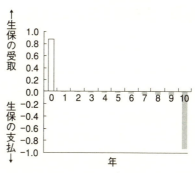

第4節　資産・負債総合管理と債券ポートフォリオ　　　　*295*

(f) 終身年金

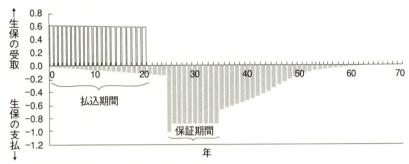

(注) 縦軸は保険金額1に対する割合。
(出所) 野村フィデューシャリー・リサーチ&コンサルティング

　保険契約による将来のキャッシュ・フロー支払に備えるため、生命保険会社は責任準備金を積み立てることが求められている。責任準備金の必要額は、保険会社が受け取った保険料を、常時、予定利率（一部の長期保険契約では金融庁の告示による標準利率によって責任準備金額が計算されるが、これも個々の契約については保険契約時に固定される）で運用したと仮定した場合の資産額として求められる。生命保険会社は、予定利率（もしくは標準利率）を上回る運用成果をあげることによって、責任準備金の必要額を達成することができるのである。

❷ 生命保険会社の負債

　ここでは、簡単な例をもとに、生保の負債について考えてみよう。
　簡単のため保険契約は養老保険のみとし、当初の契約期間として、10年、15年、20年、30年の4種類を想定する。このとき保険契約から発生すると想定される将来のキャッシュ・フローと責任準備金は、たとえば図3－47のようになる。ここでは開始時点ですでに保有している保険契約分のみを示しており、将来の新規契約分は含めていない。
　ここで、この想定されるキャッシュ・フローについてデュレーションを求

図3−47 生保モデルのキャッシュ・フローと責任準備金の推移
(a) キャッシュ・フロー

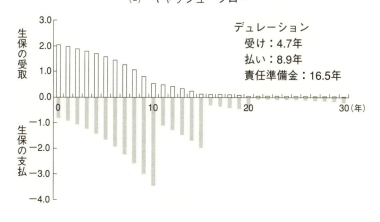

(b) 責任準備金

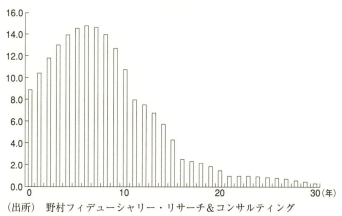

（出所） 野村フィデューシャリー・リサーチ&コンサルティング

めると、図に示したように受けのキャッシュ・フローが4.7年、払いのキャッシュ・フローが8.9年であり、責任準備金対応の資産としては16.5年ものデュレーションが必要となる。責任準備金対応資産に必要なデュレーションは、支払のキャッシュ・フローのそれよりも、はるかに長くなる傾向があることには注意が必要である[9]。

❸ 生命保険会社の債券運用

このような保険契約の責任準備金は会計上、個々の保険契約の当初契約時に定められた固定的な利率（予定利率もしくは標準利率）によって評価される。保険契約後に市場金利が変動しても、責任準備金の額が金利変動を反映して修正されることは基本的にはない[10]。

それに対応して、生保には責任準備金対応債券という債券の区分が認められている。これは期末評価を償却原価法（アキュムレーションやアモチゼーション）によってのみ行うもので、時価評価は行われない。このような会計上の評価を行うことで、負債である責任準備金と資産である保有債券の評価の平仄をそろえる（市場の金利変動は責任準備金の評価にも、責任準備金対応債券の評価にも反映されない）ことが可能になっている。

このため生保の債券運用では、時価評価ベースのリターンよりも運用利回りが重視されることになる。この運用利回りや平均予定利率は、その特性から市場金利に対しある種の移動平均のような推移を示し、市場金利の変動に対して遅れて推移することになる（図3−48）。

保険会社にとっては、負債の予定利率を上回る利回りで資産運用をすることが収益の柱の一つになる。しかし、長らく金利の低下基調をたどってきた日本の市場環境においては、資産の運用利回りが低下してしまうため、できるだけ利回りが低下しないよう各社はさまざまな工夫を凝らしてきた。特に2016年のマイナス金利導入、さらにはイールドカーブ・コントロールの導入により日本の長期金利が大きく低下し、これまでのように日本国債で収益を上げることが一段とむずかしくなった。

9　ここでは、
　　受けのデュレーション×受取キャッシュ・フローの現在価値
　　　−払いのデュレーション×支払キャッシュ・フローの現在価値
　　　＋責任準備金のデュレーション×責任準備金の現在価値
　　　＝0
　　としている。

10　たとえば、保険会社の事業継続が困難になる蓋然性によって、保険契約変更が認められたような場合にはこの限りではない。

図3-48 運用利回りと平均予定利率の変動（模式図）

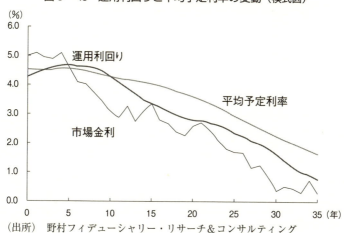

（出所）野村フィデューシャリー・リサーチ&コンサルティング

　そのような環境下で、円債の代替として選ばれたのが為替ヘッジ付きの外国債券である。具体的には、米国債に短期の為替予約による為替ヘッジを付することで、為替リスクを抑えながら外国金利を享受するような形で投資が行われた。さらに、海外の保険会社や資産運用会社への出資や提携を通じて協業できる体制構築を行い、主に外国社債への投資を増やすことで利回りの底上げを行った。日米短期金利差の拡大により為替ヘッジコストが上昇する局面では、ヘッジ外債の利回り低下を防ぐべく、通貨オプションや通貨スワップを活用するといった為替のヘッジ方法の多様化もみられた。このほか、ファンドなども通じて海外資産へのアクセスがしやすくなったことを背景に、近年ではプライベートエクイティやダイレクトレンディング等、海外のプライベート資産への投資も拡大傾向にある。

　また、国債投資においても、その代替として金利スワップを使った円金利投資（固定受け金利スワップ）や、債券貸借取引を活用し調達したキャッシュで円債を購入するような、レバレッジをかけて投資するという動きがみられるようになった。これらの円債投資手法の多様化については、2025年度から国内においても導入される11新しい自己資本規制（経済価値ベースのソルベンシー規制）への対応という背景もある。

第4節　資産・負債総合管理と債券ポートフォリオ　　299

④ 保険ALMと経済価値ベースのソルベンシー規制

　保険会社にとって資産運用収益をあげることと同等に重要なのが、リスク管理である。特に生保は負債のデュレーションが長いため、金利変動による影響は他金融機関より大きく、"金利リスク管理を目的としたALM"が重要となる。

　この金利リスク管理を目的としたALMは、生保の比較的長い「負債のデュレーション」と、「資産のデュレーション」を合わせ、金利に対する資産と負債の感応度を同程度の水準にしておくことで、金利に対する実質的な[12]純資産の変動をコントロールするというリスク管理である。

　生保のALMに拍車をかけたのが2025年度に導入される予定の、「経済価値ベースのソルベンシー規制」である。現行のソルベンシーマージン規制（以下、現行SM規制）では負債が時価評価されず、金利リスクも正しく計測されていないことが従前より指摘されていた。経済価値ベースのソルベンシー規制では、負債を時価評価したうえで、時価評価した資産との差額を計算し、それを経済価値（時価）ベースの適格資本として扱う[13]。リスク測定の観点でも、計算方法やストレスレベルが異なるため、一定の影響がある。詳細は他の文献に譲るが、ここでは経済価値ベースのソルベンシー規制の概要と、金利リスク計測について簡単にふれる。

　現行SM規制では、自己資本比率として「ソルベンシーマージン比率（SMR）」という指標が使われており、一方新しい規制では経済価値ベースのソルベンシー比率（ESR：Economic Solvency Ratio）という指標が使われる（図3－49）。

　これらの指標はともに分子に資本、分母にリスク量を置くことで表され、

11　2024年5月時点での予定（金融庁資料より）。

12　ここでの純資産は会計上の純資産ではなく、資産と負債をすべて時価評価したいわゆる経済価値ベースでの純資産を指す。

13　実際には、一定の要件を満たす負債性調達手段の適格資本算入や、保険金支払の不確実性を反映する等、調整を加えた値を適格資本とする。

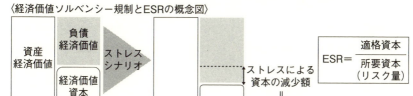

図3－49　ソルベンシーマージン規制とESRの概念

（出所）　野村證券

　自己資本比率の概念としては同じである。ただし計算方法は異なっており、たとえば現行の指標では、分母のリスク測定の際に信頼水準95％のリスクファクター方式（リスクの種類ごとに定められたリスク係数表に基づいてリスクを計算）で計算しているが、新規制では信頼水準99.5％のストレスシナリオに対する純資産の毀損額をリスク量として計算する。このため、基本的には新規制のリスク量のほうが大きくなり、自己資本比率の数値は低下する傾向にある。

　また金利リスクについて、現行SM規制では保有する資産の価格変動リスクを計算しており、その方法も保有区分に応じてリスク・ウェイト（0～2％）を掛けるという簡易的な方法であった。新規制では、金利感応度のある資産・負債を対象として、基準金利を用いた場合とストレスシナリオが発生した場合の純資産の変化を捕捉する。すなわち、負債も考慮したうえで金利が変化した際の影響を計測する。ストレスシナリオは①金利上昇、②金利低下、③スティープ化、④フラット化、⑤平均回帰の五つがあり、通貨ごとにストレスが与えられる。当該ストレスシナリオ発生時の純資産変化額が、①から⑤の各リスク量として計算され、次に①から④の統合リスク量をシミュレーションにより求める。異通貨金利間の相関を75％としてシミュレーションパスを20,000通り発生させ、シミュレーションから計算される上位99.5％の値が①から④までの統合リスク量になる。この統合リスク量と⑤平均回帰のリスク量を合算した値が金利リスク量になる[14]。

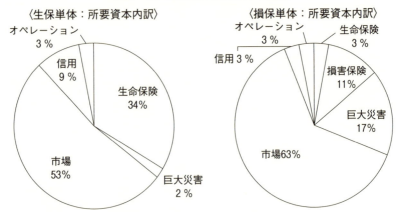

図 3－50　生損保の所要資本の内訳

（注）　2023年3月末（実施期間：2023年6月30日〜2023年12月15日）
（出所）　金融庁より野村證券作成

　金融庁が新規制導入に向けて行っているフィールドテストの結果によると、生保単体のESR平均値は220％（2023年3月のフィールドテストの結果より）であり、早期是正措置の対象となりうる100％の基準に対して、バッファがある水準になっていると考えられる（図3－50）。

　今後、新規制下でESRをコントロールしながら、運用利回りの向上を目指すような動きが想定される。

Ⅳ　年金資金の資産・負債総合管理

　年金資金の負債特性は、年金制度に依存する。わが国の主な年金制度の概要と負債特性は表3－10に示しているとおりで、「年金」とはいっても公的年金のように明確な負債がない制度が少なくない。

14　経済価値ベースのソルベンシー規制におけるリスク量および適格資本の計算方法の詳細については、金融庁ウェブサイトに掲載されている「経済価値ベースのソルベンシー規制等に関する検討」を参照されたい。

表3-10　わが国の主な年金制度と負債特性

属性	年金制度		積立金の運用主体	負債特性
公的年金	国民（基礎）年金		年金積立管理運用独立行政法人（GPIF）	賦課方式で負債はない
	厚生年金保険		GPIF・共済組合	同上
私的年金	企業年金	確定給付企業年金	企業・企業年金	従業員の退職から一定期間あるいは死亡まで支払
		企業型確定拠出年金	個人	会計上、負債は認識されない
	個人年金	個人年金保険	生命保険会社	年金支払機関から一定期間あるいは死亡まで支払
		年金共済	農協、全労済、生協	同上
		財形年金貯蓄	金融機関	同上
		個人年金信託	信託銀行	同上
	その他	国民年金基金	国民年金基金連合会	65歳以降の一定期間、支払
		個人型確定拠出年金（iDeCo）	個人	負債は認識されない

（出所）　野村フィデューシャリー・リサーチ＆コンサルティング

　そこで本書では、主に私的年金制度の確定給付企業年金に焦点を当て、年金資金の資産・負債総合管理について解説を行う。また、確定給付企業年金においても負債の定義が複数ある（たとえば制度が清算時の支払額に基づく最低積立基準額など）が、最も経済価値ベースに近いと考えられる退職給付会計上の債務（退職給付債務）を主に取り扱う。

　なお、退職給付会計の取扱いは、日本基準（J-GAAP）、米国基準（US-GAAP）、国際基準（IFRS）間で期間帰属の考え方や割引率の定義などに少なくない差異が依然として残っており（2024年6月末時点）、この点は実務上、留意が必要とされる。たとえば重要性基準（注：重要な変動が生じていない場合は割引率などの基礎率を見直さなくてもよいというルール）の有無などは、債務の割引率の振舞いを大きく変えるため、資産負債総合（ALM）シミュレーションなどにおいてはどの会計基準を採用しているかによって結果が大きく異なる可能性もありえる。

第4節　資産・負債総合管理と債券ポートフォリオ

さて、**確定給付企業年金**（以下、DB年金）はその名称が示すとおり、従業員の将来の年金給付額が確定している年金制度である。したがって、DB年金の負債、退職給付債務は将来の年金給付を一定の割引率で現在価値に割り引いたものである。年金給付は、退職時に一時金として支払われるか、退職後に年金として支払われる。年金として支払われる場合にも、一定期間支払われる有期年金と生涯にわたって支払われる終身年金の二つのケースがある。終身年金には平均余命の伸びによる債務額の増加リスク、いわゆる長寿リスクが含まれており、負債のデュレーションも長期となることが多い。また、一時金、年金の選択率も年金債務に影響を与える。他にも昇給率や退職率、新入社員の採用ペースなどからも影響を受ける。

あくまで「確定給付」企業年金であるため、インフレ率には直接的には影響を受けないが、年金額の算定が平均給与比例方式（一定期間の平均給与に比例して年金額が算定される）の場合、賃金上昇によって間接的にインフレの影響を受ける場合もある。なお、年金給付額の算定において平均給与比例方式は現在では少数派となりつつあり、ポイント制などの給与額とは独立した算定方式を採用している企業年金が近年は多数を占めている。本書では、あまりふれないが、公的年金は物価上昇に応じて給付額がスライドされる（物価スライド）ため、運用目標設定時に物価上昇率が考慮されている。

まとめるとDB年金の負債は次の要素によって影響を受ける：割引率（市場金利）、一時金（年金）選択率、昇給率、社員の人員推移（中途・新卒での入社数、退職数）、会計基準など。

この負債に対して、国内債券、国内株式、外国債券、外国株式などの伝統的資産クラスとオルタナティブ資産などの保有比率を検討し、基本ポートフォリオが策定される。年金基金からの受託運用機関には、運用戦略ごとに、ベンチマーク・インデックスなどを用いた運用目標が示され、この運用目標を追随、または上回る運用を行うことが期待される。伝統的資産の場合、ベンチマーク対比での運用目標が示される一方、近年、年金運用において浸透するオルタナティブ資産においては、インデックスではなく、短期金利＋〇％といった形での運用目標が与えられる。

国内基準の退職給付会計では割引率は安全性の高い債券の利回り、具体的には国債、優良社債の利回りが利用される。割引率としてどの年限を利用するかは、退職給付の支払見込み期間ごとに設定された複数の割引率か、単一の加重平均割引率が利用される。いずれにおいても国内債券市場指数であるNOMURA-BPI総合のデュレーションは9年強程度（2024年6月末時点）であるため、DB年金の負債の年限と比較すると短いことが多い。そのため、市場型指数にかえて、超長期債指数やラダー型指数などのインデックスがベンチマークとされることもある。

　運用期間が長いことに加え、前述のとおり、わが国のDB年金では別の負債が存在しており、財政運営基準上の予定利率を年金資産の期待収益率が上回る必要もある。つまり、単純な負債ヘッジのみでは不十分となる可能性がある。そのため、株式やオルタナティブ資産などの期待収益率向上、分散効果に寄与すると考えられる資産が組み入れられることが一般的である。つまり年金資金のポートフォリオは、主に、

①　負債（給付）対応資産：国内債券、国内超長期債など
②　収益追求資産：株式、社債、外国債券、オルタナティブなど

から構成されているといえる。負債・給付対応資産は資産側のみのポートフォリオの変動性を最小化するためではなく、資産・負債両方の変動を考慮し、会計上の影響度を許容範囲まで抑えるために組み入れられている。なお、どの程度までを許容範囲とするかは母体企業のバランスシートや損益の状況、過去の未認識項目などにより検討される。

　負債対応資産と収益追求資産の比率については、たとえば以下のように算出される。

　ここで、剰余（サープラス、S）は資産（A）・負債（L）の時価評価額から（図3－51）

　　$S = A - L$

と表現され、また、年金資産が負債対応資産（H）と収益追求資産（G）で構成されるのであれば、

　　$A = H + G$

第4節　資産・負債総合管理と債券ポートフォリオ　　305

図3-51 年金基金の資産・負債（模式図）

（出所） 野村フィデューシャリー・リサーチ＆コンサルティング

と記述できる。サープラスSのリスクを最小にしつつ、財政運営基準上のリターンを満たす必要があるとすると、それぞれの資産配分は以下のように計算することができる。

$$\begin{cases} E(R_A) = w_H E(R_H) + (1-w_H) E(R_G) \geq \dfrac{L}{A} E(R_L) \\ \underset{w_H}{\mathrm{argmin}}\, \sigma\left(R_A - \dfrac{L}{A} R_L\right) = \underset{w_H}{\mathrm{argmin}} \sqrt{\sigma^2(R_A) + \dfrac{L^2}{A^2}\sigma^2(R_L) - 2\dfrac{L}{A} Cov(R_A, R_L)} \end{cases}$$

ここでw_Hは負債対応資産の資産配分比率、R_A、R_L、R_H、R_Gはそれぞれ、資産、負債、負債対応資産、収益追求資産のリターン、$E(\cdot)$は期待リターン、$Cov(R_A, R_L)$はR_AとR_Lの共分散、$\sigma(\cdot)$は標準偏差を表す。このモデルのもとでの積立比率（資産／負債）ごとの最適資産配分（収益追求資産と負債対応資産）の計算例が図3-52である。

この例では積立比率が上昇すると負債対応資産の最適資産配分が増加していることがわかる。このような積立比率の上昇に応じて負債対応資産・安全資産を増やす投資戦略はグライド・パスと呼ばれ、わが国では企業年金連合会などの年金投資家が採用している。ちなみに積立比率が100％未満の場合、資産のみで最適化した結果とサープラス最適化を行った結果にほとんど差異は発生しない。積立比率が不十分な段階では、負債に連動することではなく、積立比率を回復させることが重要なためである。

積立比率が100％未満あるいは負債のデュレーションが非常に長期の場合に負債ヘッジを行うためには、資産側に超長期債などのデュレーションが長期の資産を組み入れる、デリバティブやレバレッジを活用するといった戦略

図3-52 資産配分（収益追求資産・負債対応資産）の計算例

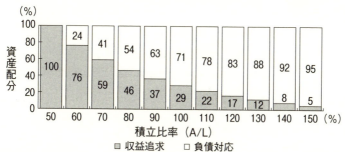

(注) 負債の要求利回りを2.5％、負債の修正デュレーションを15年、負債対応資産を超長期国債指数連動、収益追求資産の期待リターンを5％と仮定。
(出所) 野村フィデューシャリー・リサーチ＆コンサルティング

が考えられる。このような負債ヘッジを目的とした投資戦略はLDI（Liability Driven Investment：ライアビリティ・ドリブン・インベストメント）と呼ばれる。LDIではサープラスの時価変動のリスクをコントロールすることを主眼とすることから、先物やスワップション、スワップ取引などデリバティブの利用が行われることも多い。

英国では、年金債務の時価評価が財政運営基準および退職給付会計基準両方で求められるようになった2000年代前半ごろからLDIが広く利用されるようになっている。しかし、22年9月から10月にかけて当時のトラス政権が打ち出した「ミニ予算」をきっかけに英国債に大幅な売り圧力が生じるとLDIのために利用されていた先物、スワップ、スワップションなどに大量のマージンコール（証拠金不足通知）が発生し、いわゆるLDI危機と呼ばれる事象が発生した。現物と比して少ない資金でデュレーションを延伸できることがLDI戦略の大きな利点であるものの、この事象はデリバティブを活用したLDI戦略が万能ではないことを示唆している。

年金の資産・負債総合管理においてはこのようなLDI戦略などのさまざまな運用戦略の活用、前述のような会計上の問題、年金投資家が規制当局から求められる財政運営基準などさまざまな要素が検討され、実施されている。

第5節

債券運用の評価

　本節では、運用成果の評価手法について説明する。インハウス運用においては第1節でも説明があったとおり、計画・運用・評価のサイクルが必要となる。運用成果を評価し、フィードバックすることで、翌期以降の計画や運用を強化する一助となる。

　また、公的年金や企業年金基金は信託銀行、生保、投資顧問会社などに運用を委託している場合が多く、運用機関の選択が資産運用上、重要な意思決定となっている。運用成果を評価することで、委託先が自分達の運用目的に沿った運用および期待どおりの成果をあげているかについて判断する必要がある。また、一定期間、期待に見合った運用が行われていないと判断される場合は委託先の変更等も検討しなければならない。

　運用成果の評価（運用評価）は、大きく、定性評価、定量評価に分けられる。定性評価は想定している運用を行うための体制、プロセスなどが整備されているかについての評価である。定量評価は、運用の結果として実現したパフォーマンスについて、期待に沿ったものであるかということに対する評価である。

　本節では、まず、定性評価を行ううえで、債券ポートフォリオの構築過程におけるポイントを紹介する。その後、管理指標、さらに定量評価としてのパフォーマンス評価の考え方を紹介する。

Ⅰ　債券ポートフォリオの構築

❶　運用目標

　運用評価を行うためには、適切な運用目標が設定されていなければならな

い。債券の投資主体は投資顧問会社や信託銀行をはじめ、銀行や生保、年金基金など多岐にわたる。投資主体が異なる場合、運用目標も自ずと異なる。

　積極的運用を行う運用者であれば市場指数や短期金利といったベンチマークを上回る収益、すなわち超過収益が目標となる。また、ALM（資産・負債総合管理）において、将来の支払額の見込みをつくり、それに運用収入が見合うように債券を中心に運用することで負債の金利変動リスクの中立化を目指すLDI（Liability Dirven Investment）を実践する場合には、負債側のリターンが一種のベンチマークとなり、その部分に対する超過収益が目標となる。一方、インデックス運用のような保守的運用を行う運用者の場合は、可能な限り、対象インデックスのパフォーマンスに追随することが目標となる。

　このように、どのような運用目標をもつかは投資主体の特性に依存するが、いずれも、それぞれの“ベンチマーク”に対する超過収益が指標となる点では共通点があると考えられる（積極的運用の場合は超過収益＝プラス、保守的運用の場合は超過収益のブレ（目標乖離リスク（トラッキング・エラー））の最小化を目指すことになる）。債券ポートフォリオを構築するうえで、この運用目標が出発点に位置する。

　次にポートフォリオを構築するうえでのガイドラインを設定する必要がある。債券投資に求められるのは収益の追求だけではない。第1節ですでに説明したとおり、債券投資は、収益性の追求以外にもさまざまな役割を求められる。たとえば、流動性の確保、金利変動リスクのコントロール、その他（債券貸借取引としての利用、財務会計上の目標達成（期間収益の確保、売却損益計上、自己資本規制への対応等））などである。

　これらはいってみれば一種の制約条件とみなせる。流動性の確保であれば国債等の比率、ALMの観点であれば金利変動リスクの管理、期間収益の確保であれば市場見通しに依存しない一定の平均残高積上げ、といったことである。

　制約条件をもとにガイドラインを設定し、その範囲内で超過収益を追求する。この際にねらう収益の水準および許容できるリスク量を設定する、というのが妥当な目標設定といえる。この場合のリスク量については、たとえば

第5節　債券運用の評価　　　309

超過収益の標準偏差、あるいは下方リスクに着目したVaRなどが考えられる。

　なお、ベンチマークは原則、市場指数や短期金利、あるいは一定のルールで定めた基本ポートフォリオなど、投資判断なしで複製可能なものであり、かつ継続的に観測可能なものであることが望ましい。たとえば、同業他社比で上位を目指す、といった目標も設定できるが、通常は他社の運用内容をリアルタイムで知ることはできないため、期中は目標がそもそもみえないことになる。そのため、あくまでも事後的な参考情報にとどめるべきであろう。

② 運用に対する考え方

　運用評価を行ううえでは、まず、運用者あるいは運用会社がどういった考え方で運用を行っているかを理解することが必要である。これらを運用哲学とも称する。一義的には、ある運用手法を採用することにより、なぜ付加価値をあげることができるのか、という一種の信条といえる。言い方を変えれば、市場の非効率性に関する考え方ともいえる。

　もし、市場は基本的に効率的であり、他者を出し抜くのはむずかしいと考えていれば、保守的運用を選択することになる。

　積極的運用を行う場合は、市場におけるなんらかの非効率性を想定し、それを活用することになると考えられる。たとえば、運用者によっては、債券市場に代表される金利市場ではマクロファンダメンタルズが正しく反映されるまでに時間を要するため、経済分析を精緻に行うことで債券市場の方向性を予測でき、それによって超過収益を得られると考えるかもしれない。あるいは、別の運用者は、社債の対国債スプレッドは多くの場合、破綻リスクを過大に織り込んでおり、信用分析を精緻に行って社債を購入することで国債に対する超過収益が得られる、と考えるかもしれない。これらの哲学には必ずしも正解はない、といえる。

　加えてこれらの非効率性（すなわち収益機会）をどのようにとらえていくかも重要である。たとえば十分な調査・分析体制、整合的かつ一貫したプロ

セス、適切なリスク管理といったことである。

　どういった運用に対する考え方をもっているかによって、目指す収益源泉と配分、運用プロセス、運用・調査体制等が異なってくる。

　債券運用における代表的な収益源泉は金利戦略（デュレーション、イールド・カーブ）、スプレッド戦略（社債、資産担保証券等）に大別される。

　保守的運用の場合は、ベンチマークや基本ポートフォリオ等に特性を合わせることで、これらの収益源泉からの超過収益を可能な限り小さくすることを目指すことになる。

　積極的運用の場合はこれらの収益源泉からプラスの超過収益を目指すことになる。特に債券運用の場合にはイールド水準（注：イールド水準は一般には最終利回りを指す）という目にみえる形で期待される収益率の水準を把握できる指標がある。しかし、満期保有を前提とせず、期中時価評価となる場合には時価変動により、特定の期間内では運用目標の達成がむずかしい場合がある。また、社債等においては発行体の債務不履行や信用不安による価格下落の可能性もあり、イールド水準が実際の収益率に結びつかないケースも考えられる。このように、目指すべき超過収益目標に加え、下方リスクへの対応がいかにしてなされているかにも意を注ぐべきである。以上のように、さまざまなリスク要因を管理しつつ、運用者がなぜ目標とする収益率の獲得が可能と考えているかについて理解することが必要である。

③　収益源泉

　運用評価を行ううえでは、運用者がどういった源泉から収益をあげようとしているのか理解することが重要である。債券運用の収益源泉は主に次のものがあげられる。なお、収益源泉は通常は一つということはなく、複数の源泉に分散するケースが多い。目指している収益源泉それぞれについて、必要な体制、スキルは異なるため、それらが整備されているかを確認することになる。

第5節　債券運用の評価

⑴ デュレーション戦略

　市場金利の動向を予測し、ポートフォリオ全体のもつ金利感応度を調節することで収益獲得をねらう戦略である。市場金利が上昇すると予測した場合には、デュレーションを短期化し、逆に市場金利が下落すると予測する場合にはデュレーションを長期化させることで収益獲得をねらうものである。市場金利の動向にはさまざまなマクロ的要因が影響する。国内および海外の財政政策・金融政策、発行計画や需給要因、さらに国内と海外の間の為替水準にも影響を受けうる。

　デュレーション戦略を収益源泉とするにはマクロ経済動向や中央銀行の金融政策、債券市場の需給動向等について分析し、市場金利の方向性を予測する体制・スキルが必要と考えられる。

⑵ イールド・カーブ戦略

　金利の期間構造に着目した戦略である。市場で観察されるイールド・カーブ（利回り曲線）は通常は右肩上がりの滑らかな曲線（順イールドという）を描くことが多いが、既述のデュレーション戦略でも述べたさまざまなマクロ的な要因に影響を受けることでその形状が変化しうる。その変化した形状が、運用者が適正と考える形状に戻る過程をとらえることが収益機会となる。たとえば、イールド・カーブの形状が急速に引締め的な金融政策が実施された結果、短期ゾーンが上昇し、長期ゾーンが相対的に低位に推移する状況、すなわち平坦化（フラット化）をきたしていたとする。この場合、金利上昇が長期ゾーンへ波及する可能性があると判断し、長短金利差の拡大を見込んだ取引（スティープニング・ポジション）を行うといったことが考えられる。こういった戦略を立案・実行するにはデュレーション戦略同様、マクロ経済動向や中央銀行の金融政策等について分析する体制・スキルが必要である。

　また、たとえばある年限の債券が特定の投資家の需給によって変動すると

いったケースの場合（超長期債が年金基金や保険会社等の売買によって変動する
ケースなど）、需給分析を行うことで、異なる年限の債券の買持ち・売持ち
を組み合わせ、超過収益をねらうことも考えられる。これらを収益源泉とす
るには、規制等による債券市場の需給動向等を通じて市場金利の相対的な位
置関係を予測する体制・スキルが必要と考えられる。

　また、第2章第2節Ⅱ❷で取り上げたキャリー、ロールダウンに着目す
るのもイールド・カーブ戦略の一種といえる。これらを収益源泉とするには
金利の期間構造モデル等の定量分析ノウハウが必要になると考えられる。

(3)　債券種別戦略

　国債や社債といった異なる債券種別間の相対的魅力度の差に着目し、積極
的に配分変更を行う戦略である。金利サイクルと信用サイクルの相違が国債
と社債の間における相対的魅力度に影響するケース等が考えられる（たとえ
ば、景気回復時：国債⇒社債、景気悪化時：社債⇒国債といったケースが考えら
れる）。

　債券種別戦略を収益源泉とするには、幅広い種類の債券の市場動向を把握
し、分析する体制・ノウハウが必要と考えられる。

(4)　個別銘柄選択

　個別の発行体レベルあるいは証券レベルで魅力度の高いものへ選別投資を
行う戦略である。債券種別戦略にて、発行体の信用度やスプレッド水準、
デュレーション等を特定したうえで、さらなる超過リターン獲得を念頭に個
別銘柄レベルで選別する。

　たとえば社債のなかでの個別発行体の選択等が代表例である。このほか、
国債のなかでも、需給等によって、同年限の特定の銘柄が割安になったり割
高になったりするケースがあり、これらの動きを考慮しながら売買すること
も個別銘柄選択の一種といえる。

第5節　債券運用の評価　　　313

社債や資産担保証券等に投資する場合は発行体の信用分析や当該債券のストラクチャー分析（優先劣後構造、コール条項、ステップアップ条項、担保の内容等）を行う体制・ノウハウが必要と考えられる。また、国債の銘柄選択を精緻に行う場合はイールド・カーブ戦略の項目でもふれた金利の期間構造モデル等の定量分析ノウハウが必要になると考えられる。

これらに加えて、複数の国に投資する外国債券運用においては次の戦略も想定される。

(5)　国別配分戦略

日本債券に加えて外国債券にも投資できる場合、相対的に魅力度が高いと判断する場合には海外の国債や社債へも投資を行う戦略である。発行体の財務健全性や当該国のインフレ見通しなどに加え、足元の利回り水準を考慮することで、魅力度の判断を行う。

国別配分戦略については、為替ヘッジをせずに通貨変動リスクをとる場合と、為替ヘッジすることで純粋に各国の債券リターンの差に着目するケースが考えられる。しかし、昨今では多通貨ポートフォリオにおいて為替ヘッジ後の債券リターンと通貨リターンを分けて予測し、為替ヘッジ後の債券国別配分を国別配分戦略、通貨の部分を通貨配分戦略として別々に管理する考え方が主流になっている。

国別戦略を収益源泉とするには世界各国のマクロ経済動向や中央銀行の金融政策、債券市場の需給動向等について分析し、市場金利の方向性を予測する体制・スキルが必要と考えられる。

前述のとおり、実際の運用においては収益源泉を一つに絞る必要はなく、ガイドラインの範囲内で収益源泉を分散させることが有効と考えられる。収益源泉の配分の目安を運用者に確認することで、当該運用の大まかな方向性を確認できる。たとえば、デュレーション＋イールド・カーブ：50％、債券種別戦略＋個別銘柄選択：50％とすれば、金利戦略およびスプレッド戦略からバランスよく超過収益をねらう意図がみてとれる。一方、デュレーション

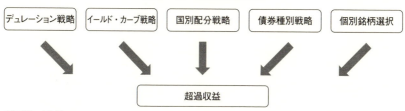

図3−53 収益源泉の例

（出所）野村フィデューシャリー・リサーチ＆コンサルティング

＋イールド・カーブ：70％、債券種別戦略＋個別銘柄選択：30％とすれば、金利戦略を重視する意図がみてとれる。逆にデュレーション＋イールド・カーブ：30％、債券種別戦略＋個別銘柄選択：70％とすれば、スプレッド戦略を重視する意図がみてとれる。

収益源泉の設定においてはガイドラインも大きな意味をもつ。たとえばガイドラインにより国債しか投資できないということであれば、金利戦略中心になる場合が多いと考えられる。この場合、デュレーション戦略、すなわち金利予測を重視しているのか、イールド・カーブの形状に着目したキャリーやロール・ダウン戦略を重視しているのか、あるいは国債の個別銘柄選択を重視しているのか等、運用者の目指している運用の姿についてより詳細な理解が必要になってくる（図3−53）。

収益源泉の考え方を理解することが重要なのは、運用者がどの分野でリスクをとろうとしているのかを把握するためである。もし、本来、得意ではない、あるいはいままで経験したことがない分野でリスクをとっている場合は、その背景を確認すべきである。

❹ 運用プロセス

運用に対する考え方、目指す収益源泉を理解した後、それらを効率的に実行するためのプロセスを有しているかを確認する必要がある。

投資主体の特性に応じて運用プロセスの詳細は変わりうる。しかしながら、①トップダウン・アプローチと②ボトムアップ・アプローチを融合させ

てポートフォリオを構築していく方法論は、総じてどの投資主体にも共通して有効なアプローチと考えられる。以下、①と②の一般的な運営について述べたい。

一般的に、①トップダウン・アプローチとは、マクロ経済動向や金融・財政政策の見通しを策定することから始まり、金利や為替の大きな方向性について見通しを策定することを指す。

また、②ボトムアップ・アプローチは個別の発行体の信用度やスプレッド水準を特定し、個別の投資機会の見極めを行うことを指す。

以上の①と②を融合させて具体的かつ確信度の高い戦略を特定していく。特定された戦略は既述した収益源泉のうちのいずれかの特徴をもつものとしてとらえられる。また当該戦略を集合させた最終的なポートフォリオは運用目標の達成を目指したものとなるよう、各種の管理指標（例：利回り水準、デュレーション、信用格付等）を考慮したものが目指される。

運用者および運用会社によって運用プロセスは異なってもよいが、必要とする前述の収益源泉を網羅できるようなプロセスが構築されていることが必要である。

⑤ 運用・調査体制

運用プロセスを確認した後、それらの運用プロセスを実行するための運用調査体制がそろっているかを確認する必要がある（図3−54）。

運用および調査にかかわる人材についても、上述のとおり、大きくは①トップダウン・アプローチおよび②ボトムアップ・アプローチに分けて整備・構築されるべきものである。前者で想定される運用調査プロフェッショナルはエコノミストやストラテジストといったマクロ経済動向に専門知識を有することが求められる。後者については、クレジット・アナリストおよび環境・社会・ガバナンスを専門に分析するESGアナリスト等が該当する。通常は複数の発行体が調査対象として割り当てられるが、専門性や効率性を追求するために特定の業種ごとに割当てが行われることが多い。戦略を議論す

図 3 ─ 54　運用調査体制の整備・構築

【運用プロセスと役割分担の例】

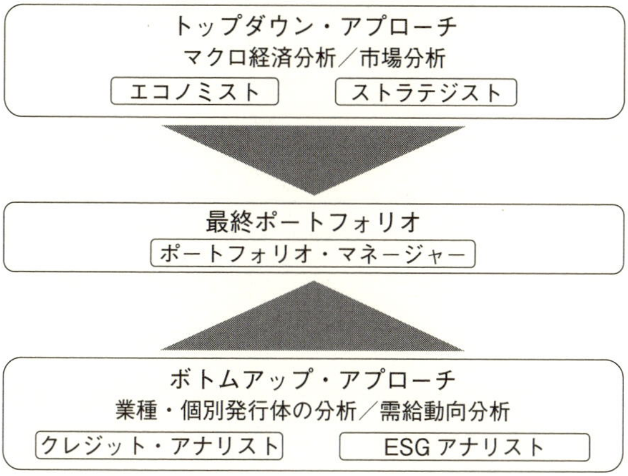

トップダウン・アプローチ
マクロ経済分析／市場分析

| エコノミスト | ストラテジスト |

最終ポートフォリオ

ポートフォリオ・マネージャー

ボトムアップ・アプローチ
業種・個別発行体の分析／需給動向分析

| クレジット・アナリスト | ESG アナリスト |

（出所）　野村フィデューシャリー・リサーチ＆コンサルティング

る会議体等についても①と②を区分するケースが多いであろう。

　運用者および運用会社によって運用・調査体制が異なってもよいが、前述の運用プロセスを実行できる人員がそろっているか、十分な経験値をもった人材がいるか、ということを確認する必要がある。

❻　投資対象

　運用を実行するにあたって、自分達の見通しをどのようにポートフォリオに反映させていくか、投資対象の範囲を理解しておくことも重要である。債券運用においては多くの場合、現物債券を購入することが基本となるが、デリバティブ（派生商品）を活用することが効率的なケースもある。デリバティブを活用する場合はそれに見合ったポートフォリオ管理、リスク管理体制等が必要となるため、それらが整備されているか、別途確認が必要となる。

第 5 節　債券運用の評価　　　**317**

Ⅱ 債券ポートフォリオの管理指標

保有債券ポートフォリオの実態をとらえるために、債券ポートフォリオの各種管理指標が用いられる。これらの指標は相互に関連しており、単一の指標に必要以上に重きを置くことは、他の指標の観点からみればポートフォリオにゆがみを生じさせていることとなる場合も多い。たとえば、ポートフォリオの収益性向上のために平均複利利回りの向上に努めることが、残存期間の長期化や流動性リスク、信用リスクの水準の変化から過剰なリスクをとることにつながる可能性もある。

各種指標は必要に応じて、バランスよく参照されることが望ましい。ここではこのような債券ポートフォリオの管理指標を、①流動性指標、②収益性指標、③リスク指標、に分類し、まとめることにする。

❶ 流動性指標

短期金融市場やレポ市場の発達により、一般には債券ポートフォリオでの流動性の確保の要請は、以前に比較すると少なくなっている。しかし、金融危機などの場合の短期金融市場の混乱などに備えて、債券ポートフォリオの流動性を確保することは、現在でも必要である。

債券ポートフォリオにおける流動性確保の問題は、次の2段階に分けて考えることができる。

① 資金が必要となる時期に償還される債券を保有する。
② 市場性のある国債などの残高を確保する。

流動性の管理のためには、資金の必要量と時期を把握することが不可欠であり、それに応じた対応を行うことになる。債券ポートフォリオの流動性指標としては、次のようなものがあげられる。

⑴　満期構成

　資金繰り見通しに基づき、資金の必要な時期に対応した残存期間の構成。流動性を意識した安定的な満期構成としては、従来ラダー型やバーベル型のポートフォリオが利用されている。また、負債と資産のキャッシュ・フロー（年限および金額）を合わせる戦略としては、キャッシュ・フロー・マッチング戦略がある。低金利局面下ではさほど意識されないが、金利が上昇時には、金利下落リスクへの備えとして負債のキャッシュ・フローを意識した運用がさらに注目されよう。

⑵　市場性のある債券残高

　流通市場での取引量が多く、ある程度大量に売却しても取引可能な債券の残高。国債などは流通市場が整備され、比較的流動性の高い債券である。また、レポ取引も比較的容易に行うことができる。これに対し、私募債や発行ロットの小さい債券、仕組み債や一部の証券化商品などは、市場性の低い債券と考えられる。また債券相場が下落している局面では、とりわけ、低格付債の市場性が低くなり、アスク・ビッドの差が大きくなる傾向がある。

　なお、金融機関（国際統一基準行）には金融危機時に備えるため流動性カバレッジ比率（LCR：Liquidity Coverage Ratio）に関する国際ルールが導入されている。これは、想定される「純資金流出額」に対し十分な「算入可能適格流動資産」を保有することを義務づけるものであり、適格流動資産は資金化の容易さに対応してレベル１、レベル２Ａ、レベル２Ｂに区分される。流動性カバレッジ比率については、金融庁のウェブサイトなどで、「銀行法第14条の２の規定に基づき、銀行がその経営の健全性を判断するための基準として定める流動性に係る健全性を判断するための基準」等を参照されたい。

第5節　債券運用の評価

(3) キャッシュ化に要する時間

前述の満期構成に関する議論に加え、実務においては、資金の運用と流出入に期間の差が生じることで流動性リスクが顕在化することがある。このような流動性のミスマッチを避けるためには、ポートフォリオの流動性リスクについて適切な管理が求められる。

具体的には、まずポートフォリオの各資産についてキャッシュ化に要する時間を把握し、これを積み上げることでポートフォリオ全体のキャッシュ化に要する時間が計測される。また、相対的に流動性が高い資産の下限や相対的に流動性が低い資産の上限を設定することも流動性リスクの管理に有効であろう（流動性リスク管理については、野村アセットマネジメント株式会社編著『投資信託の法務と実務〔第5版〕』（金融財政事情研究会、2019年）324〜325頁を参考にするとよい）。

❷ 収益性指標

債券の収益性をみる指標には、クーポン収入の部分（インカム・ゲイン）の指標、評価差額や償却原価による償却差額（キャピタル・ゲイン（ロス））の指標、利回りやスプレッドなどがある。

(1) 平均クーポン

単価額面当りの利払額である平均。クーポンは安定的な収益であるが、必要以上に平均クーポンを引き上げることは、ポートフォリオの債券のオーバー・パー化をもたらすことになる。平均単価や平均利回りとの対比が必要である。

(2) 償却差額

満期保有目的の債券の場合、毎期の償却差額（償還額と帳簿価額との差を、毎期償却する場合の償却額）が当期損益に影響する。利息法によって償却原価を求める場合（複利利回り一定として、アモチゼーション、アキュムレーションを行う方法）、購入時の複利最終利回りの加重平均が、ほぼ今期のポートフォリオのリターンとなる。このため、このような場合には購入時の複利最終利回りの平均も、収益性指標として参照されることになろう。

(3) 評価差額

売買目的の有価証券に分類された債券では、時価と帳簿価額との差（評価差額）が売買損益として今期の損益に計上されることになる。このため売買目的の有価証券の評価差額の把握も、今期収益の捕捉上は重要となる。

(4) 平均最終利回り

時価ベースの最終利回りは債券の将来の収益性を示す指標として、万能ではないが、一つの有力な指標ではある。このようなことから、債券の利回りとしては、最終利回りが最も一般的に用いられている。ポートフォリオの平均最終利回りを引き上げようとすることは、ポートフォリオの長期化や、信用リスク、流動性リスクの水準の変化をもたらすこともあり、これらの観点からの指標との対比も必要である。

(5) 平均スプレッド

スプレッドも、債券ポートフォリオの一つの収益性指標であるが、利回りと同様、これだけに注目すればよいというものではない。スプレッドの引上げも、信用リスク、流動性リスクの水準の変化をもたらすこともあり、これ

第5節　債券運用の評価　　　321

らの観点からの指標との対比も必要である。また、スプレッドの変動が、評価差額に与える影響についても考慮する必要があろう。

③　リスク指標

　流動性のリスクに関しては、すでに述べたが、債券のポートフォリオ運用におけるこれ以外のリスクとしては、金利変動リスク、信用リスク、外貨債投資に伴う為替リスクがあげられる。また、リーマンショックやその後の金融緩和を受けた金利戦略からクレジット戦略へのシフトなどを契機に、わが国でもスプレッド・デュレーションやDTS（Duration Times Spread）が新たなリスク指標として浸透しつつある。

(1)　平均残存期間

　保有債券の残存年数を額面金額で加重平均したもので、通常はこれが長いほど価格変動が大きい。保有する債券の平均残存期間や債券の残存期間の分布は、直利や償却原価法に基づく将来の受取利息の変動に影響するため、負債の期間分布との対比が利鞘の将来変動に影響する。

(2)　平均修正デュレーションと平均コンベクシティ

　各銘柄の修正デュレーションを、その現在価値（時価金額＋経過利子）で加重平均したものである。金利変動による保有債券の価格変動を表す指標としては、平均残存期間よりも平均修正デュレーションのほうがより正確であると考えられる。

　デュレーションは、金利の変化に対する債券やポートフォリオの価格感応度を示す数値で、債券投資において広く用いられるリスク指標である。そのなかでも、修正デュレーションは、最終利回りの変化に対して債券価格がどの程度変化するかを示す数値で、デュレーションの代表的な指標となってい

る。修正デュレーション以外では、実効デュレーションも一般的に利用されている。実効デュレーションは、期限前償還などのオプション性の影響を調整したもので、主にABS（Asset Backed Securities）やMBS（Mortgage Backed Securities）などで用いられる。

　なお、修正デュレーションのかわりにベーシス・ポイント・バリュー（1bpの利回り変化に伴う価格変化額）が用いられることもある。

　また、平均コンベクシティは平均修正デュレーションと同様、各銘柄のコンベクシティを、その現在価値（時価金額＋経過利子）で加重平均したものである。金利が大きく変化した場合の、評価差額の変動の程度を知るためには、修正デュレーションだけではなくコンベクシティにも注目する必要があろう。ポートフォリオの平均コンベクシティを大きくすることが、必ずしも常に有利であるわけではないことは前述のとおりである。

　さらに、金額ベースでの管理のためには、ポートフォリオの金額デュレーションや金額コンベクシティが有効であろう。

(3)　平均格付

　保有している銘柄の格付を加重平均したもので、ポートフォリオにおける信用リスクの取得度合を格付の記号で表す。ダウンサイド・リスク顕在化の可能性やリスク・オン・オフといった局面に応じて、信用リスクの高い銘柄から低い銘柄、あるいは、逆に信用リスクの低い銘柄から高い銘柄へとシフトすることにより、ポートフォリオのクオリティともいえる平均格付が上下する。ガイドラインなどで一定以上の平均格付維持を規定するケースもある。

(4)　キーレート・デュレーションとVaR

　金利変動による時価評価額の変動をより精緻に把握するために、キーレート・デュレーションがあることは第2節Ⅳのとおりである。資産・負債につ

第5節　債券運用の評価

いてキーレート金額デュレーションを用いることで、金利変動に対するバランス・シートの変動をより詳細に把握することができよう。

また、VaRはバランス・シートの変動性を集約した指標として有用であろう。VaRの計算にキーレート金額デュレーションを用いる方法があることは第2節Ⅳで紹介したとおりである。

また、VaRに関連するリスク尺度として、条件付VaR（Conditional-VaR、「期待ショートフォール」とも呼ばれる）がある。VaRが信頼区間内における損失額の計測値であるのに対して、条件付VaRは信頼区間外における損失額の平均でテール・リスクを表す指標とされる。

(5) 満期構成（ギャップ分析）

満期構成は将来の適用金利の改定の時期を表すことから、資産・負債についてその差をみること（これをギャップ分析と呼ぶ）は、将来の市場金利変動に対する受取利息・支払利息の変動のずれ方を予想する手段となる。時価評価によって評価する場合には修正デュレーション等の指標が有効であるが、利鞘の管理にはむしろ、資産・負債の満期構成の管理が必要であろう。

また、インデックス運用の場合などでも、イールド・カーブの形状変化によるベンチマーク・インデックスからの乖離の管理のために、デュレーションに加えてベンチマークとポートフォリオの満期構成の差を考慮する場合もある。これは、キーレート・デュレーションにかわる簡便な方法であるとも考えられる。

なお、保守的運用では第2節Ⅱで述べたように、金利動向にかかわらず一定の満期構成（ラダー型、バーベル型、ブレット型）を保つ考え方もある。

(6) スプレッド・デュレーション

ベース金利の変化に対する債券価格の感応度はデュレーションと呼ばれる一方、スプレッドの変化に対する債券価格の感応度はスプレッド・デュレー

ションと呼ばれ、主に信用リスクの管理指標として利用されている。国債を除いた債券種別のスプレッド・デュレーションをモニタリングすることで、クレジット・アロケーションなどのトップダウン判断に活用するケースがみられる。また、スプレッド・デュレーションについてガイドラインでベンチマーク対比の目標レンジを明示するケースなどもある。

⑺ DTS （Duration Times Spread）[15]

DTSはスプレッド・デュレーションとスプレッドを掛け合わせた指標で、信用リスクの管理指標としてわが国でも一般的になりつつある。相対的なスプレッド変化に対する価格感応度を表し、たとえば、急激なワイドニングに伴う信用リスクの急変を検知することができる。個別銘柄の管理にあたっては、保有ウェイトも勘案し、実際のポートフォリオへの寄与度でダウンサイド・リスクをコントロールする。具体的には、個別銘柄のDTSが一定の水準を超過した場合、保有継続の可否などを検討するといった使い方がある。さらに、債券種別・業種ごとのDTSをモニタリングして、信用リスクに関するトップダウン判断に活用するケースもある。

⑻ 銘柄構成

信用リスクのある債券への投資では、銘柄分散が基本である。特に格付の低い銘柄など信用リスクが高いと考えられる場合には、単一の銘柄に集中することは避け、小さいロットでの分散投資を図ることが必要である。また、ポートフォリオ全体に占める信用リスク銘柄のウェイトが、過大ではないかという点にも注意する必要がある。

一方で、長期的パフォーマンス向上のためには、国債等の高クオリティ債

---

15 「Duration Times Spread：A new measure of spread exposure in credit portfolios」
(*The Journal of Portfolio Management*, 2007年, vol. 33. no. 2, pp. 77-100)

に保有が偏ることが問題となる場合もある。資金の性格を考慮し、流動性のリスクや信用リスクの水準を適切に保つことも肝要であろう。実態においては、以下にあげる観点を中心に銘柄管理が行われる。

① 債券種別構成比

ポートフォリオにおける国債や政府保証債、地方債、金融債、事業債、円建外債、証券化商品（資産担保証券など）といった債券種別ごとの保有ウェイトを表す。信用リスクや流動性リスクが相対的に高い事業債や円建外債などは保有ウェイトに上限を設けているケースがあるほか、債券種別ごとに保有ウェイトのレンジを明示しているケースもある。また、劣後債などのいわゆるハイブリッド債についても、保有上限を設定しているケースがある。

② 業種別構成比

銘柄分散と同様に、業種分散も重要である。できるだけ特定の業種に偏らないよう、バランスよく投資するのが望ましい。そのため、1業種当りの組入比率に上限を設けているケースもある。ただし、発行量などの観点から銀行を中心とした金融や電力・ガスを中心とした公益関連業種などは他の業種に比べて保有ウェイトの上限を緩めているケースが多い。

③ 格付別構成比

ポートフォリオにおける信用リスクの取得度合いを表す指標として平均格付を前述したが、格付別構成比はそのブレークダウンに当たる。ポートフォリオにおいてAAA格といった高格付債やBBB格といった低格付債がどれくらい組み入れられ、投資戦略の変遷に合わせてどのような推移をたどっているかなどを確認する。また、リスク選好度の強弱を測るべく、ターゲットとする市場や運用目標・制約が近しい他のポートフォリオと比較してみるのも有益だろう。

④ 通貨建別構成比

外貨建債券に投資する場合、金利変動リスク、信用リスク、流動性リスクに加えて、為替変動リスクの影響も受ける。そのため、ポートフォリオにおいて通貨建別のエクスポージャーやその保有ウェイト、為替ヘッジの割合などを管理指標として、為替変動リスクを把握しておくことが必要である。ま

た、ベース以外の通貨建てについてガイドラインなどで保有ウェイトの上限を設けているケースもある。

⑤　銘柄分散度（1発行体当りの組入比率）

投資判断の確信度が高ければ、ある程度の集中投資は許容されようが、一般にはむずかしく、また、償還までには想定外の環境の変化も発生しうるため、リスク管理の観点からは銘柄分散を意識しておくことが重要である。具体的には、ガイドラインなどで1発行体当りの組入比率に上限を設定することが多い。また、格付に応じて、たとえば、AAA格であれば5％、A格であれば3％、BBB格であれば1％といったように、上限を傾斜配分しているケースもある。

Ⅲ　債券運用のパフォーマンス評価

債券ポートフォリオ運用においては、債券の投資目標の設定、運用および評価によるフィードバックというプロセスを通じて、次期の投資計画が立てられ、運用の改善が図られる。

ここでいう評価とは、与えられた権限の範囲で運用を行う運用担当者の運用成果の評価であり、その目的は、運用担当者へのフィードバックによって運用の改善を図るところにある。

このようなポートフォリオの収益性の計測評価のためには、まずは、実際に得られた金額を正当に計測・評価すべく、パフォーマンスの計測方法、評価期間、評価基準を検討する必要がある。さらに、獲得したリターンが運用者におけるどのような意図・判断によるものだったかを適切に評価するためには、パフォーマンス結果の背景やその傾向を把握するパフォーマンス分析や、各運用者の運用手法や運用スタイルに起因するパフォーマンス特性の分析も重要となる。

第5節　債券運用の評価

❶ パフォーマンスの計測

パフォーマンスの計測のためには、売買損益や利息収入に加え評価差額を考慮に入れた評価尺度が必要になる。すなわち、時価評価でみた投資収益率（トータル・リターン）である。

投資収益率の定義や定式化にはいくつかの方法が考えられる。何を評価するのかという目的や、収益率の計算に必要なデータの入手の容易さ、計算の手間と効果を考慮して、各収益率を使い分けるべきである。

(1) 金額加重投資収益率

まず収益率を資産の増加率という観点から考えることにして、次の例をみてみよう。

銘柄A（割引債）の価格と値上り率

	投資開始時点	1年後	2年後
価　格	50円	40円	50円
値上り率	—	−20%	25%

次に、銘柄Aに投資した場合の収益率の平均として算術平均と幾何平均のそれぞれを計算してみる。

$$算術平均 = \frac{1}{2}\left\{\left(\frac{40}{50}-1\right)+\left(\frac{50}{40}-1\right)\right\}\times100 = 2.5\%$$

$$幾何平均 = \left\{\sqrt{\frac{40}{50}\times\frac{50}{40}}-1\right\}\times100 = 0\%$$

以上より、実際の資産の増加をみるという観点からは、算術平均は不適当であり、幾何平均のほうがよいことがわかる。この例では、投資開始時点と2年後では資産の増加はなかったからである。

収益率の計算期間が整数でない場合には、幾何平均は適切ではなく、次のような式を立て、解を求めることになる。

$$A_0(1+r)^T = A_T \qquad\qquad ……①式$$

328　　　　　　第3章　債券のポートフォリオ運用

A_0：計算期初の資産総額　　　　　　　　A_T：計算期末の資産総額

T：計算期初から期末までの期間（年）　　r：投資収益率（年率）

この式から、既知のA_0、T、A_Tをもとにrを計算すればよいわけである。

運用資産に新たな資金が追加されたり、資金が流出したりするなどのキャッシュ・フローが発生するときは、①式は次のように拡張される。

$$A_0(1+r)^T + \sum C_i(1+r)^{T_i} = A_T \qquad\qquad \cdots\cdots②式$$

C_i：i番目のキャッシュ・フロー額（流入のときはプラス、流出のときはマイナスの値）

T_i：C_iの発生から期末までの期間（年）

このrを内部投資収益率（Internal Rate of Return：IRR）もしくは**金額加重（投資）収益率**と呼ぶ。

(2)　時間加重投資収益率

次に、投資収益率を資産運用者の運用能力、もしくは運用成績という観点から考えてみよう。いま、X氏とY氏の2人の運用者がそれぞれ100万円の資産を運用するものとする。両者はともに銘柄A（割引債）に投資し、この銘柄を保有し続けたとする。ただし、1年後にY氏の資産には100万円が追加投資された。2年後、両者の運用資産の評価額は、次のようになった。

銘柄A（割引債）に投資した資産の評価額

	初期時点	1年後	2年後
X氏の資産	100万円	80万円	100万円
Y氏の資産	100万円	80万円＋100万円 （追加資金）	225万円

②式にしたがって投資収益率を求めると、X氏の資産は0％、Y氏の資産は8.1％となる。このことは、「Y氏のほうがX氏よりも運用者として優秀である」ということを示しているのだろうか。明らかに、そうではない。両者の常に銘柄Aに投資し続けるという運用方針は、まったく一致していたのである。②式による投資収益率の差異が出た理由は、いうまでもなく、運用期

第5節　債券運用の評価

間中に追加したキャッシュ・フローのためである。

キャッシュ・フローの影響を除いて、両者の運用成績を比較するための、新しい収益率を次のように定式化する。

$$(1+r_1)^{t_1}(1+r_2)^{t_2}\cdots(1+r_n)^{t_n} = (1+r)^T \qquad\qquad \cdots\cdots \text{③式}$$

r_i：$i-1$番目のキャッシュ・フロー発生時点からi番目のキャッシュ・フロー発生時点までの収益率

t_i：r_iに対応する期間（年）

r：時間加重収益率

T：計算期初から期末までの期間（年）、これは$\sum t_i$に等しい。

この③式の両辺の対数をとると、

$$\sum \frac{t_i}{T}\log(1+r_i) = \log(1+r) \qquad\qquad \cdots\cdots \text{④式}$$

という形になる。この④式は、キャッシュ・フロー発生時点で区切られた区間内の収益率を、その期間で加重平均することを意味している。このため③式によって求められた収益率rを時間加重（投資）収益率と呼んでいる。

③式を用いて、運用期間中に発生したキャッシュ・フローの影響を排除した投資収益率を計算すると、X氏とY氏の収益率はいずれも0％となり、両者の運用能力に差異は発生しない。

(3)　時間加重投資収益率の簡便法

時間加重収益率は、運用担当者の成果を評価するには適当な収益評価尺度であるが、厳密にこれを求めるためには、キャッシュ・フローが発生するつど、時価総額を算出する必要がある。そのため、各キャッシュ・フローの発生時点での保有銘柄すべての時価データを入手する必要があることや、計算に多くの労力を要することから、一般的には困難であった。そこで、従来はポートフォリオのパフォーマンス測定のためには、より簡便な方法を用いられることが多かった。ここではこのような簡便法についてまとめることにする。なお、これらの簡便法と区別するため、前述の時間加重収益率を**厳密法**

もしくは、最大日次で時価評価することが必要になることから、**日次評価法**と呼ぶことがある。

　時間加重収益率のかわりに用いられる簡便法としては、以下のようなものがあげられる。

① 修正ディーツ法

　投資期間中のキャッシュの流入や流出に対処するために修正が加えられた手法。キャッシュ・フロー額は流入の場合プラス、流出の場合マイナスの値とする。正確な日付データが必要とされず、簡潔で実用的な手法として広く使用されている。

修正ディーツ法による時間加重収益率＝

$$\frac{\text{当期末時価総額} - \text{前期末時価総額} - \text{期中のキャッシュ・フローの合計}}{\text{前期末時価総額} + \sum C_i \times \dfrac{T_i}{T}}$$

　C_i：i 番目のキャッシュ・フロー額

　T_i：C_i の発生日から期末までの日数

　T：期間内の総日数

---

② 修正BAI法

　修正BAI（Bank Administration Institute）法は、内部収益率（IRR）を用いる方法である。修正ディーツ法の派生形であり、キャッシュ・フローのタイミングにより収益率がゆがまないように修正を加えたもの。修正BAI法による時間加重収益率は次の式を満たす r として求められる。

前期末時価総額$\times (1+r) + \sum C_i \times (1+r)^{\frac{T_i}{T}} = $ 当期末時価総額

　C_i：i 番目のキャッシュ・フロー額

　T_i：C_i の発生日から期末までの日数

　T：期間内の総日数

---

③ ディーツ法

　ディーツ法（オリジナル・ディーツ法）は、キャッシュ・フローの発生がすべて期中の中央で発生すると仮定した、修正ディーツ法の簡便バージョンで

ある。

> ディーツ法による時間加重収益率＝
> $$\frac{当期末時価総額 - 前期末時価総額 - 期中のキャッシュ・フローの合計}{前期末時価総額 + 期中のキャッシュ・フローの合計 \times \frac{1}{2}}$$

④ BAI法

BAI法（オリジナルBAI法）は、キャッシュ・フローを流入（キャッシュ・イン）と流出（キャッシュ・アウト）のそれぞれにまとめ、日数もそれぞれの平均とする修正BAI法の簡便バージョンである。BAI法による時間加重収益率は次の式を満たすrとして求められる。

> 期末時価総額 $\times (1+r) + C_{in} \times (1+r)^{\frac{T_{in}}{T}} - C_{out} \times (1+r)^{\frac{T_{out}}{T}}$
> ＝期末時価総額
>
> C_{in}：資金流入キャッシュ・フローの合計額
>
> C_{out}：資金流出キャッシュ・フローの合計額
>
> T_{in}：資金流入発生から期末までの日数の平均（流入額で加重平均）
>
> T_{out}：資金流出発生から期末までの日数の平均（流出額で加重平均）
>
> T　：期間内の総日数

方法によって、月単位などの単位期間内のリターンを近似的に求め、その累積を求めることで、時間加重法による投資収益率を近似的に算出することになる。すなわち、この近似的な投資収益率をRとすると、

$$R = \{(1+r_1) \times (1+r_2) \times \cdots \times (1+r_n)\} - 1$$

となる。ここで、r_iは、それぞれの方法で求められた月単位などの収益率である。なお、修正BAI法の場合、内部収益率（IRR）をリンクすることになることから特にこれを、**内部収益率リンク法**（linked internal method）と呼ぶことがある。

なお、このような簡便法は、厳密法と比較してキャッシュ・フローの発生額が大きい場合特に測定誤差が大きくなるという性質がある。このため単位期間を大きくすると誤差も大きくなる傾向がある。この点について、資産運

用業界のパフォーマンス提示の基準を定めた、「グローバル投資パフォーマンス基準（GIPS®）運用会社編2020」（日本版は公益社団法人日本証券アナリスト協会による翻訳）では、コンポジット（類似の投資マンデート、投資目的、または投資戦略に従って運用される一つ以上のポートフォリオを一つに集約したもの）に組み入れたポートフォリオの時間加重収益率を計算するときは、非公開市場投資ポートフォリオを除くすべてのポートフォリオの評価は、次に掲げる事項を満たさなければならないとしている。

ⅰ　少なくとも月次で評価すること。

ⅱ　月末または月の最終営業日現在で評価すること。

ⅲ　大きなキャッシュ・フローの発生の日ごとに評価すること。会社はコンポジット内のポートフォリオの評価日を決定するため、コンポジットごとに大きなキャッシュ・フローを定義しておかなければならない。

❷　パフォーマンス評価期間

　ポートフォリオを月次もしくは日次という非常に短い期間で評価するのは、キャッシュ・フローの影響によるパフォーマンスの測定誤差があまり大きくならないようにという、測定上の問題からきている。しかし、パフォーマンス評価の目的は、このような短期のパフォーマンスの上下に一喜一憂することではない。また、そのような評価結果に基づいて頻繁にポートフォリオを入れ替えるといった、過剰な対応をすることには注意が必要である。

　過剰な対応には、パフォーマンスが不安定になりやすい、という特徴があるからである。

　債券は株式と異なり個々の銘柄の流動性が乏しく、短い間隔で多くの額の銘柄入替えを行うことは困難であるうえ、無理に行おうとすれば、売買手数料が余分に発生する。仮に、購入した債券を満期まで保有するのであれば、その銘柄を購入したことの結果が確定するのは、その債券が満期償還した時ということになる。

　これについては、個人投資家だけでなく、運用機関に運用を委託する年金

第5節　債券運用の評価　　　333

基金などの場合も同様である。あまり短い期間での運用成果について、運用機関に注文をつけることは、それを通じて運用機関にポートフォリオの入替えを促し、不必要な売買手数料を払うことにもなりかねない。

この点について、前述の「グローバル投資パフォーマンス基準（GIPS®）」では、「少なくとも５年（中略）のGIPS基準の必要事項に準拠したパフォーマンス」を提示しなければならない、としている。またその後は「少なくとも10年分のGIPS基準に準拠したパフォーマンスとなるよう、毎年パフォーマンスを追加提示しなければならない」としている。１カ月や１年といった、短期間での提示は求められていないのである。

パフォーマンスを運用担当者の能力によるものと、計測タイミングなどの偶然によって得られたものとを区分することは非常にむずかしい。このためにも、長期にわたるパフォーマンス分析が不可欠である。最低５年、できれば10年程度の間、パフォーマンス評価を継続的に行う必要があるのである。

❸　パフォーマンス評価基準

測定された収益率をどう判断するかという評価基準としては、次のようなものが考えられる。

(1)　絶対評価

絶対評価は、常に年率○○％以上のパフォーマンスを目指す、というようにパフォーマンス測定結果そのものをみる方法である。これは、単純でわかりやすい評価基準ではあるが、運用成果は投資環境に大きく左右されるため、常に一定以上の成果をあげ続けるのは現実には困難である。このため、パフォーマンスを絶対的にのみ評価するのではなく、以下のように投資環境を考慮した、相対的な評価も必要となる。

334　　　第３章　債券のポートフォリオ運用

⑵　ベンチマーク・インデックス

　投資環境の影響を考慮するために、公表されているインデックスをベンチマークとして比較する方法がある。米国やわが国を含む先進国などでは、積極的運用はインデックスのパフォーマンスを上回る成果をあげることに目標を置くことが多い。

　特に年金資金や投資信託などにおいては、パフォーマンスをインデックスと比較することが頻繁に行われている。

　代表的な債券市場インデックスとしては、国内債券、世界国債、グローバル債券、新興国債券、ハイ・イールド債券などを対象としたものがある。国内債券の代表的なインデックスであるNOMURA-BPIについては、本節Ⅲ❻で説明する。

　なお、キャッシュ対比での相対評価のプラスを目指すキャッシュ・プラス・アルファ戦略もある。この場合は、ベンチマーク＝キャッシュとなる。

⑶　基本ポートフォリオ

　債券運用では市場に存在するすべての証券を残高に応じて購入したポートフォリオ（市場残高ポートフォリオ）が、すべての投資家に共通に有効なポートフォリオになるというわけではない。

　債券運用においては、どのようなポートフォリオが適切かという判断は、資金の性格や負債との対比を考慮する必要があり、個々の投資家ごとに異なるものとなるはずである。

　投資目的との整合性をチェックし、運用担当者の成果を評価するためには、ALM分析などにより設定された基本ポートフォリオとの比較が重要である。運用担当者は、ガイドラインの範囲内でリスクをとり、基本ポートフォリオから乖離して運用することによって、基本ポートフォリオを上回るリターンを得ようとしている。ポートフォリオ全体のリターンを、運用担当者の投資判断に基づくリターン（マネージャー・リターン）と、政策的に定めら

第5節　債券運用の評価　　　　335

れた基本ポートフォリオのリターン（ポリシー・リターン）に分けることによって運用担当者の運用成果を評価することが有効である。すなわち、

ポートフォリオのリターン＝マネージャー・リターン
　　　　　　　　　　　　＋ポリシー・リターン

である。実際には、ポートフォリオ全体のリターンと基本ポートフォリオのリターン（ポリシー・リターン）を算出し、両者の差をとることによってマネージャー・リターンを求めることになる。

　図3－55は、基本ポートフォリオから乖離した運用についての考え方を表している。基本ポートフォリオからの乖離は、金利変動リスクや流動性リスク、信用リスクなど種々のリスクの増大を伴うことから、そのリスク増大に見合った超過リターンを得ることが求められる。基本ポートフォリオは資金の性格からみて最も安定的なポートフォリオであるから、そこからの乖離は、長期化であっても短期化であっても、流動性の水準を上げても下げても、クレジット・リスクのある債券を増やしても減らしても、基本ポートフォリオとの対比において「リスクは増大している」と考えられる点には注意が必要である。

図3－55　基本ポートフォリオからの乖離の評価

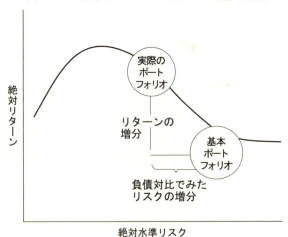

（出所）　野村フィデューシャリー・リサーチ＆コンサルティング

基本ポートフォリオのリターンを、公表されているインデックスのセクター別の投資収益率から求め、これをベンチマークとすることがある。たとえば、長期債60％、短期債40％で保有するという基本ポートフォリオを設定した場合、その各月のパフォーマンスは、セクター別インデックスのリターンから、

　　　　基本ポートフォリオのリターン＝0.6×長期債リターン

　　　　　　　　　　　　　　　　　　　＋0.4×短期債リターン

として計算される。これを一般化して書けば、各月の基本ポートフォリオのリターンはその各セクターへのウェイト（比率：合計は1とする）に基づいて、

基本ポートフォリオのリターン

　＝∑（セクターのウェイト）×（セクターのリターン）

として、求めることができる。これをカスタマイズド・インデックスと呼ぶ。

　月次リターンから、四半期、年次等のリターンを求めるためには、これを累積する。たとえば、四半期（3カ月間）の場合、

四半期リターン＝$(1+r_1)(1+r_2)(1+r_3)-1$

である。ここでr_iは、上記のようにして求められた各月のリターン（年率換算しない月次のリターン）である。

　実際には、カスタマイズド・インデックスをこのように計算するのは、面倒な面もある。この点については、セクター別のインデックスを個々の運用機関にベンチマークとして与え、年金資金全体のポートフォリオ構成変更は、個々の運用機関への運用委託額の変更によって行うという方法も考えられよう。

第5節　債券運用の評価

(4) 社内の他の運用担当者や同業他社のパフォーマンスとの比較

他者との比較はわかりやすく、市場環境を反映していることからも有効である。この場合には、同一条件の運用制約のなかでのパフォーマンスを比較することが必要である。また、短期間で判断を下すのではなく、ある程度長期にわたって収益率を比較し、その変動も考慮して評価することが必要である。

たとえば、前述の「グローバル投資パフォーマンス基準（GPIS®）」では、ポートフォリオを投資戦略や投資目的の類似したコンポジットに分類してパフォーマンス記録を提示するよう定めており、これに準拠したパフォーマンス評価結果を利用することが考えられる。

このような比較をピア（peer）比較、対象とするグループをピアグループと呼び、実務においては頻繁に活用されている。具体的には、ピアグループ内での優劣を測定し、運用の巧拙を判断する、などの使い方である。

(5) ポートフォリオ凍結法（portfolio freezing technique）

期中にポートフォリオの組替えを行った結果と、期初から入替えを行わずそのまま保有し続けた場合との比較によってパフォーマンスを評価する方法をポートフォリオ凍結法と呼ぶ。

この方法は、期中に売買したことが結果としてパフォーマンス向上に役立ったかどうかを判断する基準として、単純でわかりやすい方法である。

特に債券運用の場合、株式運用の場合と異なり、売買手数料が売買単価に含まれ明示されない、という特徴がある。このため、ポートフォリオの組替えに売買手数料を上回る効果があったのかどうかを判断するためには、このような方法が必要となる場合もある。

338　　　第3章　債券のポートフォリオ運用

❹　パフォーマンス要因分析

　実際に獲得できた収益を表すという意味では全体のパフォーマンスは非常に重要である。しかし、継続して安定的なリターンを獲得するためには、そのリターンがどのような要因によりもたらされたかを把握しておくことも同様に肝要である。そのためには、パフォーマンス特性が近しいカテゴリーをもとに各種要因に分解・ブレークダウンし、より詳細にパフォーマンス結果の背景やその傾向を把握することが求められる。同一のポートフォリオであっても複数の切り口を用いた要因分析を行うことができるため画一的な方法があるわけではないが、以下ではアクティブ運用を念頭に、主なパフォーマンス要因分析の手法について紹介する。

⑴　複数資産を運用する場合の要因分析

　内外債券・内外株式など、複数資産にまたがる運用を行う場合、以下の三つの要因に分解し、基本ポートフォリオや複合ベンチマークといった比較対象に対する超過収益率の要因を計測する。

　　超過収益率（マネージャー・リターン）

　　　＝（実際のファンドのリターン）−（基本ポートフォリオ等のリターン）

　　　＝Σ（①資産配分要因）＋Σ（②個別資産要因）＋Σ（③複合要因）

　　なお、Σは各資産に関する和を表す。

---

①　資産配分要因

　（資産インデックスのリターン−基本ポートフォリオ等のリターン）

　　　×（実際の配分比率−基本ポートフォリオ等の配分比率）

を、資産ごとに計算したもので、各資産の合計がファンド全体の資産配分要因となる。

第5節　債券運用の評価　　　　　　　　　　339

② 個別資産要因

(実際の資産のリターン−資産インデックスのリターン)

× (基本ポートフォリオ等の配分比率)

を、資産ごとに計算したもので、各資産の合計がファンド全体の個別資産要因となる。

③ 複合要因

(実際の資産のリターン−資産インデックスのリターン)

× (実際の配分比率−基本ポートフォリオ等の配分比率)

を、資産ごとに計算したもので、各資産の合計がファンド全体の複合要因となる。なお複合要因は、超過収益のなかで資産配分要因または個別資産要因のいずれかのみに分類できない要因を指す。

(2) 債券資産内における要因分析

(1)②で述べた個別資産要因のうち、債券資産内におけるパフォーマンス要因をより詳細に把握したい場合、代表的な手法として、以下のような要因分解が行われる。なお、いずれの要因についても、パフォーマンスや本節Ⅱ **3** を一例としたリスク指標といった観点で、対象となる債券資産に関するインデックスとの比較を行うことで、該当する要因における運用結果の傾向や優劣を把握することが一般的である。

国内債券の場合、以下のような分解で要因分析を行うことが多い。

国内債券における超過収益率（マネージャー・リターン）

= (実際の国内債券ファンドのリターン) − (国内債券ベンチマークのリターン)

= ①デュレーション要因 + ②イールド・カーブ要因 + ③種別選択要因 + ④個別銘柄選択要因 + ⑤その他要因

① デュレーション要因

　金利リスク（デュレーションリスク）を長期化・短期化したことによる超過リターン。

② イールド・カーブ要因（年限構成比要因・残存選択要因）

　特定の年限あるいは年限ゾーンの債券を多く・少なく保有したことによる超過リターン。

③ 種別選択要因

　国債・政府機関債・社債といった各債券の種別をそれぞれ多く・少なく保有したことによる超過リターン。特に社債においては、さらに業種別や格付別にブレークダウンすることもある。

④ 個別銘柄選択要因

　各債券種別内で行われた個別銘柄の選択や保有比率の調整による超過リターン。

⑤ その他要因

　取引効果や残差等、前述した各要因に組み入れられない要因による超過リターン。

　なお、より簡便に説明する目的から、①デュレーション要因と②イールド・カーブ要因を合わせて金利要因（金利戦略要因）としてくくることも多い。このほか、社債を中心としたクレジットセクターにおける寄与が大きい傾向にあることから、③種別選択要因と④個別銘柄選択要因を合わせてクレジット要因（クレジット戦略要因）としてくくることもある。

　また、外国債券においては、投資対象資産や運用戦略がより多岐にわたることから、さまざまな要因分析手法が存在する。具体的には、前述した国内債券における各要因に加え、以下のような分類による要因分析が実務上行われる。

・地域別・国別選択要因

　特定の地域や国を多く・少なく保有したことによる効果。

第5節　債券運用の評価

・通貨選択要因

特定の通貨を多く・少なく保有したことによる効果。

⑤ パフォーマンス特性分析

特にアクティブ運用においては、各運用者の運用手法や運用スタイルによって、同じ市場環境でも異なるパフォーマンス（リターン）結果となることが一般的である。こうした運用手法や運用スタイルの違いに起因するリターンの傾向や、各運用者の運用の巧拙を把握したい場合に用いられる、過去のパフォーマンス実績を使った代表的な指標を紹介する。なお、各指標の算出についてはいくつかの方法のうちの一例を示したものもある。

(1) 標準偏差

ポートフォリオのリターンのばらつき度合いを示す指標で、一般的な統計用語でもあるが、運用においては単にリスクとも呼ばれる。数値が大きいほどリターンの振れが大きいことを示す。

標準偏差＝ポートフォリオ・リターンの分散（以下①式）の平方根

$$\sqrt{\frac{(各期間のポートフォリオ・リターン－全期間のポートフォリオ・リターンの平均）の二乗｜の各期間分の合計）}{ポートフォリオ・リターンデータの個数}} \cdots\cdots ①$$

(2) トラッキング・エラー

ポートフォリオのリターンとベンチマークのリターンとの乖離のばらつき度合いを示す指標で、アクティブリスクとも呼ばれる。特にベンチマーク型の運用において利用される。数値が大きいほどポートフォリオとベンチマー

342　　　第3章　債券のポートフォリオ運用

クにおけるリターンの乖離の振れが大きいことを示す。なお、実務において
は、過去データから算出される実績トラッキング・エラーのほかに、ファク
ター分解等のモデルにより事前推定される推定トラッキング・エラーも頻繁
に利用される。

> トラッキング・エラー＝
> （ポートフォリオ・リターン－ベンチマーク・リターン）の標準偏差

(3) シャープ・レシオ

投資効率を測る指標の一つで、どの程度リスクに見合うリターンをあげた
かを示す。この数値が大きいほど投資効率が高いことを示す。

$$\text{シャープ・レシオ} = \frac{（ポートフォリオ・リターン－無リスク利子率）}{ポートフォリオ・リターンの標準偏差}$$

(4) インフォメーション・レシオ

シャープ・レシオ同様に投資効率を測る指標であり、特にベンチマークに
対する超過収益獲得をねらう運用において利用される。シャープ・レシオが
絶対リターンに対する評価を行っていることに対し、ベンチマーク対比の相
対リターンに基づき、どの程度リスクに見合ったリターン獲得したかを示
す。情報レシオとも呼ばれる。この数値が大きいほど投資効率が高いことを
示す。

$$\text{インフォメーション・レシオ} = \frac{（ポートフォリオ・リターン－ベンチマーク・リターン）}{トラッキング・エラー}$$

第5節　債券運用の評価　　343

(5) ベータ（実績）

ポートフォリオのリターンが市場全体（ベンチマーク）の動きに対してどの程度の感応度をもつかを示す指標で、この数値が大きいほど市場変動に対する感応度が高く、数値が小さいほど市場変動に対する感応度が低いことを示す。

$$\text{ベータ} = \frac{\text{ポートフォリオ・リターンとベンチマーク・リターンの共分散}}{\text{ベンチマーク・リターンの分散}}$$

上記の代表的な指標のほか、特定の局面におけるパフォーマンス特性の把握やリスク管理の向上等を念頭に以下のような指標や分析手法が活用されることも多い。

○最大ドローダウン

　過去のパフォーマンス実績において、ある一時点から該当ポートフォリオに投資した際に最大でどの程度のマイナス・リターンが生じたかを示す指標。必ずしもパフォーマンスの傾向を表すものではないが、過去の最大下落幅（率）を把握することでリスク管理の参考とすることができる。

図3-56　最大ドローダウン

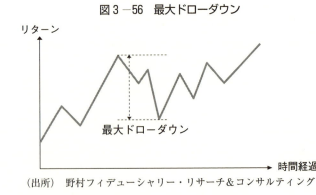

（出所）野村フィデューシャリー・リサーチ＆コンサルティング

○局面分析

　特定の局面についてパフォーマンス実績を分析する方法。市場環境が平常的な局面では安定したパフォーマンスを生む一方、なんらかの市場イベント等の際には大きなマイナス・リターンとなりやすい運用戦略や運用スタイルも存在するため、過去3年間・5年間といった定期の期間でのパフォーマンス動向を把握するだけでなく、特定の局面における実績や傾向を確認・分析することも重要である。

図3－57　局面分析

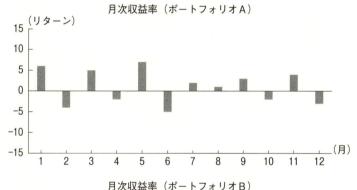

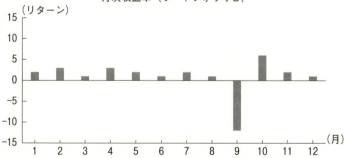

ポートフォリオA・Bの12カ月分の月次収益率の合計値はいずれも「12」、平均値はいずれも「1」となるが、毎月のリターンの出方は大きく異なる。当該事例の場合、特に9月におけるポートフォリオBのマイナス・リターンの理由や背景を確認・分析する必要があろう。

（出所）　野村フィデューシャリー・リサーチ＆コンサルティング

第5節　債券運用の評価　　　345

○アップサイド・キャプチャー・レシオ／ダウンサイド・キャプチャー・レシオ

　ポートフォリオが属する市場の上昇局面（アップサイド局面）と下落局面（ダウンサイド局面）において、どのようなリターンの傾向があったかを示すもので、局面分析で利用する指標の一つである。市場の上昇／下落局面別にポートフォリオ平均リターンを市場平均リターンで割って算出する。アップサイド・キャプチャー・レシオについてはその数値が大きいほど市場の上昇局面で高いリターンを獲得できたことを示し、ダウンサイド・キャプチャー・レシオについてはその数値が小さいほど市場の下落局面でマイナスのリターンを抑制できたことを示す。実際には市場の上昇・下落の両局面で継続的に良好なリターンを達成することは容易ではないため、各キャプチャー・レシオのそれぞれの数値に加え、双方の数値のバランスをみることも有用である。

図3－58　アップサイド／ダウンサイド・キャプチャー・レシオ

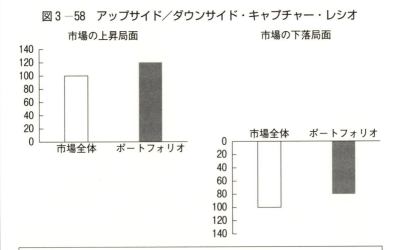

当事例のポートフォリオでは、市場の上昇局面では市場全体のリターンを上回る傾向がある一方、下落局面では市場全体と比べマイナス・リターンを抑制できている傾向があり、良好なパフォーマンス特性となっていると解釈できる。

（出所）　野村フィデューシャリー・リサーチ＆コンサルティング

⑥　NOMURA-BPI

　わが国の年金基金等の機関投資家における国内債券のベンチマーク・インデックスとしては、NOMURA-BPI総合が広く利用されている。NOMURA-BPIでは、この総合指数のほかにも各種のサブ・インデックスを公表している。以下にNOMURA-BPIの概要をまとめておく。

(1)　NOMURA-BPIとは

　野村フィデューシャリー・リサーチ＆コンサルティングの公表するNOMURA-BPI（野村ボンド・パフォーマンス・インデックス）は、日本の公募債券流通市場全体の動向を表すために開発された投資収益指数である。これは、わが国を代表する債券インデックスであり、国内外の機関投資家の国内債券パフォーマンス評価の基準として広く採用されている。

(2)　NOMURA-BPIの銘柄組入基準

　機関投資家が投資評価尺度として利用できるようNOMURA-BPIでは、表3－11に示すインデックス採用銘柄の組入基準を設けている。まず、残存年数1年未満の債券はキャッシュとみなし、対象から除外している。また流動性等の投資適格の条件を考慮して、公募債[16]のみとし、現存額10億円以上の債券を対象に、事業債と円建外債についてはA格相当以上が対象である。新発債は、国債は発行月の翌月[17]、金融債は発行月の3カ月後、その他一般債は発行月の翌々月から対象となる。

　銘柄の入替えは毎月末に行い、翌月1カ月間は組入銘柄が固定される。翌月ポートフォリオに組み入れられる銘柄の確定日は、

16　2014年4月から個人向け債券（個人向け社債および住民参加型地方債）を組入対象外としている。

17　確定日までに発行された国債を対象とする。

第5節　債券運用の評価　　347

表3−11　NOMURA-BPIの採用基準

採用基準項目	NOMURA-BPIに含められる債券
発行形態	国内発行の公募債券注1
通　　貨	円　　貨
クーポン	固　　定
残存額面	10億円以上
残存年数	1年以上
格付（事業債、円建外債、MBS、ABSのみ考慮）	A格相当以上注2
新規発行銘柄の組入タイミング	国債：発行月の翌月注3 金融債：発行月の翌々月 その他一般債：発行月の翌々月

(注)　1．個人向け社債、住民参加型市場公募地方債、転換社債、ワラント付社債、
　　　　　資産担保証券、社債担保証券、ローン担保証券、ステップ・アップ債、
　　　　　TOKYO PRO-BOND Market上場債のうち金融商品取引法上の開示規制に
　　　　　服する債券は除く。なお、資産担保証券のうち、財政融資資金貸付金ABS、
　　　　　生命保険会社の基金・劣後ローン債、投資法人債は組入対象とする。
　　　　2．Standard & Poor's、Moody's、格付投資情報センター（R&I）、日本格付
　　　　　研究所（JCR）のうちいずれかからA格相当以上格付を取得しているもの。
　　　　3．確定日までに発行された銘柄を対象とする。
　(出所)　野村フィデューシャリー・リサーチ＆コンサルティング

・毎月25日の翌営業日

・月末最終営業日の3営業日前

のうち早い日付。なお、定期入替基準日は、確定日の前日とし、原則、定期
入替基準日までに取得できる公表情報を用いて確定日に翌月ポートフォリオ
を決定する。

(3)　NOMURA-BPIの算出方法

　NOMURA-BPIでは、月次入替えの投下元本方式収益率を、次の式にした
がって毎営業日算出している。

$$（当日指数値）=（前月末指数値）$$
$$\times \frac{\begin{array}{c}（当日経過利子込み時価総額\\+前月末から当日までの利払金と償還金）\end{array}}{前月末経過利子込み時価総額}$$

ここで、前月末から当日までの（前月末を含まない）期間に発生した利払金や償還金は、すべてその発生日に受け取ったものとして扱われる。なお利払金、償還金の再投資は月末に行われる。

評価時価としては、債券標準価格（JS Price）、または野村證券の評価・算定時価レートを用いる。

(4)　NOMURA-BPIの構成

NOMURA-BPIでは、総合指数に加えて、銘柄種別、残存期間別などのセクター別指数を公表している。NOMURA-BPIを構成する銘柄種別セクターは、国債、地方債、政保債、金融債、事業債、円建外債、MBSおよびABSである。

a　国　　債

国債には、普通国債、財投債、国庫短期証券（T-Bill）、出資・拠出国債などがある。このうち出資・拠出国債は、一般に譲渡禁止で発行されるため、NOMURA-BPIの組入基準に適合せず、組入対象とはなっていない。また国庫短期証券は、満期2カ月程度もしくは3カ月、6カ月、1年の割引形式で発行される。このため国庫短期証券も、BPIの組入対象とはなっていない。さらに、変動利付債も、固定利付債という条件に適合しないためNOMURA-BPIの対象外である。さらに元本が変動する物価連動国債も対象外としている。

このため現時点（2024年）では、普通国債および財投債のうち超長期国債（40年、30年、20年）、長期国債（10年）、中期利付国債（5年、2年）が、NOMURA-BPIの新規組入対象となっている。

第5節　債券運用の評価

b 地方債

　地方債は、地方公共団体が1会計年度を超えて負担する長期債務である。国内発行公募固定利付債（地方公共団体金融機構債を含む）がNOMURA-BPIの対象となっている。非公募（縁故）地方債は、組入基準に合致しないため対象外である。また、住民参加型地方債も、NOMURA-BPIの組入対象とはしていない[18]。

c 政保債

　政保債は、特別の法律によって設立された政府出資を含む株式会社やその他の法人が発行する債券のうち、政府が元金および利子の支払を保証している債券である。NOMURA-BPIでは政保債のうち国内公募発行、固定利付債をその対象としている。

d 金融債

　金融債は、法律で起債が認められている金融機関が発行する債券である。2024年7月時点では、信金中央金庫、商工組合中央金庫、農林中央金庫が金融債を発行可能である。NOMURA-BPIでは現在、募集発行される利付金融債を新規組入銘柄の対象としている。

e 事業債

　事業債は民間の事業会社の発行する債券で、社債とも呼ばれる。NOMURA-BPIでは財投機関債も、事業債セクターに分類している（住宅金融支援機構の資産担保債券（貸付債権担保住宅金融支援機構債券）はMBSセクターに分類している）。また、金融債ではない銀行の発行する公募債も、NOMURA-BPIでは事業債に分類している。

　このような事業債のうち、翌月ポートフォリオの確定日の前日（定期入替基準日）において、格付4社のうちいずれかから、A格相当以上の格付を得

18　2014年3月以前は組入対象としていた。

ている固定利付の公募事業債のみが、翌月のNOMURA-BPI組入対象となる。

f 円建外債

円建外債は、外国の発行体が日本国内で円建てで発行する債券で、払込み、償還、利子の支払などすべて邦貨で行われる。これはサムライ債とも呼ばれる。

逆デュアル・カレンシー債（償還が円貨で行われ、クーポンが為替レートに連動する債券）などの発行も行われているが、NOMURA-BPIでは払込み、償還、利子の支払などすべて邦貨で行われるもののみが対象である。

このような円建外債のうち、翌月ポートフォリオの確定日の前日（定期入替基準日）において、格付4社のうちいずれかから、A格相当以上の格付を得ている固定利付の公募円建外債のみが、翌月のNOMURA-BPI組入対象となる。

なお事業債、円建外債とも現在、ABS（アセット・バック証券、資産担保証券）やCBO（債券担保証券）、CLO（ローン担保証券）、ステップ・アップ債（途中からクーポン・レートが高くなる債券）は、NOMURA-BPIの組入対象としていない。ただし、資産担保証券のうち財政融資資金貸付金ABS、生命保険会社の基金・劣後ローン債、投資法人債は組入対象である。

国内発行以外の円債（ユーロ円債など）もNOMURA-BPIの対象外である。

g MBS

住宅金融支援機構（旧「住宅金融公庫」）の貸付債権担保債券（MBS）は、2003年4月から既発分を含めてNOMURA-BPIの組入対象となっている。MBSには期限前償還が発生するという特徴があることは、第2章で述べたとおりである。

第5節 債券運用の評価

⑸　NOMURA-BPIとカスタマイズド・インデックス

　このようなセクター別インデックスを組み合わせることによって、投資家は自らの投資目的に合致したベンチマーク・インデックスを構成することが可能である。

　年金等の機関投資家の債券運用実務上は、投資家は自らの負債の分析等に基づき資金の性格を明確にしたうえで、投資原則のもと債券ポートフォリオの流動性、収益性、リスク許容度などの基準を設定することになる。年金運用上はこのようにして基本ポートフォリオが決定され、それに適合するベンチマーク・インデックスを利用することが肝要である。

　これに対し、金融機関や事業法人の債券運用上は、このようなベンチマーク・インデックスが用いられることはほとんどない。

　預金を取り扱う金融機関では、預金という短期資金を取り入れ、貸付や長期債を保有することによって、利鞘を確保することになる。基本的には負債とマッチングした資金運用を行う年金とは異なり、金融機関は常時負債とはずれた資金運用を行っており、このズレの管理（資産・負債総合管理：ALM）が重要である。基本となるポートフォリオは存在するが、金利上昇が予想される場合には、貸付を含めた金利変動リスクの調整のため、債券ポートフォリオの構成が大きく入れ替わることもある。

　一方、事業法人の債券運用は、企業の資金計画上の余資や、季節要因・月中変動による余資など、一時的に発生する手元資金の運用が中心である。このため、常時安定的な債券ポートフォリオを有しているわけではないのが通常である。

　いずれの場合も、ベンチマーク・インデックスと運用成果を比較することが、適切であるとは考えがたいことから、NOMURA-BPIやそのカスタマイズド・インデックスをベンチマークとする運用は、主に年金の運用の場で活用されている。

第 4 章

債券の実務知識

第1節 債券の種類

国内で発行されている公募債券を分類すると、図4－1のようになる。

発行体別に区分すると、公的機関の発行する債券（公共債）と民間の発行する民間債、海外の発行体の発行する外国債（非居住者債）がある。これら公募債券と非公募債券を総称して公社債と呼ぶことがある。

図4－1 公募債券の分類

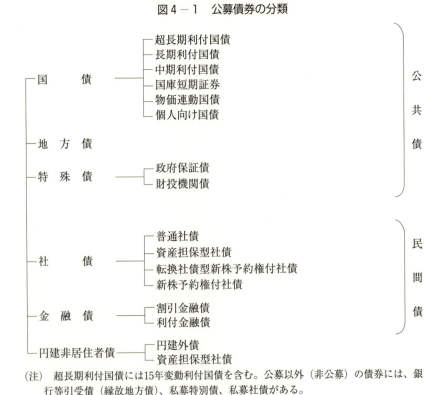

(注) 超長期利付国債には15年変動利付国債を含む。公募以外（非公募）の債券には、銀行等引受債（縁故地方債）、私募特別債、私募社債がある。
(出所) 野村フィデューシャリー・リサーチ＆コンサルティング

公共債はさらに国債、地方債、特殊債（政府保証債、財投機関債）に、民間債は、社債および金融債に細分される。

表4－1はこのような債券の、現存額をまとめたものである。2023年度末

表4－1　債券の種類別現存額
（非居住者債を除く公募債券）

（単位：億円、％）

種類	1995年度末		2023年度末		1995年度比伸び率
	現存額	構成比	現存額	構成比	
公共債計	2,572,823	68.4	12,714,823	93.0	394.2
国債	2,251,483	59.8	11,473,851	83.9	409.6
市中消化国債	1,535,444	40.8	11,436,714	83.6	644.8
超長期利付国債	192,549	5.1	5,265,164	38.5	2,634.5
長期利付国債	1,073,876	28.5	3,260,468	23.8	203.6
中期利付国債	134,562	3.6	2,176,406	15.9	1,517.4
中期割引国債	13,630	0.4	0	0.0	－100.0
短期割引国債	120,827	3.2	486,997	3.6	303.1
物価連動国債	－	－	114,556	0.8	－
個人向け国債	－	－	133,123	1.0	－
日本銀行応募等	716,039	19.0	37,137	0.3	－94.8
公募地方債	102,965	2.7	637,087	4.7	518.7
政府保証債	218,375	5.8	178,132	1.3	－18.4
財投機関債	－	－	425,753	3.1	－
社債計	429,720	11.4	912,799	6.7	112.4
普通社債	231,456	6.2	911,594	6.7	293.9
資産担保型社債	－	－	779	0.0	－
転換社債型					
新株予約権付社債	195,152	5.2	426	0.0	－99.8
新株予約権付社債	3,112	0.1	－	0.0	－100.0
金融債計	760,807	20.2	45,986	0.3	－94.0
割引金融債	264,542	7.0	－	0.0	－100.0
利付金融債	496,265	13.2	45,986	0.3	－90.7
合計	3,763,350	100.0	13,673,608	100.0	263.3

（注）　1．日本銀行応募等には、資金運用部引受けおよび郵便貯金資金の金融自由化対策資金による応募（2001年3月まで発行）、財政投融資改革に伴う経過措置分（2001年4月から2008年3月まで発行）を含む。

　　　　2．普通社債には、デュアル・カレンシー債、リバース・デュアル・カレンシー債、外貨建債を含む。

　　　　3．短期割引国債には、政府短期証券を含まない。

（出所）　野村フィデューシャリー・リサーチ＆コンサルティング

第1節　債券の種類

には約1,400兆円の公募債券（日本銀行応募等を含み、円建非居住者債を含まない）が現存し、そのうち約83%が国債である。民間債は約7%である。

Ⅰ　国　債

国債は法律に基づく発行根拠により、以下のような区分がある。

なお、一つの銘柄が複数の発行根拠法に基づいて発行されることもあり、それぞれの銘柄の発行根拠法は国債の発行要項に掲載されている。

a　普通国債

①　建設国債：「財政法」（4条）に基づき公共事業、出資金および貸付金の財源に充てるために発行される。

②　特例国債：建設国債を発行してもなお不足する財源を補うため各年度における特例法に基づいて発行される国債。いわゆる「赤字国債」。

③　復興債：「東日本大震災からの復興のための施策を実施するために必要な財源の確保に関する特別措置法」に基づいて2011年度より発行。

④　借換債：「特別会計に関する法律」に基づいて普通国債の償還額の一部を借り換える資金を調達するために発行される。

⑤　脱炭素成長型経済構造移行債（GX経済移行債）：「脱炭素成長型経済構造への円滑な移行の推進に関する法律」に基づいて2023年度から32年度まで発行される。

b　財投債（財政投融資特別会計国債）

財投債は、財政融資資金における財源に充てるために発行される。財投債は、その償還や利払いが財政融資資金の貸付回収金により行われるという点で、普通国債とは区別される。

ただし実際には、発行市場においても流通市場においても、普通国債と財投債が区別されることはない。また、建設国債、特例国債（赤字国債）を借換債等と区別して、新規国債（新規財源債）と呼ぶこともある。

国債にはこれ以外にも、交付国債、出資・拠出国債や政府保証債が国に継承された各種継承国債などがあるが、これらについてここではふれないことにする。

国債は、償還期限によって超長期国債、長期国債、中期国債および国庫短期証券、物価連動国債に分類できる。このうち発行額が大きいのは、2年中期国債、国庫短期証券、10年長期国債、40年・30年・20年・15年超長期国債であるが、現存額が多い10年長期国債が国債の中心となっている。

① 長 期 国 債

戦後、国債の発行は短期国債を除いて禁止されてきたが、戦後初めて発行された1965年度の長期国債は、特例法に基づく特例国債であった。その後66年度から74年度までの長期国債はすべて建設国債として発行された（表4－2）。73年の第1次石油危機を契機として、税収の落込みが深刻化した75年に特例国債の発行が再開された。以後、国債の発行は急増し、いわゆる国債の大量発行時代を迎えた。

その後バブル期の税収増加などもあり、91年度から93年度までは、特例国債の発行は行われなかった。しかし、バブル崩壊後の景気低迷による税収の落込み、度重なる経済対策の実施、阪神・淡路大震災などのため、94年度には減税特例公債、震災特例公債が発行され、95年度には、特例国債の発行が再開されることとなった。その後、財政再建の試みが繰り返されたが、結果としては2023年度末で1,100兆円を超える国債残高となっている。

この間、国債発行の中心は長期国債であった。長期国債は1971年までは償還期限7年、それ以後は10年で発行されている。

83年2月には15年満期の変動利付国債が信託銀行向けに直接発行された。その後2000年6月からは公募入札も開始されたが08年5月に発行されて以降は、発行がとりやめられている。

このため現在、長期利付国債としては10年の固定利付債が発行されているのみであるが、これが国債市場の中心となっている。

第1節 債券の種類　　357

表 4 － 2　戦後の国債発行の主な経緯

期　日	経　　　緯	備　考
1945／46	GHQの覚書により国債発行の禁止・制限（短期国債の発行を除く）	「戦時利得の排除及国家財政の整備に関する件」（45年11月）「政府借入れ並に支出削減に関する件」（46年1月）
1947	財政法制定により、国債発行の禁止・制限（短期国債の発行を除く）　　　国債の発行は短期国債等に限定し新規の普通国債は発行されず	「財政法4条、5条、7条」（47年3月）建設国債の原則市中消化の原則短期国債を除く発行の禁止・制限
1966	特例法の制定により、戦後初の普通国債発行（特例国債）　　　以後、財政法4条に基づく建設国債の発行	「昭和40年度における財政処理の特別処置に関する法律」（66年1月）
1975	特例法の制定により、特例国債の発行再開　　　以後、建設国債と特例国債の発行	「昭和50年度の公債発行の特例に関する法律」（75年10月）
1977	中期割引国債（5年）の導入（77年1月）	
1978	中期利付国債（3年）の公募入札発行開始（78年6月）	
1979	中期利付国債（2年）の公募入札発行開始（79年6月）	
1980	中期利付国債（4年）の公募入札発行開始（80年6月）	
1981	中期利付国債（6年）の直接発行（81年9月）	
2000	中期利付国債（5年）の導入（00年2月）	
2006	シ団の廃止（06年3月）	

（出所）　野村フィデューシャリー・リサーチ＆コンサルティング

❷　中 期 国 債

　中期国債は、従来の長期国債に偏った発行から脱却し、期限の多様化を図って円滑な発行・消化を進める目的で、1977年以降発行された債券である。

　中期国債には、割引形式の中期割引国債と利付形式の中期利付国債がある。

　中期割引国債は、77年1月から個人投資家の国債保有を促進するために導

入された。当初は、期間 5 年の割引債が発行されていたが、5 年割引債は2000年 9 月に発行されて以来、発行されていない。かわって、00年11月から、期間 3 年の割引国債が発行されたが、02年11月の発行を最後に、現在では新規発行はない。

中期利付国債は、中期割引国債に次いで期限の多様化の一環として導入された利付形式の国債で、1978年 6 月に 3 年物が初めて発行され、その後、2年物、4 年物、6 年物がそれぞれ導入された（6 年利付債は長期国債に分類される場合もある）。加えて、2000年 2 月からは 5 年物が発行されている。ただし、3 年利付債は1988年 8 月、4 年利付債は2001年 2 月、6 年利付債は01年3 月の発行以降、発行されていない。現在では 2 年利付債が、発行量で最大の中期国債となっている。

したがって、現在新規に発行されている中期国債は、2 年利付、5 年利付の 2 種類となっている。

③ 超長期国債

国債多様化のさらなる推進および中期国債導入の結果短期化した満期構成を平準化する等の観点から、1983年 2 月、初めて15年満期の変動利付国債が信託銀行向けに直接発行された。その後、同年 9 月、20年固定利付国債が直接発行された。

超長期国債の公募発行が初めて行われたのは86年10月（20年固定利付国債）である。20年固定利付国債は、その後87年 9 月から公募入札形式に移行している。また、30年固定利付国債が99年 9 月から、40年固定利付国債が2007年11月からそれぞれ公募入札形式によって発行されている。

変動利付国債は発行を停止していることから、現在新規発行されている超長期国債は20年、30年、40年の固定利付債となっている。

第 1 節　債券の種類

❹ 国庫短期証券（T-Bill）

　1985年度以降の大量の国債償還に対応するため、85年6月の国債整理基金特別会計法の改正により、従来、中長期債で発行されていた借換債に、**割引短期国債**が導入された。これは短期の借換債であり、TBとも呼ばれていた。割引短期国債は86年2月から発行が開始され、公募入札によって発行された。

　また従来、国庫における一時的な資金繰りのために、一般会計や特別会計において発行される割引形式の債券を、**政府短期証券（FB）**と呼んでいた。FBは2009年から割引短期国債と統合され、**国庫短期証券（T-Bill）**として発行されている。

　国庫短期証券は現在、2カ月物、3カ月物、6カ月物、1年物が発行されている。

❺ 物価連動国債

　2004年3月から償還期限10年の**物価連動国債**が発行されている。物価連動国債は、消費者物価指数（CPI）に連動して、元利金が変動する債券である。物価連動国債はデフレ観測の長期化のため08年10月から発行を停止していたが、13年10月から発行が再開されている。

❻ 個人向け国債

　2003年3月から**個人向け国債**（10年変動利付国債）が発行されている。その後、06年1月には5年固定、10年7月には3年固定が導入されている。

❼ 脱炭素成長型経済構造移行債（GX移行債）

　2024年2月から、気候変動問題へ対応するため、「脱炭素成長型経済構造

への円滑な移行の推進に関する法律」に基づきGX移行債が発行されている。GX移行債およびその借換債のうち、資金調達の使途やレポーティング等について定めたフレームワーク（クライメート・トランジション・ボンド・フレームワーク）に基づいて発行されるものは、個別銘柄「クライメート・トランジション利付国債」として発行されている。クライメート・トランジション・ボンド・フレームワークは、国際標準への準拠について評価機関からの認証（セカンド・パーティー・オピニオン）を取得している。

Ⅱ 地 方 債

　地方債は、地方公共団体が年度を超えて負担する長期債務であり、証券形式をとるものと、証書借入形式をとるものがある。債券市場で取引が行われているのは証券形式の地方債であるため、地方債といえば通常、証券形式を指している。地方公共団体は地方債を発行する場合には、都道府県・指定都市にあっては総務大臣、市町村・特別区等にあっては都道府県知事に協議しなければならない（地方財政法5条の3、地方財政法施行令2条）。

　債券市場で取引が行われている地方債は、投資家を広く一般に求める形で発行されている全国型**市場公募地方債**と、指定金融機関などに依存した形で発行される銀行等引受債、および地域住民を主な購入対象者として発行される住民参加型市場公募債がある。住民参加型市場公募債は、2002年度から発行が開始されている。

　市場公募地方債は5年債が主流であるが、3年債、10年債など幅広い年限で発行されている。また発行方式としては、各地方公共団体が個別に発行する個別発行と、複数の団体が連帯債務を負う共同発行の2種類が存在する（地方財政法5条の7）。共同発行は03年4月から始まっている。銀行等引受債は、償還期限や償還方法がさまざまで、償還期限の非常に長いものも発行されている。

　なお、地方債ではないが、地方公社が発行する債券を地方公社債と呼んでいる。

第1節　債券の種類　　　361

Ⅲ 特 殊 債

特殊債は、政府関係機関、独立行政法人、特殊法人などの発行する債券である。特別の法律によって設立された株式会社やその他の法人が発行する債券という意味で、特別債と呼ばれるもの（金融債や政府関係ではない発行体の債券などを含む）の一種である。特殊債には、元利金返済に関して政府の保証が付与されている政府保証債、政府保証が付与されていない非政府保証債があり、非政府保証で公募発行されるもので財投機関が発行したものを、財投機関債と呼んでいる。

❶ 政府保証債（政保債）

政府保証債は特殊債のうち、政府が元金および利子の支払を保証している債券で、利付形式で発行される。発行者が元利金の返済を履行できない場合（債務不履行）でも、政府がかわって元利金の支払を行うことが保証されている。

通常、政保債は公募発行されるが、私募の政保債が発行された例もある。

❷ 私募特別債

特殊債のうち、政府保証が付与されないものを非政府保証債という。現在では、本節Ⅲ ❸ の財投機関債を除いて、縁故債として発行されており、これを私募特別債と呼ぶ。また（特殊債には分類されない）地方公共団体金融機構等の発行する公募債は、公募特別債と呼ばれる。

❸ 財投機関債

財投改革の一環として、2000年度から、財投機関債の発行が開始された。これは、非政府保証で公募の政府関係機関債である。00年度にまず、住宅金

融公庫（現住宅金融支援機構）の貸付債権担保住宅金融公庫債券が発行され、その後各機関から発行が行われている。

　現在発行されている貸付債権担保住宅金融支援機構債券（機構MBS）は、最長期間35年で、期限前償還のある債券である。

Ⅳ　金融債

　金融債は、特別の法律で起債が認められている金融機関が発行する債券である。2023年度には、信金中央金庫、商工組合中央金庫が金融債を発行している。現在ではこれら以外の銀行も債券を発行することができるが、これは金融債とは区別して本節Ⅴの普通社債に分類される。

　金融債には利付形式と割引形式の債券がある。割引形式は償還期限1年であったが、現在では現存額がなくなっており、償還期間も多様化している。

Ⅴ　普通社債

　普通社債は民間の事業会社の発行する事業債のうち、株式等への転換ができない一般の社債を指す。

　普通社債の償還期限は多岐にわたっており、30年債の発行例もみられる。従来は、現存額では電力債が最も多く、長く普通社債の中心であったが、現在では規制緩和を通じて一般企業の社債が主流になりつつある。

　普通社債は現在、公募債のなかでは現存額が国債に次いで多く、債券市場において重要な位置を占めている。

Ⅵ　新株予約権付社債

　新株予約権は2002年4月施行の改正商法によって導入された概念である。新株予約権とは、これを保有するもの（新株予約権者）が権利を行使した場合、企業が新株予約権者に対し新株を発行するか、もしくは保有する自社株

第1節　債券の種類　　363

式を移転する義務を負うものをいう（現在の規定は会社法2条21項）。

　新株予約権付社債とは、この新株予約権を付した社債であり（会社法2条22項）、実際には改正前の転換社債と非分離型の新株引受権付社債とに分類される。これらを現在では、転換社債型新株予約権付社債（旧転換社債）と、新株予約権付社債（旧新株引受権付社債）と呼んでいる。

❶　転換社債型新株予約権付社債

　転換社債型新株予約権付社債はCB（Convertible Bond）とも呼ばれ、ある一定期間（行使請求期間）に行使請求を行うことによって新株が交付（発行もしくは移転）される社債であり、

① 新株予約権を社債と分離して譲渡することができず、

② 新株予約権の行使時に払い込むべき金額を社債の発行価額と同額とし、

③ 新株予約権の行使によって社債の償還にかえ、その償還額をもって行使に際して払い込むべき金額の払込みとする

ものをいう。

　行使請求によって交付される株式数は、転換価額によって、

$$株式数 = \frac{債券の発行価額}{転換価額}$$

と決定される。転換価額は募集開始前の株式の時価を基準に決定されるが、通常は時価を数％上回る水準で決定される（この率をアップ率という）。また発行後、一定の期間ごとにその直前の株式の時価を基準に転換価額が見直される、転換価額の修正条項の付されたものも発行されている。

　発行後に株式を時価を下回る価額で発行、もしくは保有自社株を時価を下回る価額で処分する場合には、1株当りの株式価値が希薄化して債券投資家の利益が損なわれるのを防ぐため、一定の算式に転換価額を調整する（希薄化防止条項）。この調整においては、次のマーケット・プライス方式を採用する企業が多い。

364　　　　　　第4章　債券の実務知識

> マーケット・プライス方式
>
> 調整後転換価額＝調整前転換価額
>
> $$\times \frac{既発行株式 + \dfrac{新発行・処分株式数 \times 1 株当り発行・処分価額}{株式時価}}{既発行株式数 + 新発行・処分株式数}$$

　また、株式分割、時価を下回る価額で株式に転換できる証券や新株予約権等の発行が行われる場合等にも、適宜、転換価額の調整が行われる。

　転換社債は、1980年代には株式市場の活況や金融機関のBIS規制対応の自己資本充実策から、発行額が急増した。その後、近年では発行額が低下している。これは、この間の株価の低迷の影響もあると考えられる。しかし従来、普通事業債に比較して発行基準が緩く、無担保化が進んでいたことなどから転換社債（現転換社債型新株予約権付社債）が利用されていたという面もあり、普通社債の規制緩和の進展により、企業が普通社債の発行にシフトした結果でもあると考えられる。

❷　新株予約権付社債

　従来の新株引受権付社債はワラント債とも呼ばれ、社債に新株引受権（ワラント）を付与したものであった。転換社債との相違は、転換社債が転換後、社債が消滅するのに対し、新株引受権付社債では、権利を行使しても社債が存続する点である。また、従来の新株引受権付社債には、非分離型と分離型の2種類があり、非分離型はワラントと社債権を分離して譲渡することができないが、分離型ではこれを切り離して譲渡することが可能である。

　これに対し、2002年4月から施行された改正商法では、**新株予約権付社債**が導入されているが（現在の規定は会社法2条22項）、これは新株予約権を社債から切り離して一方のみを譲渡することができないものとしている。

　一方、従来の分離型のものは、社債と新株予約権とを同時に募集するものとみなされる。したがって、現在の新株予約権付社債の範疇に含まれるのは非分離型のみである。

第1節　債券の種類

わが国では1981年の商法改正時に新株引受権付社債が導入され、当初は非分離型のみであった。しかし、85年11月から分離型の発行が認められ、それ以降の発行はすべて分離型であった。このような経緯もあり、2024年現在では「新株予約権付社債」に分類される社債は、発行額・現存額ともゼロとなっている。

Ⅶ　資産担保型社債

収益を生み出す資産を特別目的事業体（SPV：Special Purpose Vehicle）に移し、このSPVが資産から発生するキャッシュ・フローを裏付けとする証券を発行することを、証券化という。また、このような証券を**証券化商品**と呼んでいる。

証券化商品には、担保資産によって、住宅ローン債権担保証券（MBS：Mortgage Backed Securities）や商業用不動産担保証券（CMBS：Commercial Mortgage Backed Securities）、リース債権、自動車ローン債権、クレジット債権などを担保とする資産担保証券（狭義のABS：Asset Backed Securities）、金融機関の一般貸付債権を担保とするローン担保証券（CLO：Collateralized Loan Obligation）、複数の社債をプールして担保とする債券担保証券（CBO：Collateralized Bond Obligation）などがある。

証券化商品では、債権などの保有者（オリジネーター）からSPVへ資産を譲渡しSPVが証券化商品を発行する。このため、オリジネーターの信用を上回る格付で、債券発行が可能となることもある。また、複数の債券を同時に発行し、その間で支払順位に差をつけることによって、信用度や償還期限の異なる債券（トランシェ）を組成する場合も多い。

支払順位によって信用度が異なる場合、順に**優先債**（シニア債）、**メザニン債**、**劣後債**（ジュニア債）等と呼ぶことがある。またこのような構造を、**優先劣後構造**と呼ぶ。なお、証券化商品には不動産担保信託（REIT：Real Estate Investment Trust）なども含まれ、これらと区別して債券形式の証券化商品を、資産担保証券（ABS）と呼ぶこともある。

Ⅷ　非居住者債

　非居住者債は、外国の発行体が日本国内で発行する債券である。このうち払込み、償還、利払いが邦貨で行われるものを円建外債と呼ぶ。円建外債にデュアル・カレンシー債や逆デュアル・カレンシー債を含めることもある。また、円建外債はサムライ債とも呼ばれる。

　円建外債は、債券発行の適否を定める適債基準が1996年に撤廃され、原則として発行体の信用力にかかわらず発行できることになった。

Ⅸ　ユーロ円債

　海外の市場において円建てで発行される債券をユーロ円債といい、主にヨーロッパ市場で発行される。アジア市場で発行されるものを、ヨーロッパ市場などで発行されるものと区別して、ドラゴン債と呼ぶこともある。ユーロ円債はその発行体によって、非居住者ユーロ円債と居住者ユーロ円債に分けられる。

　ユーロ円債の発行が拡大した背景には、MTNプログラム（発行限度枠内であれば、個別の債券を随時発行できるようにした契約のこと）を活用した機動的な発行や、発行とほぼ同時の売出しによって個人を含む日本の投資家に販売することが可能になったことなどがあげられる。

第1節　債券の種類　　367

第2節

債券の償還と利息

I 償還方法

　通常、債券には最終的な満期償還日がある。満期償還日のない債券を永久債と呼ぶ。しかし、債券によっては、満期償還日を待たずに途中で償還されることがある。これを途中償還、期中償還、期限前償還などと呼んでいる。

1 公募債の償還方法

　公募債の償還方法は、満期償還と途中償還に分けられる。途中償還には、①買入消却、②分割償還、③繰上償還がある。

(1) 買入消却

　買入消却は、発行体が自己の発行した債券を市場を通じて投資家から買い入れて減債する方法で、随時市場価格で減債できる。市場価格で買い入れるため、投資家にとっては、特に不利益となるわけではなく、投資家の意思に反して行われることのない償還方法であるといえよう。

(2) 分割償還

　分割償還は、一定の期日（通常は利払日）ごとに分割して償還されるものである。元利均等、元本均等のようにあらかじめ定められた金額が償還されるものと、住宅金融支援機構の資産担保債券のように、毎回の償還額が不定

368　　　　　第4章　債券の実務知識

であるものとがある。

地方債などでは一定の据置期間経過後の一定の期日に、一定額が抽選によって償還されるものがあり、これを定時償還と呼んでいる。公募地方債は、国際化への対応といった見地から全額満期償還が一般的となったが、現在でも定時償還の債券がみられる。

(3) 繰上償還

全額もしくは一部を繰り上げて償還する方法を繰上償還と呼ぶ。繰上償還は、通常、発行体が償還する権利をもっている形のものが多く、このような債券をコーラブル債と呼ぶことがある。一方、まれに投資家側が償還請求する形のものもあり、これをプッタブル債と呼ぶ。

繰上償還価格は額面によるものと、一部の転換社債型新株予約権付社債のように、プレミアム付きで償還されるものがある。プレミアム付きの場合、償還時期によって償還価格が異なるのが一般的である。

なお、従来は、わが国の国債、公募地方債、政府保証債、円建外債などでは、発行体の任意で償還が可能であるという任意償還条項が付されていることが一般的であった。しかし実際には市場では、この条項に基づいて償還されることはないものとして価格形成がなされていた。このようななかで、一部の円建外債等で、実際に任意償還が行われる事例が出たことなどから一時混乱が生じたこともあった。

このため現在では、公募債では任意償還条項のついていない債券の発行が、一般的となり、この方式をそれ以前に発行された任意償還条項付き（満期一括償還）の債券と区別して、全額満期償還と呼ぶことがある。

(4) 公募債の償還条項

現在では公募債は全額満期償還で期限前償還条項のないものが一般的であるが、繰上償還条項のついた債券も事業債や円建外債などで発行されてい

第2節　債券の償還と利息　　369

る。実際の償還の条件は個々の債券ごとに多様であるが、大きく分けると次のように分類できよう。

① 発行体または社債権者の任意で償還が可能なもの。コーラブル債やプッタブル債がこれに当たる。

② 発行体等の財務面などの一定の事由発生や、倒産、火災、天災、税制改正など発行体の任意でない要因によって、繰上償還が行われるもの。

③ 発行体等の財務面などの一定の事由発生や、倒産、火災、天災、税制改正など発行体の任意でない要因によって、償還方法そのものが変更されるもの。

なお、円建外債では発行体の属する国の税制などに変更があり、発行体の合理的な範囲内の措置でその影響を回避できない場合には繰上償還できるという「税制変更における償還条項」が付されていることが多い。このうち実際には繰上償還される可能性が低いと思われるものについては、市場では（繰上償還条項のない）全額満期償還として取り扱われていることも多い。

❷ 銀行等引受債の償還方法

銀行等引受債では、均等償還という特徴的な途中償還方法が実施されている。これは抽選償還と同じように、一定の据置期間経過後の一定期日ごと（通常は利払日）に一部が減債されるものである。従来、銀行等引受債では均等償還もしくは抽選償還が一般的であったが、満期一括償還型も発行されるようになってきている。

❸ 普通国債の償還方法

普通国債の償還は、国債の償還・発行のための基金である国債整理基金を通じて行われる。国債整理基金は特別会計に関する法律等に基づき、①前年度期首国債残高の60分の1（100分の1.6）の定率繰入れ（特別会計に関する法律42条2項）、②財政法6条に基づく余剰金の繰入れ、③必要に応じた予算

370　　　　第4章　債券の実務知識

繰入れ、を行っている。また、政府保有株式のうち、国債整理基金特別会計に所属する株式について、売却収入や配当金収入が償還の原資として使われている。なお、100分の1.6の定率繰入れは、財投債には適用されない（特別会計に関する法律42条2項）。

普通国債の償還は、償還財源の観点からみると現金償還と借換えとに分類される。借換債は、各年度における国債の整理または償還のために必要な額を限度として発行できる（特別会計に関する法律46条）。また、翌年度の借換債の前倒し発行も予算をもって国会の議決を経た金額を限度として可能である（特別会計に関する法律47条）。

100分の1.6の定率繰入れは、これを償還に充てていけば、約60年で現存国債が償還されることから、60年ルールと呼ばれることもある。60年ルールはもともと建設国債に適用されたものであり、特例国債については、その歳出補てんという性格から借換債の発行は行わないこととされていた。しかし、1984年度から特例国債についても借換債の発行が可能となり、現在では建設国債と同様、定率繰入れの対象となっている。

一方で、普通国債のなかには60年ルールが適用されないものも存在する。たとえば復興債に関しては、その借換債も含めて2037年度までに償還することとされている（東日本大震災からの復興のための施策を実施するために必要な財源の確保に関する特別措置法71条）。

なお、借換債は、年度内に償還する短期の債券（国庫短期証券）の発行も可能となっている（特別会計に関する法律46条2項）。

Ⅱ 債券の利息と経過利子

❶ 債券の利息

債券には利付債と割引債がある。利付債はあらかじめ定められた利払日に、利息（クーポン）が債券の保有者に支払われる。利払いは通常年2回であるが、年1回のものや住宅金融支援機構の資産担保債券のように月次払い

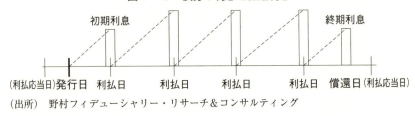

図4－2　債券の利息と経過利息

(出所)　野村フィデューシャリー・リサーチ＆コンサルティング

のものもある。あらかじめ定められた一定の利率で、クーポンが支払われるものを**固定利付債**、毎回支払われる利率が変動するものを**変動利付債**と呼ぶ。

これに対して、**割引債**は満期償還までの間に利息の支払がなく、満期償還日の償還差益が利息に相当する。

利付債の利息には、利払日ごとに支払われる利息と、発行日や償還日が利払日の応当日でないなどの理由で、端数利息となった初期利息、終期利息がある（図4－2）。

(1)　利払日ごとの利息

わが国では大部分の債券は、年2回利払いであり、日数にかかわらずちょうど半分の利息が支払われるものが多い。たとえば第372回10年国債は、クーポン0.8％、毎年3月20日、9月20日の年2回利払いであり、各利払日に額面100円当り0.40円の利息が支払われる。

(2)　初期利息・終期利息

事業債や政保債などで、発行日から初回利払日までの期間が半年（年2回利払い）や1年（年1回利払い）にならず、図4－2の例のように端数期間が生じることがある。この場合初回の利息を**初期利息**と呼び、発行日から初回利払日までの日数の割合で利息が支払われる。

ただし国債の場合、2001年3月以降に発行された国債は、発行日によらず

初回の利息として年利率のちょうど半分が支払われることとなり、端数利息は発生しなくなっている。従来は、国債にも初期利息があり、このため、同一の表面利率、償還期限で、異なる月に発行された国債は、最初の利払日に支払われる利息が異なることから、市場では最初の利払日までの間は別々の銘柄として取り扱われていた。この問題を回避するため、現在では国債の初回の利息起算日は、初回の利息支払日の半年前としており、発行と同時に、同一の表面利率、償還期限の国債が銘柄統合されるようになった。これをリオープン（即時銘柄統合）方式と呼んでいる。

　なお、リオープン方式では、発行日に国債を購入した場合にも、本節Ⅱ❷の経過利子の支払が必要となる。

　また、政保債のように発行月にかかわらず利払日が一定期日に固定されている場合などでは、初回の利息（初期利息）だけでなく償還時の利息が途中の受取利息と異なる場合がある。償還時の端数利息を終期利息と呼ぶ。終期利息は初期利息と同様、直前の利払日から償還日までの日数按分で支払われる。

❷　経過利子・未収利息

　利付債券の市場価格は、利息を含まない裸値段で表示される。債券売買において受渡日が利払日と利払日の途中にある場合には、通常、債券の買い手は直前の利払日の翌日から受渡日までの利息分を債券の売り手に支払わなければならない。この利息相当分を**経過利子**と呼ぶ。

　法人の会計処理においては、支払った経過利子は債券の取得価格に含めないで前払金として計上することができる。また、法人の決算日が保有債券の利払日間にある場合、直前の利払日の翌日から決算日までの期間相当分の利息を収入として計上することができる。この収入を未収利息と呼んでいる。未収利息は経過利子と同様、日数に応じて按分計算される（初期利息、終期利息、経過利子の計算方法については、第4節参照）。

第2節　債券の償還と利息

第3節 債券の取引形態

　債券の取引（転換社債型新株予約権付社債を除く）には、単純買い、単純売り、入替えなどの一般取引（一般売買）と、短期的な資金調達や運用を行う現先取引がある。

　一般取引には、証券取引所（東京、名古屋）を通じて売買する取引所取引と、証券会社等の店頭で取引する店頭取引（オーバー・ザ・カウンター（OTC）取引）がある。現先取引は買戻しあるいは売戻し条件付きで債券を売買するもので、店頭取引でのみ行われている。また、店頭取引における約定日と受渡日との期間は通常2営業日（T＋2）、国債については1営業日（T＋1）である。なお、かつては受渡日を月中の一定の日に集中した決済が行われていたのに対し、現在のT＋1のように、日々受渡日が移動していく方法を、ローリング決済と呼ぶことがある。

　これらの取引形態をまとめると、図4－3のようになる。店頭取引形態の構成を2023年度1年間でみると、一般取引が6％、現先取引が94％である。なお、取引所取引の大部分は、転換社債型新株予約権付社債の取引である。

図4－3　債券の店頭取引形態

（注）カッコ内は2023年度の取引構成比。現先取引は店頭取引でのみ行われている。転換社債型新株予約権付社債を含む計数。
（出所）野村フィデューシャリー・リサーチ＆コンサルティング

Ⅰ　一般取引

❶　既発債売買の特徴

⑴　機関投資家中心の市場

　既発債の流通市場は、1980年代後半急速に拡大した。この時期には84年6月からの銀行による公共債の既発債売買（バンク・ディーリング）の開始もあり、業者間売買が急増した。その後2013年から18年にかけては、日銀による大規模な国債買入れにより売買高は減少傾向であったものの、19年以降は買入れペースの鈍化と外国人投資家の国債保有の増加の影響もあり、売買高は再度増加傾向に転じている。

　投資家別の売買高を表4-3でみると、債券ディーラーを除けば売買高の大部分を金融機関などの機関投資家と外国人投資家が占めていることがわかる。

　2023年度の金融機関や国内機関投資家の合計シェアは14.8%であり、外国人投資家のシェアは29.6%となっている。これに対し、個人投資家の占める割合はわずか0.01%にすぎない。

⑵　取引形態の多様性

　債券流通市場の第二の特徴は、取引形態が多様なことである。

①　売買の対象銘柄がきわめて多い……2024年8月1日現在、日本証券業協会より店頭売買参考統計値が発表されている、取引対象の公社債銘柄は11,000銘柄にのぼる。

②　1回の取引金額が大きい……機関投資家や金融機関の取引金額は大きく、1回当りの取引額が株式に比べてきわめて大きい。

③　取引のロットがまちまちである……国債のように1回に多額の発行が行われるものと、1銘柄当りの発行額が少ない地方債や事業債、特殊債など

第3節　債券の取引形態　　375

表4－3　投資家別売買状況（2023年度）

（単位：億円、％）

投　資　家	売　却	買入れ	合　計	シェア
都銀（長信銀等含む）	616,553	632,590	1,249,143	4.3
地銀	72,039	109,420	181,459	0.6
信託銀行	716,198	1,100,998	1,817,196	6.2
農林系	48,446	67,528	115,974	0.4
第二地銀	7,657	20,206	27,863	0.1
信用金庫	35,018	78,286	113,304	0.4
その他金融機関	28,056	41,785	69,841	0.2
生保・損保	89,684	132,487	222,171	0.8
投信	219,094	288,045	507,139	1.7
官庁共済	5,077	4,846	9,923	0.0
〔小計〕		2,476,191	4,314,013	14.8
事業法人	3,118	15,828	18,946	0.1
その他法人	18,920	41,237	60,157	0.2
外国人	2,854,549	5,802,983	8,657,532	29.6
〔計〕		8,336,239	13,050,648	44.7
個人	2,104	1,954	4,058	0.0
その他	4,664,689	940,343	5,605,032	19.2
債券ディーラー	5,277,855	5,284,713	10,562,568	36.1
合計	14,659,057	14,563,249	29,222,306	100.0

（注）　1．その他法人は、学校法人、宗教法人、公益社団法人・財団法人、一般社団法人・財団法人、社会福祉法人、医療法人、健保組合、日本中央競馬会、日本放送協会、日本商工会議所、厚生年金基金、日本貿易振興会、信用保証協会、預金保険機構、都道府県の職員組合、PTA、マンションの管理組合、特定非営利活動法人、商業協同組合、投資事業有限責任組合、土地改良区、その他特殊法人等。

　　　　2．その他は、日本銀行、政府、地方公共団体、官公庁の外郭団体、政府関係機関等（住宅金融支援機構、中小企業基盤整備機構、年金積立金管理運用、日本高速道路保有・債務返済機構、福祉医療機構、都市再生機構、鉄道建設・運輸施設整備支援機構、地方公共団体金融機構等）、地方住宅供給公社、官公庁共済組合以外の共済組合等（私立学校職員共済組合等）、土地開発公社、共済協同組合、ゆうちょ銀行およびかんぽ生命保険等。

　　　　3．現先売買は含まない。

（出所）　日本証券業協会より野村フィデューシャリー・リサーチ＆コンサルティング作成

とでは、一般に取引ロットが異なる。また、投資家によっても、機関投資家や金融機関と個人投資家では、取引単位が大きく異なる。

このような特徴をもつ債券の売買を円滑に行うためには、債券の流通在庫が必要となり、債券ディーラーと投資家が相対で取引する店頭取引が中心となっている。また、取引所で取引される債券のほとんどは、転換社債型新株予約権付社債（転換社債）である。店頭取引が流通市場の大宗を占めている点が、株式取引とは大きく異なっている。

② 店頭取引

店頭取引市場を担っているのは、ディーラー業務を営む証券会社と金融機関である。債券の取引は前述のように、銘柄、売買ロットがまちまちであるため、投資家の売りと買いが直ちにマッチすることはまれである。債券ディーラーは取引を円滑に進めるために、債券の在庫を保有し、投資家の売りに対して自己の勘定で買い向かい、投資家の買いに対しては保有在庫を含めてこれに応じている。債券ディーラーが在庫ポジションをもつことが店頭取引の特徴であり、これによって債券の流通市場が機能しているのである。

債券ディーラーは在庫保有の債券はもとより、主要な銘柄に関して、売り値（ask）と買い値（bid）の気配を出している。時々刻々変化する売り・買いの気配は、電話などの通信網を介して投資家に伝えられる。また1998年の証券取引法（現「金融商品取引法」）改正により、証券会社はPTS（私設取引システム：Proprietary Trading System）業務を行うことが可能となった（認可制）。PTS業務とは電子情報処理組織を利用して、投資家の注文を付け合わせる業務である。

ディーラー間の債券売買を仲介する専門会社として日本相互証券（Broker's Broker、略してBBとも呼ぶ）がある。

なお、日本証券業協会は、債券の店頭売買参考統計値の公表を行っている。これは、証券業協会の「公社債の店頭売買の参考値等の発表及び売買値段に関する規則」に基づくもので、協会員から届出を受けた銘柄から証券業協会が選定した銘柄（選定銘柄）について、売買参考統計値を公表している。

第3節　債券の取引形態　　　377

表4－4　公社債の取引所取引

	国債	転換社債型新株予約権付社債
立会時間	12：30～15：00	9：00～11：30 12：30～15：30
売買単位	額面5万円	額面10万円、額面50万円、額面100万円、額面200万円、額面300万円、額面400万円または額面500万円
呼値の単位	額面100円に対し1銭	額面100円に対し5銭

（出所）　日本取引所グループより野村フィデューシャリー・リサーチ＆コンサルティング作成

③　取引所取引

　取引所には、発行体の申請に基づいて、各証券取引所の上場審査基準を満たしたものが、原則同一発行体で1銘柄が上場される。しかし、国債については、債券の発行者（政府）の申請は必要なく、すべての発行銘柄が原則として発行日から上場されている。また、新株予約権付社債等や外国債については同一発行体で複数銘柄の上場採用が行われている。

　東京証券取引所における公社債の売買制度を**表4－4**に示す。新株予約権付社債では、取引所取引が中心であるが、それ以外の債券では、前述のように、ほとんどが店頭取引によって取引されているのが現状である。

　なお東京証券取引所には、2008年の金融商品取引法改正で導入された「プロ向け市場制度」に基づく、プロ投資家向けの債券市場であるTOKYO PRO-BOND Marketも開設されている。

Ⅱ　現先取引

　債券の売買形態として、債券の単純売買、入替売買などの一般取引のほかに、現先取引がある。**現先取引**とは、一定期間後に一定の価格で売り戻す、あるいは買い戻すことをあらかじめ約束した売買で、条件付売買とも呼ばれ

ている。

わが国の短期金融市場の拡充のため現先取引の機能向上、安全性の確保が期待されていたことから、従来の現先取引の契約を見直し、新たな契約書に基づく**新現先取引**が2001年4月から導入された。これは売買の対象である債券等と同種・同量の債券等を将来の所定期日（所定の方法によって決定される場合を含む）に、所定の価額（所定の計算方法によって算出される場合を含む）で買い戻す、もしくは売り戻すことを内容とする特約付きの債券売買である。

また、この現先取引には、以下のような条項が新たに盛り込まれている。

(1) リスク・コントロール条項

債券価格変動による担保不足が生じないよう担保の額を調整する。

① 売買金額算出比率（ヘア・カット条項）

約定時の債券時価よりも現先取引に適用する単価を一定率下回る価格とし、債券価格の下落による担保不足をある程度回避する。

② 担保管理（マージン・コール条項）

期間中の対象債券の価格変動に対し、担保の授受を行うことにより、担保の過不足を解消する。

③ 再評価（リプライシング）

債券時価が大きく変動した場合、当事者の合意により、取引を解消し、新たにその時点での時価に近い価格で取引を開始する。

(2) 債券の差替え（サブスティテューション）

買い手の合意を得て、対象となる債券を差し替えることができる。

(3) 一括清算条項

取引の一方の当事者に倒産等の事由が生じた場合、すべての取引を時価で

第3節 債券の取引形態

評価し、一括して債権・債務の差額について清算する。

Ⅲ　レポ市場と債券の空売り

❶　債券の空売り

　債券の売買は、前述のように店頭取引が中心であり、債券ディーラーは取引を円滑に行うために債券の在庫を保有し、顧客の売買ニーズに応じている。しかし債券ディーラーはすべての債券銘柄を保有しているわけではなく、保有していない債券銘柄の買い注文が顧客からあったときには、まずその銘柄の売り手を探して注文に応じなければならなくなる。

　これに対応するために、欧米では日常的に空売り（ショート・セール）が行われてきた。これは、保有していない債券を売却することであり、債券在庫のヘッジのためにも利用される。

　この点について現在では、「有価証券の取引等の規制に関する内閣府令」の規定により、借り入れた債券を売却することによる空売りが可能になっている。

❷　レポ市場

　債券の空売りが広く行われるためには、買い手に債券を受け渡すために、空売りされている債券を手当てできる手段が必要となる。貸し債券市場（債券貸借取引市場）は、債券ディーラーの空売りを円滑に行うため、空売り債券の手当てを目的として1989年5月に創設された。

　貸し債券（債券貸借）の取引は、債券の消費貸借取引の形態がとられる。消費貸借とは、民法上、対象物を消費することを目的として借り入れ、同一物ではなく、同種・同量のものを返済すれば足りるというものである（民法587条）。有価証券の貸借は、現在では証券会社の付随業務となっている（金融商品取引法35条1項1号）。

380　　　　　第4章　債券の実務知識

債券貸借取引には担保の有無によって無担保取引と有担保取引がある。また、有担保取引には現金担保取引と代用有価証券担保取引がある。

95年ごろまでは債券貸借取引はそれほど大きな市場規模ではなかったが、現金担保取引が実質的に可能となった96年以降、拡大傾向にある。現在では債券貸借取引の多くは、現金担保取引となっている。現金担保付債券貸借取引を、特にレポ取引と呼ぶ。

Ⅳ 債券の登録・振替

① 登 録 制 度

もともと、債券の取引は売買によって券面（本券）が受け渡されていた。しかし、年間１京円にものぼる大規模な債券取引を本券のみで行えば、その受渡し事務量は膨大なものとなる。

このため、債券取引を効率的に行うための制度として、債券の登録制度がとられてきた。登録制度では、指定登録金融機関に債券を登録し、登録機関の登録簿に権利内容が記載されると、本券とまったく同様の対抗要件をもつ。登録制度に基づいて登録された債券を登録債と呼ぶ。

② 社債等振替法

これに対し2003年１月の「社債等の振替に関する法律」の施行により、国債とその他の公社債に共通の振替制度が導入された（同法は09年１月に「社債、株式等の振替に関する法律」として改正されており、株式その他有価証券なども振替制度の対象となっている）。

振替制度の主な特徴は、次のようなものである。

① 残高による振替制度

振替制度では、振替口座簿の残高による振替が行われる（振替制度による債券を振替債と呼ぶ）。振替債についての権利の帰属は、振替口座簿の記

第３節　債券の取引形態　　　*381*

載または記録により定まるものとされている（社債、株式等の振替に関する法律66条ほか）。

② 無券面化

　振替債については、本券（債券）は発行することができないとされ（同法67条1項ほか）、ペーパーレス化が図られている。本券の発行を請求できるのは振替機関がその指定を取り消され、その業務を引き継ぐ者が存在しない場合などに限られている。

③ 多段階の階層構造

　振替機関は主務大臣（内閣総理大臣および法務大臣、ただし国債を扱う場合には内閣総理大臣、法務大臣および財務大臣。なお、内閣総理大臣はその権限を金融庁長官に委任している）により振替業を営む者として指定される（同法3条）。また、振替機関は振替業の一部を他に委任することができる（同法10条）。

　証券会社や金融機関等は口座管理機関として、顧客のために振替口座を開設し、顧客の振替債の振替業を行う。この場合、口座管理機関は振替機関や他の口座管理機関に口座を開設し、振替を行うことになる（同法44条）。

　このように、複数の振替機関が存在し、その業務の一部を海外の振替機関などに委託することができることや、証券会社などの口座管理機関が直接振替機関に口座を開設せず、他の口座管理機関の口座によることができることなど、多段階の階層構造が可能となっている。

　振替制度の対象は、「社債、国債、地方債、投資信託および投資法人に関する法律」に規定する投資法人債、「保険業法に規定する相互会社の社債、資産の流動化に関する法律」に規定する特定社債、特別債、投資信託・外国投資信託の受益権、貸付信託の受益権、外債、株式、新株予約権、新株予約権付社債など、ほとんどの債券が含まれる（社債、株式等の振替に関する法律2条）。

　なお短期社債を除いて、振替制度は発行団体の決定によって適用され（同法66条ほか）、強制されるものではない。

また国債については従来の登録制度のもとで、すでに1980年2月に国債振替制度が創設されており、日銀を寄託機関として現在の振替制度に類似した制度が行われていた。このため、社債等振替法では、日銀が振替機関となる場合の特例が設けられており、国債の振替機関として日銀が指定されている。これを受けて2003年1月、日銀は従来の国債振替制度を廃止し、「社債等の振替に関する法律」に基づく国債の振替制度の運営を開始している。この完全無券面化の振替国債の決済制度への移行後は、振替国債のみが発行されており、国債証券・登録国債は原則として発行されていない。

さらに決済の迅速化、確実化のためには、これらの取引について、複数の取引主体にまたがって清算を行う清算機関制度の整備を行うことが望ましい。このため、「証券取引法」（現「金融商品取引法」）の改正（施行は03年1月）により、証券取引清算機関に関する規定が設けられた。これにそって清算機関の免許を受けた日本証券クリアリング機構が、03年1月から業務を開始している。

③ ストリップス債

2003年1月施行の「社債等の振替に関する法律」において、国債について分離適格振替国債の規定が設けられた。分離適格振替国債とは、その元本部分と利息部分に分離することができる振替国債であり、これにより元本とクーポンを別々に取引する、いわゆるストリップス債（STRIPS：Separate Trading of Registered Interest and Principal of Securities）がわが国にも導入されたと考えられる。これは03年1月6日以降、振替国債として発行された国債にのみ適用される（分離適格振替国債の指定等に関する省令）。

なお、分離された分離元本振替国債、分離利息振替国債（ストリップス債）は個人への譲渡が禁止されていたが、所得税法の改正により金融所得課税の一体化が図られたことに関連し、16年1月から個人に対する譲渡制限が解除されている。

表4－5　デジタル債と振替債との違い

	デジタル債	振替債
金融商品取引法	第一項有価証券	
会社法	社債	
債券譲渡の要件	合意と社債原簿への対抗要件の記載	振替口座簿の増額記録
記録媒体の管理場所	ブロックチェーンネットワーク	証券保管振替機構

（出所）　野村フィデューシャリー・リサーチ＆コンサルティング

❹　デジタル債

　デジタル債は、前述の振替制度の対象には含まれない。しかし、2020年5月1日施行の改正版「金融商品取引法」において、デジタル債は振替債同様の第一項有価証券であると位置づけられた。

　デジタル債とは、ブロックチェーンの技術により、発行・管理プロセスが電子化された社債を指す。社債管理会社である銀行・信託銀行や幹事会社である証券会社等が監視でき、発行体や投資家もアクセス可能なブロックチェーンネットワーク上に、デジタル債の社債原簿等がリアルタイムで記録される。投資家視点ではデジタル債と振替債とで開示情報や取引方法に違いはない（表4－5）。

第4節

債券の実務計算

Ⅰ　日　数　計　算

❶　片端入れと両端入れ

　債券の日数計算には、片端入れ（片落し）方式と両端入れ方式がある。片端入れ方式はスタート日の翌日から日数を計算するのに対して、両端入れ方式はスタート日を含めて計算する（表4－6）。

　片端入れによる計算が一般的であり、両端入れ方式を用いるのは特殊な場合である。

❷　残　存　期　間

　債券の満期償還日までの期間を残存期間と呼ぶ。残存期間は、債券の利回りや価格の計算時に用いられる。

　債券の利回りは年率表示が一般的であるため、残存期間も年表示することが多く、残存年数とも呼ばれている。日数を年換算する場合には、常に1年を365日として計算する。

表4－6　片端入れ方式と両端入れ方式

方　式	計　算　方　式	（例）5月11日から8月25日までの日数
片端入れ	スタート日の翌日から数えて、エンド日までの日数をとる	20日＋30日＋31日＋25日＝106日 （5月）（6月）（7月）（8月）
両端入れ	スタート日を含めて、エンド日までの日数をとる	21日＋30日＋31日＋25日＝107日 （5月）（6月）（7月）（8月）

（出所）　野村フィデューシャリー・リサーチ＆コンサルティング

第4節　債券の実務計算　　　385

$$残存年数 = \frac{残存日数}{365} \quad\quad\quad \cdots\cdots（4-1）$$

　残存日数は、片端入れ方式によって日数計算する。期間中に閏日が含まれる場合、残存期間が1年未満の場合には閏日を含めて計算するが、1年以上の場合には平年扱いとすることが慣習となっている。なお、「1年」の判断は起算日の1年応答日を基準とする。

❸　経　過　日　数

　利付債を取引するときに、受渡日が利払日以外の場合には、通常、経過利子の計算が必要となる。**経過日数**は経過利子の計算に用いる日数である（経過利子の計算は本節Ⅱ❷参照）。現在では以下のような統一した方法で算出される。

> ①　直前の利払日（または発行日、国債の初期利息の場合、初期利息起算日）から受渡日までの期間を片端入れ方式で算出する。
> ②　期間中に閏日が含まれている場合には、閏日を含めて計算する。

　従来、国債の初期利息に係る経過日数は両端入れ方式を用いていたが、リオープン（即時銘柄統合）方式の導入に伴い、現在では片端入れ方式が用いられている。

❹　平均残存期間

　銀行等引受債（非公募地方債）のような抽選による定時償還や均等償還の場合には、満期償還日までの残存期間を用いるかわりに、途中償還状況を考慮した平均残存期間（平均年限）を用いる場合がある。定時償還、均等償還の場合、平均残存期間の計算には以下の簡便式が用いられる。

① 年1回の定時償還がある場合の平均残存期間

$$平均残存期間 = 満期償還までの期間_{(年)} - \left[\frac{1回当り定時償還率\ (\%)}{2 \times 現存率^{(注)}(\%)} \right.$$

$$\times (満期償還までの期間 - 次回定時償還までの期間_{(年)}))$$

$$\left. \times (満期償還までの期間 - 次回定時償還までの期間_{(年)} + 1) \right]$$

…… （4－2）

② 年2回の定時償還がある場合の平均残存期間

$$平均残存期間 = 満期償還までの期間_{(年)} - \left[\frac{1回当り定時償還率\ (\%)}{現存率^{(注)}(\%)} \right.$$

$$\times (満期償還までの期間 - 次回定時償還までの期間_{(年)}))$$

$$\left. \times \left(満期償還までの期間 - 次回定時償還までの期間_{(年)} + \frac{1}{2}\right) \right]$$

…… （4－3）

（注）　$現存率 = \dfrac{現存額}{発行額} \times 100\ (\%)$

Ⅱ　利　息　計　算

❶　端　数　利　息

　発行後の初回利払時や満期償還時の利息額が利払日ごとの利息と異なる端数利息（初期利息、終期利息）の計算方法は、債券の種類などによって若干異なっている。一般には、次のようになる。

第4節　債券の実務計算

① 端数利息の期間が利払日を含む場合(利息期間が半年よりも長い場合)

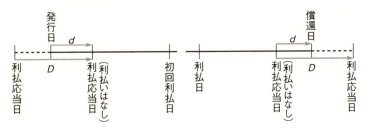

$$端数利息 = 1回の利払額 + \frac{期間\ (d)}{期間\ (D)} \times 1回の利払額 \quad \cdots\cdots (4-4)$$

もしくは、

$$端数利息 = 1回の利払額 + \frac{期間\ (d)}{365} \times 年間の利払額 \quad \cdots\cdots (4-5)$$

② 端数利息の期間が利払日を含まない場合(利息期間が半年よりも短い場合)

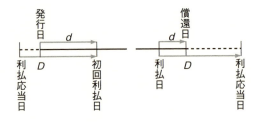

$$端数利息 = \frac{期間\ (d)}{期間\ (D)} \times 1回の利払額 \quad \cdots\cdots (4-6)$$

もしくは、

$$端数利息 = \frac{期間\ (d)}{365} \times 年間の利払額 \quad \cdots\cdots (4-7)$$

このように、期間の実日数(片端入れ)を用いて年率計算する方式と、1年を常に365日で計算する方式がある。

また、端数利息の円未満の扱いは、銘柄によって異なっている。

なお、国債はリオープン方式の導入により、初回利払いはクーポンの半年分となるよう初期利息起算日が設定されている。この場合、発行日に取得し

た場合にも経過利子の支払が必要となる。

【例】　国債の初期利息（2024年4月3日発行、10年利付国債（第374回、クーポン0.8%）、利払日3月／9月20日、初期利息起算日は2024年3月20日、初回利払日は2024年9月20日）

$$初期利息 = \frac{0.8}{2} = 0.4\%$$

【例】　事業債の初期利息・終期利息（2024年4月25日発行、東日本高速道路株式会社社債（第111回、クーポン0.607%）、利払日5月／11月30日、初回利払日2024年11月29日（30日は銀行休業日のため前日に繰上げ）、満期償還日2029年4月25日、振替債）

初期利息 ＝ 1回の利払額

$$+ \frac{2024.4.25 \sim 2024.5.30\text{の期間（片端入れ）}}{2023.11.30 \sim 2024.5.30\text{の期間（片端入れ）}} \times 1\text{回の利払額}$$

$$= \frac{0.607}{2} + \frac{35}{182} \times \frac{0.607}{2} = 0.36186538$$

$$終期利息 = \frac{2028.11.30 \sim 2029.4.25\text{の期間（片端入れ）}}{2028.11.30 \sim 2029.5.30\text{の期間（片端入れ）}} \times 1\text{回の利払額}$$

$$= \frac{146}{181} \times \frac{0.607}{2} = 0.24481215$$

（備考）　初期利息、終期利息は振替債の場合、残高から算出した円未満を切り捨て、以下のように調整される（証券保管振替機構、業務規程参照）。なお初期利息、終期利息の計算方法は、債券の銘柄によって異なるので目論見書等を参照されたい。

残高	初期利息 （2024.11.29支払）	終期利息 （2029.4.25支払）
1億円	361,865円（切捨て）	244,812円（切捨て）
10億円	3,618,653円（切捨て）	2,448,121円（切捨て）

【例】　政保債の初期利息・終期利息（2024年4月18日発行、地方公共団体金融機構債券（第179回、クーポン0.87%）、利払日3月／9月28日、初回利払日2024年9月27日（28日は銀行休業日のため前日に繰上げ）、満期償還日2034年

4月28日、振替債)

$$初期利息 = \frac{2024.4.18 \sim 2024.9.28の期間（片端入れ）}{2024.3.28 \sim 2024.9.28の期間（片端入れ）} \times 1回の利払額$$

$$= \frac{163}{184} \times \frac{0.87}{2} = 0.38535326$$

$$終期利息 = \frac{2034.3.28 \sim 2034.4.28の期間（片端入れ）}{2034.3.28 \sim 2034.9.28の期間（片端入れ）} \times 1回の利払額$$

$$= \frac{31}{184} \times \frac{0.87}{2} = 0.07328804$$

（備考）　初期利息、終期利息は振替債の残高から算出した円未満を切り捨て、以下のように調整される。

残高	初期利息 （2024.9.27支払）	終期利息 （2034.4.28支払）
1億円 10億円	385,353円 3,853,532円	73,288円 732,880円

❷　経過利子

　利付債券の取引で、買い手から売り手に支払われる**経過利子**の計算方式は、現在、以下のように統一されている。

　この方式では、①額面100円当りの経過利子を円未満7桁（8桁以下を切捨て）まで計算し[1]、それをもとに②経過利子金額を計算する（円未満切捨て）。経過日数は閏日を含む片端入れで計算する。初期利息の場合を除いて経過日数が年2回利払いで183日になる場合には、半期分の利払額相当を経過利子とする。また、銀行の休業日のために繰り上げられた利払日を受渡日とする場合には、経過利子は利落ち計算される。

1　金融所得課税の一体化に伴い、2016年1月1日以後に利払日を迎える国内債券の利子に係る経過利子については、従来あった課税売買の場合の経過利子計算式は廃止され、従来の非課税売買の場合の計算式に統一されている。

① 額面100円当りの経過利子

$$経過利子(A) = 100円 \times \frac{クーポン}{100} \times \frac{経過日数}{365}$$

（円未満8桁以下を切捨て）……（4 − 8）

② 売買額面総額の経過利子

$$売買額面総額の経過利子 = (A) \times \frac{売買額面総額}{100} \quad （円未満切捨て）$$

……（4 − 9）

(注) 1．経過日数は閏日を含む片端入れで計算する。

2．年2回利払いで経過日数が183日（初期利息にかかわるものを除く）になるときには半期分の利子を経過利子の額とする。

3．利払日が銀行の休業日に当たり、利払いが繰り上げて行われる債券について、その繰り上げて行われる日に受渡しを行うときは、経過利子は利落ちの計算とする。

第4節　債券の実務計算

Ⅲ　既発債の価格と最終利回り

　既発債の価格・利回りの計算方式には、単利方式と複利方式がある。債券の種類ごとに用いる計算方式をまとめたのが**表4－7**である。ここで残存期間の計算には本節Ⅰ**②**の方式が用いられる。

❶　割引債券

　割引債券の価格と利回りの計算方式には単利方式と複利方式がある。残存

表4－7　既発債券の価格・利回りの計算方式

	国債			地方債	特殊債 （注2）	金融債		事業債	円建 外債
	国庫短 期証券	ストリッ プス債	利付債 （注2）			割引債	利付債		
価格計算	式1,3	式4	式6	式6	式6	式1,3	式6	式6	式6
利回り計算	式2	式5	式7	式7	式7	式2	式7	式7	式7

式1　　　$P = F \times \left[1 - \dfrac{D \times Z}{100 \times 365} \right]$　　　　式2　　　$R = \dfrac{(F-P)/Y}{P} \times 100$

式3　　　$P = \dfrac{F}{1 + \dfrac{R \times Y}{100}}$

式4　　　$P = \dfrac{F}{\left(1 + \dfrac{R}{100} \right)^Y}$　　　　式5　　　$R = \left[\left(\dfrac{F}{P} \right)^{\frac{1}{Y}} - 1 \right] \times 100$

式6　　　$P = \dfrac{F + C \times Y}{1 + \dfrac{R \times Y}{100}}$　　　　式7　　　$R = \dfrac{C + (F-P)/Y}{P} \times 100$

　ただし、F：額面（円）　　　P：単価（円）　　　C：クーポン（％）

　　　　　R：利回り（％）　　　D：割引率（％）　　　Y：残存年数（年）

　　　　　Z：未経過（残存）日数（日）

（注）　1．単価、利回りの有効桁数には明確な規定が示されているわけではないが、商慣習として、いずれの場合も小数点以下第3位まで（第4位以下切捨て）を用いている。ただし、国庫短期証券についてはともに第4位まで用いている。

　　　　2．物価連動国債、変動利付国債、MBSを除く。

（出所）　野村フィデューシャリー・リサーチ＆コンサルティング

期間1年以内の割引債券には単利方式を、それ以外の中・長期の割引債券（ストリップス債）には複利方式を用いる。

(1) 単利方式

　期間1年以内で発行される国庫短期証券、割引金融債の価格と利回りの計算は以下に示す（4－10）式、（4－11）式、（4－12）式の単利方式を用いている。

a　割引率から単価を求める（未経過日数は両端入れで計算）

$$
単価(円) = 額面(円) \times \left[1 - \frac{割引率(\%) \times 未経過日数(日)}{100 \times 365} \right]
$$

$$
\cdots\cdots (4－10)
$$

【例】　2010年1月27日償還の割引あおぞら債券を2009年6月1日に割引率0.20％で購入する場合の単価を求める。

　　　額面＝100円　　　割引率＝0.20％　　　未経過日数＝241日（両端入れ）

$$
単価 = 100 \times \left[1 - \frac{0.20}{100} \times \frac{241}{365} \right] = 99.867円（切捨て）
$$

b　単価から利回りを求める（残存期間は片端入れで計算）

$$
利回り(\%) = \frac{\dfrac{額面(円) - 単価(円)}{残存年数(年)}}{単価(円)} \times 100 \qquad \cdots (4－11)
$$

【例】　2024年7月29日償還の国庫短期証券（第1227回）を2024年6月24日に単価99.9960円で購入する場合の利回りを求める。

　　　額面＝100円　　　単価＝99.9960円　　　残存日数＝35日（片端入れ）

$$
残存年数 = \frac{35}{365} = 0.095890
$$

第4節　債券の実務計算　　　393

$$利回り = \frac{\dfrac{100 - 99.9960}{0.095890}}{99.9960} \times 100 = 0.0417\% \ （切捨て）$$

c　利回りから単価を求める（残存期間は片端入れで計算）

$$単価（円） = \frac{額面（円）}{1 + \dfrac{利回り（\%）\times 残存年数（年）}{100}} \qquad \cdots\cdots（4-12）$$

【例】　2024年7月29日償還の国庫短期証券（第1227回）を2024年6月24日に利回り0.04％で購入する場合の単価を求める。

　　　額面＝100円　　　利回り＝0.04％　　　残存日数＝35日（片端入れ）

$$残存年数 = \frac{35}{365} = 0.095890$$

$$単価 = \frac{100}{1 + \dfrac{0.04 \times 0.095890}{100}} = 99.9961円 \ （切捨て）$$

(2)　複利方式

　複利方式は、残存期間1年以上の割引債（ストリップス債）を対象とした計算方式であり、年1回の複利利回りで計算する（前掲表4-7の式4、式5を参照されたい）。なお、残存期間1年未満の債券を取引する場合には、前述の単利方式を用いるのが一般的である。

❷　利付債券

　利付債券には以下の単利方式による計算方式を用いる。

a　利回りから単価を求める

$$単価（円）＝\frac{額面（円）＋クーポン（\%）×残存年数（年）}{1＋\dfrac{利回り（\%）×残存年数（年）}{100}}　\cdots\cdots（4-13）$$

【例】　2033年9月20日償還の10年利付国債（第372回、クーポン0.8%）を2024年6月10日に利回り1.000%で購入する場合の単価を求める。

　　　額面＝100円　　利回り＝1.000%　　クーポン＝0.8%

　　　残存期間＝9年102日　$\left(9\dfrac{102}{365}＝9.279452年\right)$

（閏年であっても、残存期間1年以上の債券では残存期間計算上は平年扱い）

$$単価＝\frac{100＋0.8×9.279452}{1＋\dfrac{1.000×9.279452}{100}}＝98.301円　（切捨て）$$

b　単価から利回りを求める

$$利回り（\%）＝\frac{クーポン（\%）＋\dfrac{額面（円）－単価（円）}{残存年数（年）}}{単価（円）}×100　\cdots\cdots（4-14）$$

【例】　2033年9月20日償還の10年利付国債（第372回、クーポン0.8%）を2024年6月10日に単価98.30円で購入する場合の利回りを求める。

　　　額面＝100円　　単価＝98.30円　　クーポン＝0.8%

　　　残存期間＝9年102日　$\left(9\dfrac{102}{365}＝9.279452年\right)$

$$利回り＝\frac{0.8＋\dfrac{100－98.30}{9.279452}}{98.30}×100＝1.000\%　（切捨て）$$

第4節　債券の実務計算　　395

Ⅳ　現先取引計算

　現先とは、売買の目的たる債券等（主に政府短期証券や利付国債）と同種・同量の債券等を将来の所定期日に所定の価額で買い戻す（売り戻す）ことを約して行う特約付きの債券等の売買をいう。債券の買い手からみれば売戻し条件付買付け（買い現先）、売り手からみれば買戻し条件付売付け（売り現先）となる。

　現先取引の開始時点に当たる債券の受渡日を「スタート取引受渡日」、終了時点に当たる債券の受渡日を「エンド取引受渡日」と呼ぶ。

　現先取引期間中に、対象の債券等に利息が発生した場合、利息を債券の買い手が受け取るか、売り手が受け取るかは、取引ごとに当事者間の合意によって決定される。債券の売り手が利息を受け取る現先取引を「利含み現先取引」と呼ぶ。

　この場合、当初の約定時にエンド取引受渡日を定めず、売り手もしくは買い手のどちらかがその後に指定した日をエンド取引受渡日とすることができ、このような取引を、「オープン・エンド取引」と呼ぶ。

　また新現先取引では、第3節Ⅱのようにヘア・カット率（売買金額算出比率）が導入されている。

　ここでは、このような現先取引を、「利含み現先取引」「利含みでない現先取引」のそれぞれについて、まとめることにする。

❶ 利含み現先取引

a　スタート取引の受渡金額を求める

$$スタート取引の受渡金額(円) = \frac{スタート利含み売買単価(円)}{100} \times 額面(円)$$

$$\cdots\cdots (4-15)$$

$$スタート利含み売買単価(円) = \frac{P+K_1}{1+\frac{s}{100}} \qquad \cdots\cdots (4-16)$$

P：約定時の対象債券の時価単価(円)　　　s：売買金額算出比率(%)

K_1：スタート取引受渡日における経過利子（額面100円当り円）

【例】　10年利付国債（第372回、クーポン0.8%、2033年9月20日償還、利払日3月／9月20日）を利含み現先取引の対象債券として、スタート取引受渡日2024年7月25日、約定時時価単価98.300円、売買金額算出比率2%で額面100億円取引する場合の、スタート取引の受渡金額を求める。

$P = 98.300円 \qquad s = 2\%$

$$K_1 = 100 \times \frac{0.8}{100} \times \frac{127}{365} = 0.2783561 \qquad （円未満8桁以下切捨て）$$

$$スタート利含み売買単価 = \frac{98.300+0.2783561}{1+\frac{2}{100}} = 96.6454471円$$

（円未満8桁以下切捨て）

$$スタート取引の受渡金額 = \frac{96.6454471}{100} \times 10,000,000,000$$

$$= 9,664,544,710円 \qquad （円未満切捨て）$$

第4節　債券の実務計算

b　エンド取引の受渡金額を求める

$$\text{エンド取引の受渡金額(円)} = \frac{\text{エンド利含み売買単価(円)}}{100} \times \text{額面（円）}$$

$$\cdots\cdots（4-17）$$

エンド利含み売買単価(円)

$$= \text{スタート利含み売買単価(円)} \times \left(1 + \frac{r}{100} \times \frac{D}{365} \right) \quad \cdots\cdots（4-18）$$

r：現先レート（％）　　D：約定期間（日）

【例】　10年利付国債（第372回、クーポン0.8％、2033年9月20日償還、利払日3
月／9月20日）を利含み現先取引の対象債券として、スタート取引受渡
日2024年7月25日、エンド取引受渡日2024年8月26日、約定時時価単価
98.300円、売買金額算出比率2％、現先レート0.07％で額面100億円取
引する場合の、エンド取引の受渡金額を求める。

　　$r = 0.07％$　　　　$D = 32$日（片端入れ）

　前述の例から、

　　　スタート利含み売買単価＝96.6454471円

　である。

　　エンド利含み売買単価

　　　　$$= 96.6454471 \times \left(1 + \frac{0.07}{100} \times \frac{32}{365} \right)$$

　　　　$= 96.6513783$円　　（円未満8桁以下切上げ）

　　エンド取引の受渡金額 $= \dfrac{96.6513783}{100} \times 10,000,000,000$

　　　　　　　　　　　$= 9,665,137,830$円　　（円未満切上げ）

第4章　債券の実務知識

❷ 利含みでない現先取引

利含みでない現先取引においては、期間中に利払日がある場合にもクーポンの再投資は考慮せず、購入時に支払う経過利子の運用期間は、慣習として購入日から次の利払日までの期間をとっている。

a スタート取引の受渡金額を求める

$$スタート取引の受渡金額(円) = \frac{スタート売買単価(円) + K_1}{100} \times 額面(円)$$

$$\cdots\cdots (4-19)$$

$$スタート売買単価(円) = \frac{P+K_1}{1+\frac{s}{100}} - K_1 \qquad \cdots\cdots (4-20)$$

P：約定時の対象債券の時価単価（円）　　s：売買金額算出比率（％）

K_1：スタート取引受渡日における経過利子（額面100円当り円）

【例】 10年利付国債（第372回、クーポン0.8％、2033年9月20日償還、利払日3月／9月20日）を利含みでない現先取引の対象債券として、スタート取引受渡日2024年7月25日、約定時時価単価98.300円、売買金額算出比率2％で額面100億円取引する場合の、スタート取引の受渡金額を求める。

$P = 98.300円 \qquad s = 2\%$

$$K_1 = 100 \times \frac{0.8}{100} \times \frac{127}{365} = 0.2783561 \qquad （円未満8桁以下切捨て）$$

$$スタート売買単価 = \frac{98.300 + 0.2783561}{1+\frac{2}{100}} - 0.2783561$$

$$= 96.3670910円 \qquad （円未満8桁以下切捨て）$$

第4節　債券の実務計算　　399

スタート取引の受渡金額

$$= \frac{96.3670910 + 0.2783561}{100} \times 10,000,000,000$$

$$= 9,664,544,710 円 \quad （円未満切捨て）$$

b　エンド取引の受渡金額を求める

① 利払日を含まない場合

現先取引の期間中に利払日を含まない場合の、エンド取引の受渡金額は次の式で求められる。

エンド取引の受渡金額(円) $= \dfrac{\text{エンド売買単価(円)} + K_2}{100} \times 額面(円)$

$$\cdots\cdots（4-21）$$

エンド売買単価(円)

$$= （\text{スタート売買単価(円)} + K_1） \times \left(1 + \frac{r}{100} \times \frac{D}{365}\right) - K_2$$

$$\cdots\cdots（4-22）$$

r：現先レート（％）　　D：約定期間（日）

K_1：スタート取引受渡日における経過利子（額面100円当り円）

K_2：エンド取引受渡日における経過利子（額面100円当り円）

【例】　10年利付国債（第372回、クーポン0.8％、2033年9月20日償還、利払日3月／9月20日）を利含みでない現先取引の対象債券として、スタート取引受渡日2024年7月25日、エンド取引受渡日2024年8月26日、約定時時価単価98.300円、売買金額算出比率2％、現先レート0.07％で額面100億円取引する場合の、エンド取引の受渡金額を求める。

$r = 0.07\%$　　　$D = 32日（片端入れ）$

前述の例から、スタート売買単価とK_1は以下の値であった。

スタート売買単価 = 96.3670910円

$$K_1 = 100 \times \frac{0.8}{100} \times \frac{127}{365} = 0.2783561 円$$

また、K_2は次のようになる。

$$K_2 = 100 \times \frac{0.8}{100} \times \frac{159}{365} = 0.3484931 円 \qquad （円未満 8 桁以下切捨て）$$

　エンド売買単価

$$= (96.3670910 + 0.2783561) \times \left(1 + \frac{0.07}{100} \times \frac{32}{365} \right) - 0.3484931$$

$$= 96.3028852 円 \qquad （円未満 8 桁以下切上げ）$$

　エンド取引の受渡金額

$$= \frac{96.3028852 + 0.3484931}{100} \times 10,000,000,000$$

$$= 9,665,137,830 円 \qquad （円未満切上げ）$$

② 利払日を含む場合

　現先取引の期間中に利払日を一度だけ含む場合の、エンド取引の受渡金額は次の式で求められる。

エンド取引の受渡金額(円) $= \dfrac{エンド売買単価(円) + K_2}{100} \times 額面(円)$

$$\cdots\cdots （4-23）$$

エンド売買単価(円)

$$= スタート売買単価(円) \times \left(1 + \frac{r}{100} \times \frac{D}{365} \right)$$

$$+ K_1 \times \left(1 + \frac{r}{100} \times \frac{d}{365} \right) - K_2 - \frac{C}{m} \qquad \cdots\cdots （4-24）$$

r ：現先レート（％）　　　D：約定期間（日）

K_1：スタート取引受渡日における経過利子（額面100円当り円）

K_2：エンド取引受渡日における経過利子（額面100円当り円）

d ：スタート取引受渡日から利払日までの期間（日）

第 4 節　債券の実務計算

C：クーポン（％）　　　m：年間の利払回数

【例】　10年利付国債（第372回、クーポン0.8％、2033年9月20日償還、利払日3月／9月20日）を利含みでない現先取引の対象債券として、スタート取引受渡日2024年7月25日、エンド取引受渡日2024年10月25日、約定時時価単価98.300円、売買金額算出比率2％、現先レート0.07％で額面100億円取引する場合の、エンド取引の受渡金額を求める（前述の例でエンド取引受渡日だけを2024年10月25日とした例）。

$r = 0.07\%$　　　　$D = 92$日（片端入れ）　　　$d = 57$日（片端入れ）

$C = 0.8\%$　　　$m = 2$

スタート売買単価 $= 96.3670910$ 円

$$K_1 = 100 \times \frac{0.8}{100} \times \frac{127}{365} = 0.2783561 \text{円}$$

$$K_2 = 100 \times \frac{0.8}{100} \times \frac{35}{365} = 0.0767123 \text{円} \quad （円未満8桁以下切捨て）$$

エンド売買単価

$$= 96.3670910 \times \left(1 + \frac{0.07}{100} \times \frac{92}{365} \right) + 0.2783561 \times \left(1 + \frac{0.07}{100} \times \frac{57}{365} \right)$$

$$- 0.0767123 - \frac{0.8}{2}$$

$$= 96.1857681 \text{円} \quad （円未満8桁以下切上げ）$$

エンド取引の受渡金額

$$= \frac{96.1857681 + 0.0767123}{100} \times 10,000,000,000$$

$$= 9,626,248,040 \text{円} \quad （円未満切上げ）$$

402　　　　　第4章　債券の実務知識

Ⅴ　レポ(現金担保付貸借取引)の計算

　担保付貸借取引とは、第3節Ⅲのように、銘柄と数量を特定した債券を貸し出し（借り入れ）、担保を受け入れる（差し入れる）取引である。

　現金担保付貸借取引の場合、決済時には、債券の貸し手は債券と貸借料を受け取り、担保金と付利利息を支払う。逆に借り手は債券を受け渡し、貸借料を支払い、担保金と付利利息を受け取る。

❶　取引レート

　決済時に授受される付利利息と貸借料は、通常、担保金に付される付利金利率と債券の貸借料率から計算される。実際の取引では、これらの差である取引レートに基づいて、レート交渉などが行われる。

　取引レート(%)＝付利金利率(%)－貸借料率(%)　　　……（4－25）

【例】　10年利付国債の貸借料率が0.01%、付利金利率が0.06%の場合の貸借
　　　取引レートを求める。
　　　　貸借料率＝0.01%
　　　　付利金利率＝0.06%
　　　　取引レート＝0.06－0.01＝0.05%

❷　担保金の値洗いと付利利息・貸借料の計算

　債券の借り手は、契約時に当該債券の時価相当額に掛け目をかけた金額を担保金として差し入れる。その後、対象債券の時価変動に応じて、担保金の値洗いが行われる。

　担保金の授受および付利利息・貸借料の計算は、以下のように行われる。

第4節　債券の実務計算　　　　403

図4－4 レポ取引

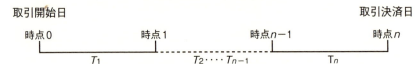

T_i：時点$i-1$から時点iまでの期間i（実日数片端入れ（日））

（出所）野村フィデューシャリー・リサーチ＆コンサルティング

$$時価相当額(円) = 額面(円) \times \frac{単価(円) + 経過利子(円)}{100}$$

$$担保金(円) = 時価相当額(円) \times \frac{掛け目(\%)}{100}$$

$$追加担保金(円) = 時価相当額(円) \times \frac{掛け目(\%)}{100} - 差入担保金(円)$$

$$返却担保金(円) = 差入担保金(円) - 時価相当額(円) \times \frac{掛け目(\%)}{100}$$

$$貸借料(円) = \Sigma\, 時点i-1 の時価相当額(円) \times \frac{貸借料率(\%)}{100} \times \frac{T_i(日)}{365}$$

$$付利利息(円) = \Sigma\, 時点i-1 の担保金(円) \times \frac{付利金利率(\%)}{100} \times \frac{T_i(日)}{365}$$

……（4－26）

a 掛け目が100％の場合

【例】 2024年6月10日に時価97.90円（経過利子込み）で国債を額面100億円借り入れ（貸借料率0.01％、付利金利率0.06％）、2024年6月17日に98.80円（経過利子込み）に債券価格が上昇し、追加担保金を請求され、その後は追加担保金を請求されずに2024年7月10日に決済されたときの貸借料、付利利息を求める。

額面＝10,000,000,000円　　貸借料率＝0.01%

付利金利率＝0.06%　　時価＝97.90円　　掛け目＝100%

2024年6月10日に請求される担保金

$$担保金＝10,000,000,000×\frac{97.90}{100}×\frac{100(\%)}{100}$$

$$＝9,790,000,000円$$

2024年6月17日に請求される追加担保金

$$追加担保金＝10,000,000,000×\frac{98.80}{100}×\frac{100(\%)}{100}-9,790,000,000$$

$$＝90,000,000円$$

2024年7月10日の決済

$T_1＝7$日　（2024.6.10〜2024.6.17）

$T_2＝23$日　（2024.6.17〜2024.7.10）

$$貸借料＝\left(97億9,000万円×\frac{0.01}{100}×\frac{7}{365}\right)$$

$$+\left(98億8,000万円×\frac{0.01}{100}×\frac{23}{365}\right)$$

$$＝18,775（切捨て）+62,257（切捨て）＝81,032円$$

$$付利利息＝\left(97億9,000万円×\frac{0.06}{100}×\frac{7}{365}\right)$$

$$+\left(98億8,000万円×\frac{0.06}{100}×\frac{23}{365}\right)$$

$$＝112,652（切捨て）+373,545（切捨て）＝486,197円$$

【例】　2024年6月17日に時価98.80円（経過利子込み）で国債を額面100億円借り入れ（貸借料率0.01%、付利金利率0.06%）、2024年6月24日に98.30円（経過利子込み）に債券価格が下落し、余剰担保金が返却され、その後は追加担保金を請求されずに2024年7月17日に決済されたときの貸借料、付利利息を求める。

額面＝10,000,000,000円　　貸借料率＝0.01%

第4節　債券の実務計算

405

付利金利率＝0.06％　　時価＝98.80円　　掛け目＝100％

2024年6月17日に請求される担保金

$$担保金 = 10,000,000,000 \times \frac{98.80}{100} \times \frac{100(\%)}{100}$$

$$= 9,880,000,000円$$

2024年6月24日に返却される担保金

$$返却担保金 = 9,880,000,000 - 10,000,000,000 \times \frac{98.30}{100} \times \frac{100(\%)}{100}$$

$$= 50,000,000円$$

2024年7月17日の決済

$T_1 = 7$ 日　（2024.6.17〜2024.6.24）

$T_2 = 23$ 日　（2024.6.24〜2024.7.17）

$$貸借料 = \left(98億8,000万円 \times \frac{0.01}{100} \times \frac{7}{365} \right)$$

$$+ \left(98億3,000万円 \times \frac{0.01}{100} \times \frac{23}{365} \right)$$

$$= 18,947(切捨て) + 61,942(切捨て) = 80,889円$$

$$付利利息 = \left(98億8,000万円 \times \frac{0.06}{100} \times \frac{7}{365} \right)$$

$$+ \left(98億3,000万円 \times \frac{0.06}{100} \times \frac{23}{365} \right)$$

$$= 113,687(切捨て) + 371,654(切捨て) = 485,341円$$

b　掛け目が100％ではない場合

【例】　2024年6月10日に時価97.90円（経過利子込み）で国債を額面100億円
　　　借り入れ（貸借料率0.01％、付利金利率0.06％、掛け目90％）、2024年6月
　　　17日に98.80円（経過利子込み）に債券価格が上昇し、追加担保金を請求
　　　され、その後は追加担保金を請求されずに2024年7月10日に決済された
　　　ときの貸借料、付利利息を求める。

額面＝10,000,000,000円　　貸借料率＝0.01％

付利金利率＝0.06％　　時価＝97.90円　　掛け目＝90％

2024年6月10日に請求される担保金

$$担保金＝10,000,000,000×\frac{97.90}{100}×\frac{90(\%)}{100}$$

$$＝8,811,000,000円$$

2024年6月17日に請求される追加担保金

$$追加担保金＝10,000,000,000×\frac{98.80}{100}×\frac{90(\%)}{100}－8,811,000,000$$

$$＝81,000,000円$$

2024年7月10日の決済

$T_1＝7$ 日　（2024.6.10〜2024.6.17）

$T_2＝23$日　（2024.6.17〜2024.7.10）

$$貸借料＝\left(97億9,000万円×\frac{0.01}{100}×\frac{7}{365}\right)$$

$$＋\left(98億8,000万円×\frac{0.01}{100}×\frac{23}{365}\right)$$

$$＝18,775（切捨て）＋62,225（切捨て）＝81,032円$$

$$付利利息＝\left(88億1,100万円×\frac{0.06}{100}×\frac{7}{365}\right)$$

$$＋\left(88億9,200万円×\frac{0.06}{100}×\frac{23}{365}\right)$$

$$＝101,386（切捨て）＋336,190（切捨て）＝437,576円$$

第4節　債券の実務計算　　407

Ⅵ　外国債券の実務計算

❶　日数・経過利子の計算

　主要な外債（利付債券）の日数計算方法には**表４−８**に示すような計算タイプがある。このなかには、１カ月を30日、１年を360日とする計算方法を採用している債券も多くみられる（ユーロ債型、ヤンキー債型）。米国の財務

表４−８　主要外貨建債の日数計算方式（利付債券）

計算タイプ	日数計算方式	主要対象債券
ヤンキー債型	直前利払日から受渡日までの片端入れ 受渡日が31日の場合、当該月は31日で計算 １年＝360日、１カ月＝30日	米国事業債 ヤンキー債
ユーロ債型	直前利払日から受渡日までの片端入れ 受渡日が月末に当たるときは、当該月は30日で計算 １年＝360日、１カ月＝30日	ユーロ債 スイス・フラン債
ユーロ通貨債型	直前利払日から受渡日までの実日数片端入れ １年＝直前利払日から次回利払日までの実日数片端入れ １カ月＝実日数	ドイツ国債 フランス国債 オランダ国債 スペイン国債 イタリア国債
米国財務省債券型	直前利払日から受渡日までの実日数片端入れ １年＝（直前利払日から次回利払日までの実日数片端入れ）×２ １カ月＝実日数	米国財務省中期・長期債 オーストラリア・ドル債 ニュージーランド国債 ギルト・エッジ（英）
カナダ・ドル債型	直前利払日から受渡日までの実日数片端入れ １年＝365日、１カ月＝実日数	カナダ・ドル債（注）

（注）　経過日数が183日以上となる場合、経過利子は182.5日分とする。
（出所）　野村フィデューシャリー・リサーチ＆コンサルティング

省中期・長期債券（Treasury Notes、Treasury Bonds）は、1年を「直前の利払日から次回利払日までの実日数（片端入れ）の2倍」とする方式を採用している。

経過利子の計算は、表4－8の方式で求めた経過日数をもとに、外貨ベースの経過利子を算出し、為替レートを用いて円貨に換算する。約定金額も同様に、まず外貨ベースで計算し、円貨に換算する。

a 経過利子の計算

$$外貨経過利子＝外貨額面 \times \frac{クーポン}{100} \times \frac{経過日数（現地方式）}{1年の日数（現地方式）}$$

$$\cdots\cdots（4－27）$$

（単位調整）　現地通貨最低単位未満四捨五入(注)

$$円貨換算経過利子＝外貨経過利子 \times 為替レート \qquad \cdots\cdots（4－28）$$

（単位調整）　購入の場合……円未満切捨て

売却の場合……円未満切上げ

（注）　スイス・フラン債は小数第2位まで求め、第2位の値が2以下は0に、8以上は10に、それ以外は5に調整する。

オーストラリア・ドル債は、額面100オーストラリア・ドルにつき小数第4位を四捨五入する。

b 約定金額の計算

$$外貨約定金額＝外貨額面 \times \frac{外貨単価}{100} \qquad \cdots\cdots（4－29）$$

（単位調整）　現地通貨最低単位未満四捨五入

$$円貨換算約定金額＝外貨約定金額 \times 為替レート \qquad \cdots\cdots（4－30）$$

（単位調整）　購入の場合……円未満切捨て

売却の場合……円未満切上げ

第4節　債券の実務計算

c　円貨換算精算金額の計算

円貨換算精算金額＝円貨換算約定金額＋円貨換算経過利子

$$\cdots\cdots（4 -31）$$

【米国財務省債券の例】　クーポン 4 ％の財務省長期債券（T-Bond 2052年11月
　　15日償還）を国内店頭取引、2024年 7 月10日受渡し、単価93.640％で額
　　面1,000ドルを売却する場合の経過利子、円貨換算精算金額を求める
　　（為替レート161.61円/ドル）。

　　　　クーポン＝ 4 ％　　　額面＝1,000ドル　　　単価＝93.640％

　　　　為替レート＝161.61円/ドル　　　受渡日＝2024年 7 月10日

　　　　利払日＝ 5 月／11月15日　　直前利払日＝2024年 5 月15日

　　　　　　　　　　　　　　　　　　次回利払日＝2024年11月15日

　a　経過利子を求める

　　　経過日数＝56日（直前利払日から受渡日までの実日数片端入れ）

　　　 1 年＝184日× 2 ＝368日（直前利払日から次回利払日までの日数の 2 倍）

　　　外貨経過利子＝1,000ドル×$\dfrac{4 ％}{100}$×$\dfrac{56日}{368日}$＝6.09ドル（四捨五入）

　　　円貨換算経過利子＝6.09ドル×161.61円/ドル

　　　　　　　　　　　　＝985円（売却の場合、円未満切上げ）

　b　約定金額を求める

　　　外貨約定金額＝1,000ドル×$\dfrac{93.640％}{100}$＝936.40ドル

　　　円貨換算約定金額＝936.40ドル×161.61円/ドル

　　　　　　　　　　　　＝151,332円（売却の場合、円未満切上げ）

　c　円貨換算精算金額を求める

　　　円貨換算精算金額＝151,332円＋985円

　　　　　　　　　　　　＝152,317円

❷ 価格と最終利回りの計算

　ここでは、国内投資家の取引の多い、米国の国債とユーロ債の価格と利回りの計算方法をまとめることにする。米国の利付債は通常、年2回利払いであることから年2回複利方式、ユーロ債は通常、年1回利払いであることから年1回複利方式が用いられるのが原則である。

(注)　以下の計算例では、価格は小数第7位を四捨五入、利回りは小数第4位を四捨五入している。

(1) 米国国債

　米国国債には、割引債券である財務省証券（TB：Treasury Bills）と利付債券である財務省中期・長期債券（T-Notes：Treasury Notes、T-Bonds：Treasury Bonds）があり、計算方式が異なっている。

a 財務省証券（単利方式）

　財務省証券（TB）は、期間1年以内の割引債券で、価格や利回りは単利方式で計算される。価格は、割引率（TBレート）から計算される。日数は、閏日を考慮した実日数片端入れで計算する。

　(ア) 割引率から単価を求める

$$\text{単価}(\%) = \text{額面}(\%) - \text{割引率}(\%) \times \frac{\text{未経過日数（日）}}{360\text{（日）}} \quad \cdots\cdots (4-32)$$

　　(注)　未経過日数は実日数片端入れ

【例】　2024年12月29日償還の財務省証券（TB）を2024年7月10日に割引率0.49％で購入する場合の単価を求める。

　　　　額面＝100％　　　割引率＝0.49％　　　未経過日数＝172日

　　　単価＝$100\% - 0.49\% \times \dfrac{172\text{日}}{360\text{日}} = 99.765889\%$（四捨五入）

第4節　債券の実務計算　　　411

(ｲ)　単価から利回りを求める

$$
利回り（\%）= \frac{額面（\%）-単価（\%）}{単価（\%）} \times \frac{360（日）}{未経過日数（日）} \times 100 \cdots\cdots（4-33）
$$

（注）　未経過日数は実日数片端入れ

【例】　2024年12月29日償還の財務省証券（TB）を2024年7月10日に単価97.700%で購入する場合の利回りを求める。

額面＝100%　　　単価＝97.700%　　　未経過日数＝172日

$$
利回り = \frac{100\%-97.700\%}{97.700\%} \times \frac{360日}{172日} \times 100 = 4.927\%
$$

b　財務省中期・長期債券（米国式複利方式）

　財務省中期・長期債券（T-Notes、T-Bonds）は、利付債方式で現在、償還年限が2年、3年、5年、7年、10年、30年のものが発行されている。

　単価・利回りの計算方式は、残存期間が6カ月以内は単利方式で、それ以外は年2回複利方式で計算する。

　複利方式の場合、単価から利回りを求めるためには「ニュートン法（Newton Method）」などによる収束計算が必要となる。

　単利方式、複利方式とも経過利子を考慮した単価・利回りの計算を行う。日数の計算は閏日を考慮した実日数片端入れ、1年は直前利払日から次回利払日までの日数の2倍とする。

(ア)　残存期間が6カ月以内の場合

・利回りから単価を求める

$$
単価(\%) = \frac{額面(\%) + \dfrac{クーポン(\%)}{年間利払回数}}{\left(1 + \dfrac{残存期間(日)}{1年(日)} \times \dfrac{利回り(\%)}{100}\right)} - \frac{経過日数(日)}{1年(日)}
$$
$$
\times クーポン(\%) \qquad \cdots\cdots(4-34)
$$

【例】　2024年11月15日償還、クーポン2.250％の財務省中期債券（T-Notes）を2024年7月10日に利回り5.020％で購入する場合の単価を求める（利払日5月／11月15日）。

　　　　額面＝100％　　　クーポン＝2.250％　　　年間利払回数＝2回

　　　　残存期間＝128日　　　経過日数＝56日（直前利払日＝2024年5月15日）

　　　　1年＝184日×2＝368日

　　　　利回り＝5.020％

$$
単価 = \frac{100\% + \dfrac{2.250\%}{2}}{\left(1 + \dfrac{128日}{368日} \times \dfrac{5.020\%}{100}\right)} - \frac{56日}{368日} \times 2.250\% = 99.04718\%
$$

・単価から利回りを求める

$$
利回り(\%) =
$$
$$
\frac{\left(額面(\%) + \dfrac{クーポン(\%)}{年間利払回数}\right) - \left(単価(\%) + \dfrac{経過日数(日)}{1年(日)} \times クーポン(\%)\right)}{単価(\%) + \dfrac{経過日数(日)}{1年(日)} \times クーポン(\%)}
$$
$$
\times \frac{1年(日)}{残存期間(日)} \times 100 \qquad \cdots\cdots(4-35)
$$

【例】　2024年11月15日償還、クーポン2.250％の財務省中期債券（T-Notes）を2024年7月10日に単価99.047％で購入する場合の利回りを求める（利

払日5月／11月15日）。

額面＝100%　　クーポン＝2.250%　　年間利払回数＝2回

残存期間＝128日　　経過日数＝56日（直前利払日＝2024年5月15日）

1年＝184日×2＝368日

単価＝99.047%

$$
利回り = \frac{\left(100\% + \dfrac{2.250\%}{2}\right) - \left(99.047\% + \dfrac{56日}{368日} \times 2.250\%\right)}{99.047\% + \dfrac{56日}{368日} \times 2.250\%}
$$

$$
\times \frac{368日}{128日} \times 100 = 5.021\%
$$

(ｲ)　**残存期間が6カ月超の場合**

・利回りから単価を求める

$$
P = \frac{V}{\left(1 + \dfrac{Y}{2 \times 100}\right)^{N-1+\frac{D}{E}}} + \frac{100 \times C}{Y}
$$

$$
\times \left[\left(1 + \frac{Y}{2 \times 100}\right)^{1-\frac{D}{E}} - \frac{1}{\left(1 + \dfrac{Y}{2 \times 100}\right)^{N-1+\frac{D}{E}}}\right] - \frac{C \times A}{2 \times E} \qquad \cdots\cdots (4-36)
$$

P：単価(%)　　　　N：償還までの利払回数

Y：利回り(%)　　　D：受渡日から次回利払日までの日数(日)

C：クーポン(%)

E：直前利払日から次回利払日までの日数(日)

V：額面(%)　　　　A：経過日数（日）

(注)　日数はすべて実日数片端入れ

【例】　2030年11月15日償還、クーポン0.875%の財務省中期債券（T-Notes）

を2024年7月10日に利回り3.971%で購入する場合の単価を求める（利

払日 5 月／11月15日）。

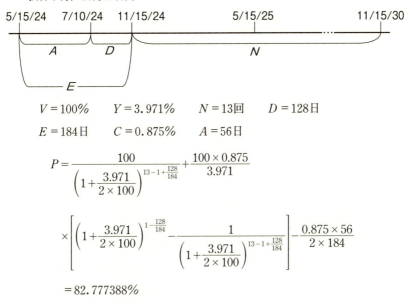

$V = 100\%$　　$Y = 3.971\%$　　$N = 13$回　　$D = 128$日
$E = 184$日　　$C = 0.875\%$　　$A = 56$日

$$P = \frac{100}{\left(1+\dfrac{3.971}{2\times 100}\right)^{13-1+\frac{128}{184}}} + \frac{100\times 0.875}{3.971}$$

$$\times\left[\left(1+\frac{3.971}{2\times 100}\right)^{1-\frac{128}{184}} - \frac{1}{\left(1+\dfrac{3.971}{2\times 100}\right)^{13-1+\frac{128}{184}}}\right] - \frac{0.875\times 56}{2\times 184}$$

$$= 82.777388\%$$

(2) ユーロ債（AIBD（ISMA）方式）

　ユーロ債市場での取引は1973年 4 月から年 1 回複利利回りを基本とする価格と利回りの計算方法を用いるよう、AIBD（Association of International Bond Dealers、現在のISMA（International Securities Market Association））によって統一された。

　日数計算、経過利子の計算はユーロ債型、すなわち、 1 カ月は30日、 1 年は360日の片端入れで計算する。年 1 回利払いが通常であり、このときの単価を求める式は（ 4 −37）式である。近年のユーロ円債では年 2 回利払いのものが主流であり、この場合の単価を求める式は（ 4 −38）式である。価格から利回りを求める場合には、米国財務省中期・長期債券と同様、収束計算を行うことになる。

第 4 節　債券の実務計算

a 年1回利払いの場合

$$P = \frac{V}{\left(1+\dfrac{Y}{100}\right)^{N-1+\frac{D}{360}}} + \frac{100 \times C}{Y}$$

$$\times \left[\left(1+\frac{Y}{100}\right)^{1-\frac{D}{360}} - \frac{1}{\left(1+\dfrac{Y}{100}\right)^{N-1+\frac{D}{360}}}\right] - C \times \left(1-\frac{D}{360}\right)$$

$$\cdots\cdots (4-37)$$

P：単価(%)　　C：クーポン(%)

Y：利回り(%)　　D：次回利払日までの日数(日)

N：償還までの利払回数　　$\left(0 < D \leqq 360日、残存年数 = N-1+\dfrac{D}{360}\right)$

V：額面(%)

【例】　2007年9月20日償還、クーポン2.125%の欧州投資銀行債（ユーロ円債）を2003年4月3日に利回り0.342%で購入する場合の単価を求める（利払日9月20日）。

　　　$V = 100\%$　　　$Y = 0.342\%$　　　$C = 2.125\%$　　　$N = 5$回

　　　$D = 167日$（2003年4月3日〜9月20日の片端入れ、1カ月は30日）

$$\left(残存年数 = 4\frac{167}{360} = 4.463889年\right)$$

$$P = \frac{100}{\left(1+\dfrac{0.342}{100}\right)^{5-1+\frac{167}{360}}} + \frac{100 \times 2.125}{0.342}$$

$$\times \left[\left(1+\frac{0.342}{100}\right)^{1-\frac{167}{360}} - \frac{1}{\left(1+\dfrac{0.342}{100}\right)^{5-1+\frac{167}{360}}}\right] - 2.125 \times \left(1-\frac{167}{360}\right)$$

$$= 107.884392\%$$

b　年2回利払いの場合

$$P = \frac{V}{R^{N-1+\frac{2 \times D}{360}}} + \frac{100 \times C}{2 \times (R-1)} \times \left[R^{1-\frac{2 \times D}{360}} - \frac{1}{R^{N-1+\frac{2 \times D}{360}}} \right]$$

$$-\frac{C}{2} \times \left(1 - \frac{2 \times D}{360} \right) \qquad\qquad \cdots\cdots（4-38）$$

P：単価(%) 　　　　　　　　C：クーポン(%)

R：$\left(1 + \dfrac{利回り (\%)}{100} \right)^{\frac{1}{2}}$ 　　　D：次回利払日までの日数(日)

N：償還までの利払回数 　　$\left(0 < D \leqq 180日、残存年数 = \dfrac{N-1+\dfrac{2 \times D}{360}}{2} \right)$

V：額面(%)

参考文献

- Ben Dor, A., Dynkin, L., Hayman, J., Houweling, P., Van Leeuwen, E., and Penninga, O., "Duration Times Spreads", *Journal of Portfolio Management*, 33, Number2（2007）
- Black, F. and M. Scholes, "The Pricing of Options and Corporate Liabilities," *Journal of Political Economy*, May-June,（1973）.
- Cox, J. C., J. E. Ingersoll, Jr., and S. A. Ross, "An Intertemporal General Equilibrium Model of Asset Prices," *Econometrica*, 53, March,（1985a）.
- Cox, J.C., J. E. Ingersoll, Jr., and S. A. Ross, "A theory of the Term Structure of Interest Rate," *Econometrica*, 53, March,（1985b）.
- Cox, J. C. and M. Rubinstein, *Options Markets*, Prentice-Hall,（1985）.
- Granito, M., "The Problem with Bond Index Funds," *Journal of Portfolio Management*, Fall,（1987）.
- Guilford C. Babcock, "Duration as a link between yield and value", *Journal of Portfolio Management*, Summer,（1984）.
- Houglet, M. X., "Estimating the Term Structure of Interest Rates for Non-Homogeneous Bonds," *Dissertation*, *Graduate School of Business*, University of California, Berkeley,（1980）.
- Hull, J. C., *Options, Futures, and Other Derivative Securities*; *9th Edition*, Prentice-Hall,（2014）.
- Ingersoll, J. E., Jr., *Theory of Financial Decision Making*, Rowman & Littlefield,（1987）.
- Leibowitz, M., *Investing*, Probus,（1992）.
- Litzenberger, R. H. and Ralfo, J., "An International Study of Tax Effects on Government Bonds," *Journal of Finance*, 39, March,（1984）.
- Markowitz, H., *Portfolio Selection*: *Efficient Diversification of investment*, Wiley,（1959）.
- McCulloch, H. J., "Measuring the Term Structure of Interest Rates," *Journal of Business*, January,（1971）.
- McCulloch, H. J., "The Tax Adjusted Yield Curve," *Journal of Finance*, 30, June,（1975）.
- Merton, R. C., "Theory of Rational Option Pricing," *Bell Journal of Economics and Management Science*, 4,（1973）.
- Merton, R. C., "On the Pricing of Corporate Debt: The Risk Structure of Interest Rates," *Journal of Finance,* 29, May,（1974）.

- Moskowitz, T., Y. Ooi, and L. Pedersen, "Time Series Momentum", *Chicago Booth Research Paper*, No. 12-21 (2011).
- Tuckman, B. and A. Serrat, *Fixed Income Securities Tools for Today's Markets 3d ed.*, Wiley, (2012).
- Vasicek, O. and G. H. Fong, "Term Structure Modeling Using Exponential Splines," *Journal of Finance*, May, (1982).
- 青山護編『現代証券投資技法の新展開』(日本経済新聞社、1989年)
- 新井富雄、渡辺茂、太田智之『現代ファイナンス講座〔第3巻〕資本市場とコーポレート・ファイナンス』(中央経済社、1999年)
- 太田智之「ターム・ストラクチャーの推定」『MPTフォーラム機関紙』No.1 (1993年)
- 太田智之「オプション価格理論から見たクレジット・リスク、自己資本規制、バリュー・アット・リスク」『会報』金融先物取引業協会、No.24 (1995年9月)
- 太田智之「ステップアップゼミ、債券インデックス運用の問題点」『日経金融新聞』(日本経済新聞社、1996年8月～10月)
- 太田智之「市場ポートフォリオとベンチマーク・インデックス」『証券アナリスト・ジャーナル』(日本証券アナリスト協会、1999年7月)
- 太田智之『債券投資とファイナンス理論』(金融財政事情研究会、1999年)
- 太田智之『新・債券運用と投資戦略〔改訂版〕』(金融財政事情研究会、2003年)
- 太田智之、山岸吉輝、齋藤一郎「債券セミ・カスタマイズド・インデックスの開発」『財界観測』(野村総合研究所、1997年8月)
- 大森孝造「金利変動リスクと年金資産の戦略的資産配分」『証券アナリスト・ジャーナル』(日本証券アナリスト協会、2002年2月)
- 銀行経理問題研究会編『銀行経理の実務〔第9版〕』(金融財政事情研究会、2016年)
- 杉本浩一、福島良治、村松陽一郎、若林公子『スワップ取引のすべて〔第6版〕』(金融財政事情研究会、2023年)
- 高橋誠、新井富雄『ビジネス・ゼミナール、デリバティブ入門』(日本経済新聞社、1996年)
- 日本銀行金融研究所編『日本銀行の機能と業務』(有斐閣、2011年)
- 日本証券アナリスト協会編『証券投資論〔第3版〕』(日本経済新聞社、1998年)
- 野村アセットマネジメント株式会社編著『投資信託の法務と実務〔第5版〕』(金融財政事情研究会、2019年)
- 野村資本市場研究所、野村證券金融経済研究所、野村證券金融市場本部編集『資本市場要覧』(野村證券、2015年版)
- 野村総合研究所編『債券運用と投資戦略』(金融財政事情研究会、1981年)
- 野村総合研究所編『新債券運用と投資戦略』(金融財政事情研究会、1991年)

事項索引

A〜Z

ALM委員会	288
BEI	201
DTS	325
ESG	195
ESG統合	197
ESR	300
NOMURA-BPI	347
NOMURAパー・イールド	67、74
IRR	108
LDI	307
OAS	120
OIS	173
OISディスカウンティング	174
TIBOR	164
TONA	164
TORF	164
SRI	195
Tスプレッド	66、84、110、193
PTS	377

あ

アービトラージ取引	136
アウト・オブ・ザ・マネー	146
赤字国債	356
アキュムレーション	298
アクティブリスク	342
アセット・スワップ	167
アセット・ミックス	217
アット・ザ・マネー	146

アップサイド・キャプチャー・レシオ

	346
後決め方式	164

アメリカン・タイプ・オプション

	145
アモチゼーション	298
アンダー・パー債	48

い

イミュニゼーション（運用）

	124、231、234、244、246
イン・ザ・マネー	146
インカム・ゲイン	42
インデックス運用	231、251
イントリンシック・バリュー	146
インフォメーション・レシオ	343
インプライド・ボラティリティ	151

う

受渡決済	133
受渡決済期日	133
受渡決済値段	133
受渡適格債	133
売建て	132

え

エフィシェント・フロンティア	217
円－円スワップ	169
円建外債	367

エンハンスト・インデックス運用

	235、263

お

オーバー・パー債 ……………………48
オーバーナイト・インデックス・
　スワップ………………………173
オプション料…………………………141

か

買建て………………………………130
価格変動性 …………………………53
価格変動リスク ……………118、121
確定給付企業年金………………304
貸し債券……………………………380
貸付債権担保住宅金融支援機構債券
　……………………………………183
カスタマイズド・インデックス…337
片端入れ方式………………………385
カバード・コール・ライト…………155
空売り………………………………380
借換債………………………………356
感応度分析…………………………290

き

キーレート・デュレーション………267
期限前償還（プリペイメント）……184
機構MBS　　　　　　　　　183
希薄化防止条項……………………364
期待ショートフォール……………324
キャッシュ・アンド・キャリー運用
　……………………………………137
キャッシュ・フロー・マッチング
　………………………231、234、243
キャッシュ・フロー利回り…………108
キャピタル・ゲイン ………………42
キャリー……………………………81
キャリー損益………………………137

局面分析………………………………345
金額加重（投資）収益率…………329
金額デュレーション………………265
金融債………………………………363
金利スワップ取引…………………163
金利の期間構造 …………………75

く

クーポン ……………………………41
クーポンの再投資収入 ……………43
繰上償還……………………86、369
繰上償還利回り……………………105
グリーン・ウォッシュ ……………196
グリーン・ボンド……………………195
クライメート・トラジション利付国債
　……………………………………361

け

経過日数……………………………386
経過利子 ……………50、373、390
限月…………………………………132
現在価値 ……………………………59
現先取引……………………………378
建設国債……………………………356
現物オプション……………………146
厳密法………………………………330
権利行使価格………………………141

こ

コア・ファンド………………………232
交換比率……………………………133
購入価格 ……………………………42
効率的フロンティア………………217
コーラブル債………………………369
コール・オプション…………………141
コール条項付債券(コーラブル債)……86

事項索引　　　　　　　421

コール利回り･･････････････････106
国債整理基金･････････････････370
国庫短期証券（T-Bill）･･････360
個人向け国債･････････････････360
固定利付債･･･････････････････372
コンベクシティ･･････････････123

さ

債券先物･････････････････････129
債券先物オプション････････････129
債券店頭オプション････････････129
最終利回り･･･････････････････44
最終利回り基準のデュレーション
　　････････････････････････270
最大ドローダウン･･･････････････344
裁定取引･････････････････････74
財投機関債･･･････････････････362
財投債･･･････････････････････356
再投資リスク　････････････121、124
財務省証券（TB）　･････････411
財務省中期・長期債券（T-Notes、
　T-Bonds）･････････････････412
債務不履行リスク･･･････････････118
最割安銘柄･･･････････････････136
先物オプション　･････････141、146
サステナビリティ・ボンド･･･････196
サステナビリティ・リンク・ボンド
　　････････････････････････196
サテライト・ファンド･･･････････232
サムライ債･･･････････････････367
残存期間･････････････････････385
残存年数･････････････････････385

し

時間加重（投資）収益率････････330
時間的価値･･･････････････････146

資産・負債総合管理･････････････281
資産配分･････････････････････217
市場公募地方債･･･････････････361
市場分断仮説　････････････････80
実効利回り･･･････････････････107
実質債･･･････････････････････199
実質利回り･･･････････････････199
指標銘柄　･･･････････････････11
終期利息･････････････････････373
シャープ・レシオ･････････････343
修正デュレーション　･････････60
純粋期待仮説　････････････････75
償還価格･････････････････････42
償還差損益･･･････････････････42
償却原価法･･･････････････････298
証券化商品･･･････････････････366
証拠金･･･････････････････････130
上場オプション･･･････････････141
上場デリバティブズ････････････129
初期利息･････････････････････372
所有期間利回り　･････････････45
将来価値･････････････････････100
新株予約権付社債･････････････365
新規国債･････････････････････356
新現先取引･･･････････････････379

す

スティープニング　･･･････････73
ストラドル･･･････････････････158
ストリップス債･･･････････････383
ストレス・テスト･････････････290
スポット・レート･････････････110
スポット・レート基準のコンベク
　シティ･････････････････････271
スポット・レート基準のデュレー
　ション･････････････････････270

スワップ・レート………………169
スワップ取引……………………129

せ

政府保証債……………………362
政府短期証券（FB）…………360
責任準備金対応債券…………298
積極的運用……………………229
全額満期償還…………………369
選択権付債券売買……………141

そ

相対価値分析 ……………………78
その他有価証券………………226
損益曲線………………………142

た

ターゲット・バイイング………158
ターム・ストラクチャー ………75
ターム・プレミアム仮説 ……76、77
対象証券…………………………141
タイム・バリュー……………146
ダウンサイド・キャプチャー
　・レシオ……………………346
脱炭素成長型経済構造移行債
　（GX経済移行債）……………356
単利利回り ………………………43

ち

地方債…………………………350
中期国債………………………358
中期利付国債…………………359
中期割引国債…………………358
長期国債 ………………141、357
長期国債先物オプション………141
超長期国債……………………359

直接利回り（直利）………………97

つ

通貨スワップ取引……………163
積立比率………………………306

て

定時償還…………………85、369
ディスカウント・ファクター ………74
デジタル債……………………384
デディケーション……………243
デュレーション ………………58
デリバティブズ………………129
デルタ・ヘッジ………………154
転換価額………………………364
転換社債型新株予約権付社債………364
店頭オプション………………141
店頭デリバティブズ…………129
店頭取引………………………374

と

等利回り価格曲線 ………………53
特殊債…………………………362
特定期間選好仮説 ………………80
特別債…………………………362
特例国債………………………356
途中償還………………………368
途中償還リスク………………119
トップダウン・アプローチ………316
トラッキング・エラー…………342
トラジション・ボンド…………196
取引所取引……………………374

な

内部収益率リンク法……………332
内部投資収益率………………108

事項索引　　　　423

に

二次計画法（QP） ･･････････218
日銀当座預金 ･････････････････31
日次評価法････････････････････331
日本証券クリアリング機構･･･383
日本相互証券････････････････377

ね

値洗い･･････････････････････････131
年 1 回複利 ･･････････････････････47
年 2 回複利 ･･････････････････････48
年複利 ･･････････････････････････47

は

パー債 ･･････････････････････････48
バーゼル規制･･････････････････285
バーベル型運用 ･･････234、241
バイ＆ホールド･･････････････234
売却損益 ･･････････････････････42
売買金額算出比率････････････396
パラレル・シフト ･････････････73
バリュー・アット・リスク
　　　　　　　　　････269、289
半年複利 ･･････････････････････47

ひ

ヒストリカル・ボラティリティ･････151
標準編差････････････････････････342

ふ

ブート・ストラップ法････････171
フォワード・レート ･･･････････74
複利最終利回り････････････････101
普通社債･･･････････････････････363
物価連動国債 ･･････････199、360

復興債

復興債････････････････････････356
プッタブル債･････････････････369
プット・オプション････････････141
プット・コール・パリティー･･･163
ブラック・ショールズ・モデル
　　　　　　　　　　　　････150
フラットニング ･････････････････73
振替債････････････････････････381
ブレーク・イーブン・インフレ率
　　　　　　　　　　　　････201
ブレット型運用････････････････241
プレミアム･･････････････････････141
プロテクティブ・プット････････155

へ

ヘア・カット率････････････････396
平均残存利回り････････････････105
ベーシス･･･････････････････････138
ベーシス・スワップ
　　　　　　　　　　････176
ベーシス・ポイント・バリュー
　　　　　　　　　　････323
ベータ･･･････････････････････344
変動利付債 ･････････････202、372

ほ

ポートフォリオ・インシュアランス
　　　　　　　　　　　　････235
ポートフォリオのキーレート金額
　　デュレーション････････268
ポートフォリオの金額コンベクシティ
　　　　　　　　　　　　････266
ポートフォリオの金額デュレーション
　　　　　　　　　　　　････266
ポートフォリオのコンベクシティ
　　　　　　　　　　　　････265

ポートフォリオの修正デュレーション
　　……………………………264
保守的運用………………………229
ボトムアップ・アプローチ………316
ボラティリティ…………………147
ボラティリティ・スマイル………152
ポリシー・リターン……………336
本源的価値………………………146

ま

前決め方式………………………165
マネージャー・リターン…………335
満期一括償還……………………369
満期保有目的の債券……………121

む

無担保コールO／N物金利 ………27

め

名目債……………………………199
メザニン債………………………366

ゆ

優先債……………………………366
優先劣後構造……………………366
ユーロ円債………………………367

よ

ヨーロピアン・タイプ・オプション
　　……………………………145
予定利率…………………………294

ら

ライアビリティ・ドリブン・
　インベストメント………………307
ラダー型運用 ……………234、241

り

リオープン方式…………………373
リスクアペタイト・フレームワーク
　　……………………………288
リスク・パラメータ………………153
リスク・プレミアム ………………78
利息法……………………………321
リバース・ストレス・テスト………290
利回り曲線 …………………………71
流動性カバレッジ比率……………319
量的金融緩和政策 …………………35
両端入れ方式……………………385

れ

劣後債……………………………366
レポ取引…………………………381

ろ

ローリング決済…………………374
ロール・ダウン …………………80

わ

ワラント債………………………365
割引債……………………………372
割引短期国債……………………360

事項索引　　　　　425

債券運用と投資戦略【第5版】

2025年3月31日　第1刷発行
```
(1981年 7 月13日　初版発行 )
(1991年10月 1 日　新版発行 )
(2003年10月30日　改訂版発行)
(2016年12月 8 日　第4版発行)
```

編著者　野村フィデューシャリー・リサーチ＆
　　　　コンサルティング株式会社
発行者　加　藤　一　浩

〒160-8519　東京都新宿区南元町19
発　行　所　一般社団法人 金融財政事情研究会
出 版 部　TEL 03(3355)2251　FAX 03(3357)7416
販売受付　TEL 03(3358)2891　FAX 03(3358)0037
URL https://www.kinzai.jp/

校正:株式会社友人社／印刷:三松堂株式会社

・本書の内容の一部あるいは全部を無断で複写・複製・転訳載すること、および
　磁気または光記録媒体、コンピュータネットワーク上等へ入力することは、法
　律で認められた場合を除き、著作者および出版社の権利の侵害となります。
・落丁・乱丁本はお取替えいたします。定価はカバーに表示してあります。

ISBN978-4-322-14454-3